KB193603

하룻밤에 읽는 그리스 신화

하룻밤에 읽는
그리스 신화

이경덕 지음

알에이치코리아

우화 가운데 토끼와 거북의 경주에서 느린 걸음의 거북이 이겼다고는 하지만, 세상은 늘 잠들지 않는 토끼의 뜀박질처럼 빠르게 변하고 있다. 변화를 적극적으로 수용해야 하는 것이 현대사회를 살아가는 우리가 갖추어야 할 미덕이지만, 그 때문에 우리는 종종 과거의 고귀한 체험을 싸구려로 만들기도 한다. 세대 사이의 갈등이나 소통의 부재를 비롯해서 많은 사회적 문제들이 본질적으로는 과거의 고귀한 체험을 무시하며 돌보지 않는 것에서 기인한다는 점을 우리는 쉽게 잊고 만다.

신화는 인류에게 남아 있는 가장 오래되고 고귀한 체험의 자산 가운데 하나이다. 인류는 수천 년, 수만 년 동안 살아오면서 자기들의 눈앞에 닥친 현실과 싸우고 조화를 이루며 많은 체험을 했고 그 고귀한 체험을 압축해서 후세의 인류가 이해하기 쉽게 이야기로 만들어놓았다. 그것이 바로 신화이다. 신화가 황당한 내용을 담고 있지만 깊은 공감을 불러일으키는 것은 이런 이유 때문이다. 즉 고대 인류의 체험과 현대 우리의 체험이 어느 지점에서 서로 대면하고 공감의 스파크를 일으키는 것이다.

특히 그리스가 서양 문명의 요람이라는 점에서, 또한 후대 서양 문명과 사람들의 세계관을 형성하는 데 토대가 되었다는 점에서 그리스 신화는 다른 신화와 색다른 의미를 갖는다. 그리스 사람도 아니고 서양 사람도 아닌 우리가 그리스 신화를 읽어야 하는 이유가 여기에 있다. 그리스 신화의 이해를 통해서 현재 통용되고 있는 서구적 가치의 유래를 짐작하는 한편으로 우리의 삶을 비추는 타자의 거울로 활용할 수 있다. 즉 그리스 신화를 통해서 서양의 세계관과 만나고 그 거울에 나를 비추어 보며 스스로를 점검해볼 수 있다. 거울 앞에서 얼굴을 만지고 옷매무새를 고치는 것처럼 말이다.

《하룻밤에 읽는 그리스 신화》가 세상에 나온 지 벌써 10년도 더 되었다. 그동안 수없이 많은 하룻밤이 지나갔다. 요즘처럼 빛의 속도로 변화하고 있는 세상에서 10년은 길고도 긴 시간이다. 그토록 오랫동안 독자들과 만나고 다시 개정판을 통해 얼굴을 만지고 옷매무새를 고치게 되어 한량없이 기쁘다.

개인적으로도 그사이에 많은 일이 있었는데 그 가운데 하나는 신화 연구로 학위를 받았다는 것이다. 어찌 보면 사소한 인연일 수도 있겠지만, 그 소중한 인연으로 신화에 대한 관심이 구체적인 성과로 이어졌다는 점에서 긴 세월 동안 함께 지켜봐준 여러 독자들에게 깊이 감사한다. 또한 이 책을 만들고 새로 다듬기 위해 애쓴 여러 분들에게도 감사를 보낸다.

2013년 8월
이경덕

신화를 읽는 방법은 여러 가지이다. 특히 그리스 신화처럼 내용이 복잡하고 얼개가 촘촘한 경우는 읽는 방법이 다양할 수밖에 없다. 이 책 《하룻밤에 읽는 그리스 신화》는 다양한 그리스 신화 읽기 속에서 신보다는 인간에 초점을 맞춘 것이다. 좀 더 구체적으로 말하면 우리가 태어나서 죽을 때까지 느끼고 겪게 되는 것들을 소재로 삼아 그리스 신화를 재구성했다.

그러니까 그리스 신화에 나타난 사랑과 욕망, 질투와 배신, 탄생과 죽음, 모험, 오만과 속임수, 탐욕과 절망, 저주와 살해의 이야기가 전개된다. 이는 우리가 살아가면서 직접 겪거나 적어도 주위에서 듣고 볼 수 있는 것들이다. 이렇게 차례를 배치한 것은 그리스 신화가 먼 옛날이야기가 아니라 고대 그리스에서 살았던 사람들의 감정이나 생각이 현대를 살아가는 우리와 크게 다르지 않음을 보여주고 서로를 만나게 해주고 싶었기 때문이다.

붉은 옷을 좋아하는 애인이 생기면 붉은 옷을 입은 사람들이 길에 많아진다. 그건 관심 때문인데 《하룻밤에 읽는 그리스 신화》를 쓰면서 길이나 신문 등에서 많은 그리스 신화 이야기를 만났다. 앞에서 말한 대로 기본적으로 우리의 삶과 고대 그리스 사람들의 삶이 그다지 다르지 않기 때문이다. 그들도 사랑하고 싸우고 모험을 하며 살았고 우리 또한 그렇게 살고 있지 않은가.

그리스 신화에서 보이는 그리스 사람들의 열정적인 삶은 다채로운 빛깔을 지니고 있다. 우리가 그리스 신화를 읽는 이유 가운데 하나는 그들의 삶을 공감하고 한 번쯤 그러한 삶을 살아보고 싶다는 희망 때문이다.

제임스 프레이저의 《황금가지》라는 책 중간에 "고마운 미개인 조상들"이라는 짧지만 호소력이 강한 글이 있다. 현대인이 보기에 고대인들은 미개하고 미욱한 듯이 보이지만 그들로 해서 우리의 삶이 윤택할 수 있고 그래서 그들에게 감사한다는 이야기가 실려 있는데, 주제넘은 일이 아니라면 나 역시 고대 그리스 사람들에게 고마움을 표현하고 싶다. 그리고 편집을 맡았던 정보배 씨에게 개인적인 고마움을 느낀다. 깊은 관심과 따뜻한 온기가 담긴 열정으로 그리스 신화라는 세계를 함께 거닐어주었다.

2001년 10월
이경덕

여전히
살아 있는 세계,
그리스 신화

신과 인간이 나누었던 교감의 기억들

이제부터 여러분이 읽어야 할 것은 종이 위에 인쇄된 글자이다. 글자는 종이 위에 가로누워 있는, 다시 말해서 평면적인 성격을 지닌다. 글자가 종이에서 튀어나와 걷거나 뛰는 것은 이상한 나라에서나 일어날 법한 일이다. 그런데 묘하게도 이 글자는 우리가 눈길을 주면 어느새 머릿속으로 들어와 그곳이 푸른 초원인 양 뛰어다니기도 하고 가슴을 움켜쥐고 눈물을 흘리게 만든다.

여러분은 자연을 좋아할 것이다. 적어도 싫어하지는 않을 것이다. 몸을 훑고 지나가는 싱그러운 공기, 발과 맞닿는 폭신한 흙이며 눈길이 채 주워 담지 못할 정도로 투명에 가까운 푸르름. 누가 이를 마다할까? 자연은 입체적이다. 길은 평면으로 나 있지만 그곳에 나무가 우뚝 서 있고 그 사이로 새들이 난다. 이런 자연을 굳이 글로 표현할 이유가 있을까? 인간과 자연 사이에는 교감이

중요할 뿐이다.

인간과 인간 사이에도 이 교감이 중요하다. 흔히 눈짓만으로도 서로를 알 수 있는 사이라고 하면 매우 가깝고 정다운 사이를 가리킨다. 신화에서 신과 인간의 관계가 처음에는 이러했다. 불립문자(不立文字)라는 불교 용어를 빌리지 않더라도 세상의 이치를 전하는 데에 글이나 말이 필요 없었던 시대가 있었다.

그러던 중에 이 신과 인간 사이에 틈이 조금씩 벌어지고 그 간극은 점차 메울 수 없는 아득한 것으로 바뀌었다. 신과 인간의 이야기가 기록으로 남게 되고 말로 전해지게 되었다. 신이 몸속으로 들어와 신과 하나가 된다는 무당의 빙의나 주술사의 홀림은 이런 틈을 메우려는 간헐적인 시도로 볼 수 있다.

신과 인간의 이야기를 다른 말로 표현하면 신화이다. 따라서 신화의 출발점은 신과 인간이 나누었던 자연스러운 교감이 상당 부분 사라지고 인간과 인간 사이의 교감 역시 엷어지기 시작한 시점이다.

이쯤에서 신화는 신과 인간이 나누었던 기억의 흔적을 더듬어 그 추억을 기록한 글이 되었다. 또한 인간들 사이에는 도덕과 법이 생겼다. 더 이상 교감만으로 사회를 지탱할 수 없게 된 까닭이다.

문자의 발명과 글로 읽는 그리스 신화

소아시아에 있는 페니키아의 공주 에우로페는 시돈의 해변에서 황소의 등에 올라탔다가 그대로 크레타 섬까지 납치되었다. 에우로페가 납치되어 간 곳은 에우로페의 이름을 따서 지금도 유럽(Europe)이라고 부른다. 유럽의 여명기에 납치 사건이 있었던 것이다.

에우로페를 납치한 것은 그리스의 최고신 제우스였다. 그리고 제우스와 에우로페가 도착한 크레타 섬은 찬란한 고대 그리스의 문명이 꽃피기 시작한 미노스 문명의 발상지였다. 미노스는 제우스와 에우로페 사이에서 태어난 장남이다.

에우로페의 아버지는 사랑하던 딸이 행방불명되자 아내와 자식들을 불러모으고 에우로페를 찾기 전에는 집에 들어올 생각을 말라며 등을 떼밀었다. 큰아들 카드모스는 도중에 어머니를 잃고 홀로 그리스를 방랑하던 끝에 신탁을 한다. 신탁은 카드모스에게 여동생을 찾으려 하지 말고 배에 달의 무늬가 있는 황소를 따라가서 그 소가 눕는 곳에 나라를 세우라고 했다.

배에 달의 무늬가 있는 황소가 누운 곳이 테베였다. 카드모스는 그곳에서 결혼을 하고 아이를 낳았다. 그런데 제우스는 카드모스의 딸 세멜레를 보고 사랑을 느꼈다. 그도 그럴 것이 세멜레는 에우로페의 조카니까.

세멜레는 제우스와의 사랑 끝에 불에 타 죽고 술의 신 디오니소스를 세상에 남겼다. 영원히 사는 신과 죽음을 등에 지고 사는 인간의 사랑은 불장난일 수밖에 없다. 세월은 흐르고 테베의 라이오스 왕은 아들에게 죽임을 당할 것이라는 무시무시한 신탁을 들었다. 그래서 갓 태어난 아이의 발에 구멍을 뚫어 산에 버렸다.

'퉁퉁 부은 발'이라는 뜻을 지닌 오이디푸스는 이렇게 태어나자마자 버림을 받고 이웃 왕국에서 자랐다. 자기 아버지를 죽일 것이라는 신탁을 들은 그는 자신의 아버지로 알고 있던 양아버지를 피해 진짜 아버지가 살고 있는 테베로 발길을 돌린다. 그러다 도중에 한 노인과 시비가 붙어 그를 죽이고 만다. 오이디푸스는 그 노인이 자신의 아버지인 라이오스 왕이라는 사실을 모른 채 테베 성벽 앞에 도착한다.

당시 테베에는 스핑크스라는 괴물이 있어서 행인에게 수수께끼를 내서 풀지 못하면 잡아먹었다. 어릴 때는 네 발로 걷고 어른이 되면 두 발로 걸으며 노인이 되면 세 발로 걷는데 네 발로 걸을 때 가장 느린 것이 무엇이냐는 수수께끼에 오이디푸스는 또렷한 목소리로 그 정답이 인간임을 밝힌다.

오이디푸스는 괴물을 퇴치하고 비어 있는 왕좌에 올라 왕이 되고 자기 어머니와 결혼을 한다. 물론 아이도 태어난다. 그리고 훗날 그 모든 사실을 알게 된 오이디푸스는 자기 눈을 뽑아 스스로 장님이 되어 세상을 떠돌다가 세상을 떠난다.

조금은 장황하게 테베에 얽힌 신화를 이야기한 것은 다시 처음으로 돌아가 글자에 대해 말하고 싶은 까닭이다. 카드모스와 에우로페의 고향인 페니키아는 세계에서 가장 먼저 문자가 발명된 곳이다. 에우로페가 유럽으로 납치되고 여동생을 찾기 위해 카드모스가 그리스로 건너온 것은 문자가 유럽에 전해진 역사적 사실을 신화로 표현한 것이다.

처음에 문자는 눈에 보이는 것들을 가리키는 명사와 역시 눈에 보이는 행위를 나타내는 동사가 아니었을까 생각된다. 사랑이나 질투 등의 추상적인 단어는 다시 많은 세월이 지난 뒤에 생겨났을 것이다.

테베의 신화는 문자를 전한 카드모스로부터 시작해서 이 문자를 추상적인 단어로 끌어 올린 오이디푸스로 끝을 맺는다. 무슨 말인가 하면 오이디푸스는 다른 영웅들과 달리 말로 괴물을 죽였다. '인간'이라는 말 한마디로 스핑크스를 살해했다. 그런데 그 인간은 아버지를 죽이고 어머니와 결혼해서 아이까지 낳았다. 이런 짓을 하는 인간은 과연 무엇인가? 오이디푸스의 고민은 여기서 시작되었고 그는 스스로 눈알을 빼 장님이 됨으로써 눈에 보이는 세계로 향한 눈길을 닫고 인간의 내면으로 눈을 돌렸다. 문자가 언어가 되는 순간이다.

도시국가 스파르타는 아테네와 달리 글을 가르치지 않았다. 그것은 글 속에 담긴 이미지 때문이었다. 다시 말해 첫머리에서 말한 대로 글은 종이 위에 가로누워 있지만 내가 눈길을 주는 순간 내 머리, 가슴, 허벅지 속으로 파고들어 와 제멋대로 자라고 뛰어다니기 때문이다. 스파르타가 두려워했던 것은 이런 이미지의 증식 또는 증폭이다. 확성기에 대고 말을 하는 것처럼 글은 오이디푸스 이후 내면의 이미지를 확장하고 증폭하는 역할을 하기 시작했다.

이는 아테네와 스파르타를 비교해서 생각해보면 쉽게 이해할 수 있을 것이다. 아테네는 잘 아는 것처럼 민주정치의 발상지이다. 스파르타는 그리스의 철학자 플라톤이 이상 국가로 꼽았을 정도로 기계의 톱니바퀴처럼 빈틈없는 국가였다. 이런 까닭에 스파르타에서는 문학과 예술이 발달할 수 없었다.

이상이 글과 그리스 신화에 얽힌 짧막한 이야기이다. 글과 그리스 신화의 관계를 책 첫머리에 올린 것은 여러분이 이제부터 만화나 영화가 아닌 글로 그리스 신화를 만날 것이기 때문이다. 또한 글이 여러분 속에서 뛰어다니는 것처럼 그리스 신화 역시 우리 삶 속을 뛰어다니고 있기 때문이다.

그리스 신화에 녹아 있는 삶의 전형들

왜 우리는 그리스 신화를 읽어야 할까? 한마디로 대답하라고 한다면 신화는 살아 있기 때문이다. 물론 그리스 신화도 그렇다.

우리가 지금 그리스 신화를 읽을 수 있는 것은 호메로스를 비롯한 수많은 작가들이 신과 인간의 이야기를 기록으로 남겨놓았기 때문이다. 그 기록을 보고 사람들은 공감했다. 다른 민족의 신화와 달리 그리스 신화는 엄청나게 복잡한 얼개를 지니고 있고 그 속에서 일어나는 이야기는 여전히 우리의 삶과 큰 차이를 보이지 않는다. 특히 서구인의 사고는 그리스 신화와 맞닿아 있다.

우리는 그리스 신화에서 삶의 전형을 만난다. 사랑, 욕망, 질투, 탄생, 죽음, 오만, 분노, 모험, 저주, 다툼. 이들은 여전히 우리 몸속에 담겨 있는 삶의 원초적인 모습이 아닌가. 버리려고 해도 버릴 수 없고 온몸으로 안으려고 해도 안을 수 없는 원초적인 모습들 말이다. 이렇듯 그리스 신화 속에는 삶이 녹아 있다. 나는 이런 이유 때문에 그리스 신화를 읽는다. 여러분도 나름대로의 이유를 이 책을 통해서 찾을 수 있기를 희망한다.

제1장

신들의
사랑과
욕망

연인에게서
나를 발견하는
최고의 사랑

그리스 신화에서 알페이오스만큼
사랑을 잘 이해한 사람은 달리 없었다.

진흙 속에 숨은 사랑을 찾아라

'사랑이란 무엇인가'에 대한 수많은 대답이 있다. 이 대답은 사람의 수만큼 많을 것이다. 또한 그리스 신화에도 사랑에 관한 이야기가 많이 있다. 그 가운데에서 알페이오스의 사랑이 최고가 아닐까 생각한다.

알페이오스는 사냥꾼이었다. 처음에 알페이오스가 사랑한 것은 사냥의 여신 아르테미스였다. 아르테미스는 처녀 신이고 자기의 벗은 몸을 보았다고 악타이온을 사슴으로 만들어 자기 사냥개에게 물려 죽게 만든 비정한 여신이다. 그러나 알페이오스는 자기가 사랑하는 아르테미스를 부지런히 찾아다녔다.

아르테미스 역시 알페이오스가 자기를 찾아다닌다는 것을 알았다. 그러나 알페이오스에게 해를 가하지는 않았다. 그건 그가 자기를 사랑하는 것이 아니라 자기가 사냥의 신이기 때문에 숭배하는 것임을 알았기 때문이다. 다만 알페이오스가 그 사실을 미처 모르고 있었던 것이다. 그래서 아르테미스는 알페

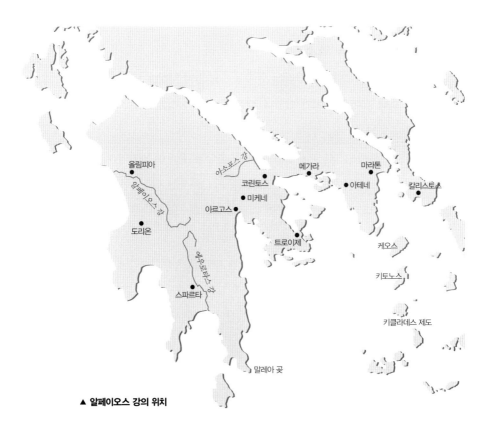

▲ 알페이오스 강의 위치

이오스에게 그 사실을 알려주기로 했다.

　어느 날 알페이오스 앞에 아르테미스가 나타났다. 그러나 아르테미스는 혼자가 아니었다. 시녀들과 함께였으며, 아르테미스를 포함해 모든 여자들의 얼굴에는 진흙이 발라져 있었다. 그들은 알페이오스에게 이 가운데 누가 아르테미스인지를 물었다. 아르테미스에게는 즐거운 게임이었고 알페이오스에게는 잔인한 시험이었다.

　알페이오스는 진흙을 바른 많은 여자들 속에서 아르테미스를 찾아내지 못했다. 그리고 자기가 아르테미스를 사랑하는 게 아니라는 것을 깨달았다. 진실로 사랑한다면 아무리 진흙을 바르고 있더라도 알아보아야 한다고 생각했기 때문이다. 그는 조용히 여자들 앞을 떠났다.

사랑을 좇아 강이 된 알페이오스

알페이오스는 첫사랑의 실패를 담담히 받아들이고 다시 사냥에 열중했다. 그러다가 그의 눈에 들어온 여자가 있었다. 강에서 목욕을 하고 있던 아레투사라는 님프였다. 알페이오스는 다시 찾아온 사랑을 확신했다.

아레투사는 알페이오스를 거부했다. 그러나 사랑의 확신을 느낀 알페이오스는 끊임없이 아레투사에게 사랑을 호소했다. 아레투사는 멀리 이탈리아까지 도망을 갔다. 그리고 아폴론에게 쫓긴 다프네가 월계수로 변한 것처럼 아레투사 역시 아르테미스의 도움을 받아 샘으로 변신했다.

그러나 알페이오스는 단념하지 않았다. 잠깐 바다를 건너다보던 알페이오스는 스스로 몸을 던져 강이 되었다. 강이 된 알페이오스는 바다 밑으로 계속 흘러 아레투사의 샘물까지 갔다. 그리고 그들은 하나가 되었다. 상대가 물이 되자 그 역시 물이 된 것이다.

실제로 알페이오스 강은 그리스와 이탈리아 사이에 있는 바다 밑을 지난다. 그래서인지 알페이오스 강물의 맛과 아레투사가 변한 샘물의 맛이 다르지 않다고 한다. 이는 사랑에 대한 대답은 달라도 고대부터 사랑에 대한 한결같은 마음은 다르지 않은 것과 닮았다.

| 신 화 메 모 |

알페이오스가 강이 된 다음 이익을 얻은 사람은 헤라클레스였다. 그는 아우게이아스의 마구간을 청소할 때 알페이오스 강물을 끌어들여 하루 만에 끝냈다.

아드메토스

죽음을
물리친
아내의 사랑

알케스티스는 죽음을 앞둔 남편 아드메토스를 위해
자신의 목숨을 기꺼이 내놓았다.

노예가 된 아폴론

사랑에 대한 또 하나의 대답은 사랑하는 사람을 위해 죽을 수 있다는 것이다.
세상에 목숨을 걸고 할 수 있는 몇 안 되는 것 가운데 하나가 사랑이다. 목숨
을 건 사랑! 말은 그럴듯하지만 무척 어려운 일이다.

　페라이의 왕 아드메토스는 자기를 찾아온 모든 사람에게 친절했다. 또한 그
는 용감해서 칼리돈의 멧돼지 사냥과 황금 양가죽을 찾아 떠난 아르고 원정
대에도 참가했다. 이런 이유 때문에 아드메토스를 싫어하는 사람이 없었다. 그
건 신들도 다르지 않았다.

　아폴론의 아들 아스클레피오스는 죽은 사람까지 살려내는 바람에 신들의
분노를 사서 제우스의 벼락을 맞고 죽었다. 화가 난 아폴론은 차마 제우스에
게는 덤비지 못하고 대신 벼락을 만든 외눈박이 거인 키클로페스를 죽였다.
키클로페스의 입장에서 보면 그야말로 날벼락이었다. 제우스도 벌컥 화를 내

며 아폴론에게 1년 동안 인간 밑에서 노예 생활을 하라는 형벌을 내렸다. 신이 인간의 노예가 된다는 건 참을 수 없는 치욕이었다. 그러나 아폴론은 기꺼이 받아들였다.

아폴론이 주인으로 선택한 사람은 바로 아드메토스였다. 아폴론은 허름한 차림새로 아드메토스를 찾아갔다. 아드메토스는 왕이었지만 남루한 아폴론을 박대하지 않고 친절하게 맞아들여 목동 일을 해달라고 부탁했다. 아폴론은 잔인한 성격도 지니고 있었지만 자기에게 존경을 나타내는 사람에게는 많은 것을 베푸는 신이었다.

아폴론이 목동이 되어 한 일은 모든 암소가 쌍둥이를 낳도록 한 것이었다. 아드메토스의 소는 금세 엄청난 수로 불어났다. 아폴론의 선행은 여기서 그치지 않았다. 아드메토스가 이올코스의 공주 알케스티스에게 청혼을 했는데 이올코스의 왕 펠리아스는 옛날 동화에 나오는 것처럼 조건을 내세웠다. 그 조건이 황당했는데, 사자와 멧돼지가 끄는 전차를 타야 한다는 것이었다. 인간의 힘으로는 불가능한 일이었다. 그러나 아폴론이 사자와 멧돼지를 함께 전차에 묶음으로써 이 문제는 해결되고, 아드메토스는 알케스티스와 결혼할 수 있었다. 또한 아드메토스가 결혼식 때 깜빡 잊고 아르테미스에게 제물을 바치지 않아 아르테미스가 신방에 뱀을 잔뜩 풀어놓았을 때 누나인 아르테미스를 설득하고 화를 풀어준 것도 아폴론이었다.

그러나 무엇보다 아드메토스에 대한 아폴론의 애정은 그가 큰 병에 걸려 죽음에 이르렀을 때 가장 큰 빛을 냈다. 아폴론은 젊은 나이에 병에 걸려 죽게 된 아드메토스가 너무 안타까워 운명의 여신에게 그를 살려달라고 부탁했다. 운명의 여신은 정 그렇다면 아드메토스를 위해 다른 누군가가 죽어야 한다고 대답했다.

남편을 살리기 위해 죽음을 택하다

그러나 아무도 아드메토스를 위해 죽으려고 하지 않았다. 가장 먼저 찾아간 것이 아드메토스의 부모였다. 이제 살날이 그리 많이 남아 있지 않은 그들도 아들을 위해 예정보다 일찍 죽고 싶어하지 않았다. 아마 아폴론이 아드메토스의 부모였다면 기꺼이 죽었을 것이다. 왕을 위해 죽겠다는 백성도 없었다. 그때 아드메토스의 아내인 알케스티스가 나섰다.

아드메토스는 사랑하는 아내를 말렸지만 남편을 위해 죽음을 택한 확고한 결심을 되돌릴 수 없었다. 갑자기 알케스티스는 중병에 걸렸고 아드메토스는 건강해졌다. 마침내 죽음의 날이 닥쳐왔다. 그러나 알케스티스는 죽지 않았다. 마침 이 왕국에 와 있던 헤라클레스가 죽음의 사자를 힘으로 제압해서 쫓아냈던 것이다. 또 다른 설에 따르면 지하세계의 여왕인 페르세포네가 누군가를 대신하여 죽은 사람은 받아들일 수 없다고 쫓아냈다고도 한다. 어쨌든 아드메토스는 아내의 희생과 아폴론의 도움으로 죽음에서 벗어났던 것이다.

| 신 화 메 모 |

아드메토스의 이야기는 그리스의 3대 비극 작가인 에우리피데스의 《알케스티스》에 자세히 설명되어 있다.

지하세계까지
감동시킨
사랑의 선율

오르페우스

사랑하는 아내 에우리디케를 찾아 지하세계로 내려간 오르페우스는
애절한 사랑의 선율로 지하세계를 울렸다.

사랑하는 아내의 죽음

아폴론은 태양의 신이지만 음악의 신이기도 하다. 아폴론의 아들인 오르페우스는 최고의 음악가였다. 아폴론은 사랑하는 아들에게 헤르메스에게서 얻은 리라를 선물로 주었다. 오르페우스가 리라를 연주하면 사람은 물론이고 동물이나 생명이 없는 돌까지도 눈물을 흘리거나 흥겨워할 정도였다. 이렇게 감수성 깊은 사내는 에우리디케라는 여자를 깊이 사랑하게 되었다.

둘은 곧 결혼식을 올렸다. 그런데 혼인의 신 히메나이오스가 결혼 선물을 가져오지 않았을뿐더러 도리어 그가 들고 온 횃불에서 매캐한 연기가 나서 사람들이 모두 눈물을 흘렸다. 좋지 않은 징조였다. 그리고 비극이 시작되었다.

에우리디케가 친구들과 어울리고 있을 때 지나가던 양치기가 그녀를 보고 한눈에 반해 겁탈을 하려고 덤벼들었다. 에우리디케는 놀라서 도망치다가 낮잠을 즐기고 있던 뱀을 밟고 말았다. 화가 난 뱀은 에우리디케를 물었고 몸에

독이 퍼져 그녀는 곧바로 숨을 거두었다.

　오르페우스는 깊은 슬픔에 빠졌다. 그가 연주하는 리라 소리는 너무나 구슬퍼 눈물을 흘리지 않는 생물이 없었다. 세상이 모두 비탄의 늪에 빠진 듯했다. 얼마 뒤 오르페우스는 억울하게 죽은 아내를 되찾기 위해 하데스가 지배하는 지하세계로 내려가기로 마음먹었다. 살아서는 갈 수 없는 곳이지만 아내에 대한 사랑은 죽음을 초월했다.

하데스마저 감동시킨 오르페우스의 리라 소리

가장 먼저 그를 맞이한 것은 카론이라는 뱃사공이었다. 그는 돈을 받고 죽은 사람을 하데스의 세계로 인도하는 뱃사공이었다. 그러나 오르페우스의 구슬픈 리라 소리를 듣자 아무 말도 하지 않고 그를 건네주었다. 그다음은 지하세계의 입구를 지키는 괴물 케르베로스였다. 케르베로스는 티폰의 후손으로 머리가 셋이고 뱀의 꼬리가 달려 있는 무서운 괴물이었다. 사나운 케르베로스 역시 오르페우스의 리라 소리를 듣고 깊은 슬픔에 빠졌다.

　오르페우스는 마침내 하데스와 그의 아내 페르세포네 앞에 섰다. 그는 억울하게 죽은 아내를 돌려달라고 간절히 부탁했다. 그러나 억울하게 죽지 않은 사람이 어디 있으며 한 번 지하세계에 들어온 영혼은 다시 나갈 수 없는 게 지하세계의 규칙이라는 대답만 들었다. 그러자 오르페우스는 리라를 연주하기 시작했다. 순식간에 지하세계는 통곡의 바다로 변했다. 오르페우스의 간절한 사랑과 깊은 슬픔이 녹아든 리라 소리가 차가운 지하세계를 녹였던 것이다.

　하데스는 난처했다. 그 역시 감동을 받았지만 규칙을 어길 수는 없는 노릇이었다. 그런데 페르세포네를 비롯한 지하세계의 모든 가족들이 우는 모습을 보고, 지하세계를 빠져나갈 때까지 뒤를 돌아보지 않는다는 조건을 붙여서 에우리디케를 돌려주었다. 오르페우스는 기쁨을 감추지 못하고 에우리디케의 손목을 붙잡고 우울하고 차가운 지하세계를 떠났다.

　두 연인은 얼마를 걸었는지는 모르지만 오랫동안 걸었다. 오르페우스는 에

▼ 지하세계로 내려가는 길

고대 그리스인들은 동굴이나 호수 밑에
지하세계로 통하는 길이 있다고 믿었다.

스틱스 강	카론	케르베로스	
지하세계를 감싸고 흐르는 강의 여신	스틱스 강의 뱃사공. 그가 뱃삯을 받기 때문에 죽은 사람의 입에 돈을 물려주는 관습이 있다.	지하세계의 입구를 지키는 괴물 파수꾼. 세 개의 머리에 뱀의 꼬리를 가졌다.	하데스

우리디케의 손목을 잡고 있었지만 얼굴은 아직 보지 못했다. 그건 하데스와의 약속이었기 때문이다. 마침내 저 멀리서 빛이 보이기 시작했다. 오르페우스는 더 이상 견딜 수가 없었다. 사랑하는 아내의 얼굴을 보기 위해 고개를 돌렸을 때 에우리디케는 저 멀리로 사라지고 말았다. 오르페우스는 가슴을 쥐어뜯으며 후회했지만 이미 엎질러진 물이었다.

  그 뒤 오르페우스는 절망과 자책에 시달리다가 그를 좋아했던 여자들이 던진 돌에 맞아 죽었다. 그리고 비로소 사랑하는 아내 곁으로 갈 수 있었다.

| 신 화 메 모 |

오르페우스의 이름을 딴 오르페우스교라는 종교가 기원전 6세기경 그리스에 나타났다. 오르페우스교는 술의 신 디오니소스와 티탄의 신화를 그 중심에 두고 있으며, 훗날 그리스도교에 큰 영향을 주었다.

새가 되어
몸을 던진
사랑

알키오네

알키오네는 남편인 케익스의 죽음을 알고는 곧바로 바다로 뛰어들었다.
이들을 가엾이 여긴 신들이 그들을 새로 만들었다.

신 앞에서 건방을 떨다 새가 된 부부

샛별을 의미하는 에오스포로스의 아들 케익스는 아이올로스의 딸 알키오네
를 죽음이 갈라놓을 때까지 같이할 아내로 맞았다. 둘은 깊이 사랑하며 행복
한 결혼 생활을 영위했다. 그런데 이들에게 비극이 찾아왔다. 이들에 대해서는
서로 다른 두 이야기가 있다.

하나는 이들이 건방을 떨었기 때문에 파멸했다는 이야기이다. 케익스는 아
내를 헤라라고 불렀고 알키오네는 남편을 제우스라고 불렀다. 다른 신화에서
도 그렇지만 인간이 자신을 신과 비교할 때 비극이 생긴다. 에티오피아의 왕비
카시오페이아는 자신이 바다의 님프보다 아름답다고 말하고 테베의 왕비 니
오베가 아폴론과 아르테미스의 어머니인 레토보다 자식이 많은 것을 비교했
다가 참혹한 비극을 당했다.

그렇지만 제우스는 케익스와 알키오네를 죽이지는 않고 새로 만들었다. 그

이름	알키오네와 케익스	아스테리아	스킬라와 그녀의 아버지
새의 종류	물총새	메추라기	바닷새(스킬라) 독수리(아버지)
새가 된 사연	남편의 시신을 본 알키오네가 먼저 새가 되고 신들의 동정으로 케익스도 새가 되었다.	제우스의 겁탈을 피하기 위해 새가 되었다.	스킬라가 아버지를 배신했다.
새의 특징	물총새는 바다 위에서 알을 낳는데 이때 바다에는 바람이 불지 않는다고 한다.	아스테리아는 메추라기로 변신해 바다로 뛰어들었고 그곳에서 델로스 섬이 떠올랐다.	독수리는 바닷새만 보면 죽이려고 달려든다.

들은 서로를 너무 사랑했지만 그것이 방종이 되었기 때문에 새가 되고 말았다는 것이다.

신탁을 듣기 위해 떠났다가 다시는 돌아오지 못한 남편

또 다른 주장은 위와 달리 너무나 애절한 사랑 이야기이다.

케익스는 테살리아의 왕이었는데 신변에 괴이한 일들이 계속 일어났다. 케익스의 형인 다이달리온이 독수리로 변했고 케익스가 살인자인 펠레우스를 환대해준 대가로 늑대들이 그의 소를 물어 죽였다.

그래서 그는 신탁을 듣기 위해 여행을 떠나기로 마음먹었다. 그런데 아내인 알키오네가 떨어지려고 하지 않았다. 서로 너무나 사랑했기 때문이다. 알키오네는 남편이 자기에게 싫증을 느껴 떠나려 한다고 생각했다.

케익스는 아내를 거친 바다로 데리고 갈 수가 없었기 때문에 아내를 매정하게 뿌리치고 두 달 안에 돌아오겠다는 말을 남기고는 바다로 나갔다. 그러나 목적지에 다다르기도 전에 폭풍우를 만나 배가 난파하고 말았다. 케익스는 아내에 대한 그리움과 죽음 사이에 놓였다. 그는 죽음을 앞두고 자기의 시체가 아내의 손으로 돌아가기만을 빌었다.

남편 따라 죽음으로써 새가 된 여인

한편 알키오네는 매일 신전을 찾아가 부부의 사랑을 관장하는 헤라에게 남편의 무사 귀환을 빌었다. 헤라는 측은한 생각이 들어 잠의 신을 알키오네의 꿈에 보내 케익스의 죽음을 알렸다. 알키오네는 충격을 받고 남편이 마지막으로 떠나던 바닷가로 나가 눈물과 함께 남편을 추억했다.

그때 저쪽에서 무엇인가 떠오는 것이 보였다. 케익스의 시체였다. 알키오네는 그것을 보고 그대로 바다로 뛰어들었다. 뛰어드는 순간 그녀는 물총새가 되었다. 새는 하늘을 날아 케익스의 시체 위에 앉아 키스를 했다. 이것을 보고 신들은 케익스도 새로 만들어주었다.

시칠리아 부근에서는 물총새가 한겨울에 둥지를 만들기 시작해서 알을 낳는 기간이 되면, 겨울 바다가 한때 조용해져 배가 항해할 수 있는 상태가 된다고 한다. 물총새가 안전을 지키는 동지 전후 7일에서 14일의 기간을 '물총새의 날'이라고 한다. 옛 선원들은 이 시기에 항해를 하면 안전하다는 것을 알고 있었다.

| 신 화 메 모 |

바람의 신 아이올로스는 물총새가 새끼를 낳는 동안에 바람을 가라앉혀 바다를 평온하게 만들었다. 선원들은 이때를 알키오네의 이름을 따서 '알키온'이라고 불렀다. 영어로는 '핼키언(halcyon)'이라고 하는데 '물총새'라는 뜻 외에 '평화롭다'는 형용사로도 쓰인다.

말로는
도저히 표현할 수 없는
사랑

에코

남의 마지막 말만 되풀이하는 벌을 받은 에코에게
표현할 수 없는 사랑은 복수를 낳게 했다.

바람피우는 제우스를 위해 망보다 헤라에게 벌받다

세상에는 말로 표현할 수 없는 것들이 있다. 말을 하는 순간 이미 본래의 느낌
이 사라지고 말기 때문에 말로 할 수 없는 것들 말이다. 특히 그 느낌이 간절
할 때라면 더욱 말로 하기 어려운 법이다.

'메아리'라는 뜻인 에코는 헬리콘 산에 사는 님프였다. 그런데 에코는 매우
수다쟁이였다. 한번은 제우스가 바람피우는 현장을 덮치기 위해 몰래 잠복을
하고 있는 헤라 앞에 에코가 나타났다. 헤라는 저쪽으로 가라고 했지만 에코
는 아랑곳하지 않고 조잘조잘 말을 늘어놓았다. 물론 인기척 때문에 제우스는
헤라의 잠복을 눈치채고 시치미를 떼며 사라지고 말았다.

그런 일이 몇 번 계속되자 헤라는 크게 화를 냈다. 헤라는 에코가 제우스의
명령을 받고 자기가 제우스의 뒤를 밟을 때마다 나타나 일부러 큰 소리를 내
서 제우스에게 알려주고 있다고 생각했다. 실제로 에코는 제우스가 님프들과

〈에코와 나르키소스〉 나르키소스는 샘물에 비친 자신의 모습을 보고 사랑에 빠졌다. 이루어질 수 없는 사랑으로 몸을 돌보지 않아 나르키소스는 머지않아 죽게 되고 그 자리에 수선화가 피어났다. 존 윌리엄 워터하우스 작품.

정을 통할 때 헤라가 나타나면 그것을 알리기 위해 헤라를 붙잡고 큰 소리로 떠들었던 것이다.

그래서 헤라는 에코가 남이 말하기 전에는 먼저 입을 열지 못하게 했고, 다른 사람이 하는 말의 마지막 부분만 반복해서 따라 하도록 하는 벌을 내렸다. 산에 가서 크게 소리를 지르면 마지막 말만 되풀이해서 울리는 것처럼 말이다. 여기에 대해 다른 주장도 있다. 자유롭고 성을 밝히는 목신 판이 에코를 사랑했지만 그녀가 판을 무시하자 화가 난 판이 에코에게 말을 못하게 하고 남의 말만 반복하는 능력만을 남겨두었다는 것이다.

에코의 복수로 자기도취 속에 죽은 나르키소스

어쨌든 수다쟁이 에코는 속이 터질 만큼 답답했지만 그렇다고 불평을 늘어놓을 수도 없었다. 더 이상 말을 할 수 없게 되었으니까. 그런데 더욱 답답하고 절망적인 일이 일어났다. 에코가 한 남자를 보고 사랑에 빠진 것이다. 그의 이름은 나르키소스였다. 그는 어릴 때 예언자 테이레시아스로부터 "자기를 모르면 오래 살 수 있다."라는 말을 들었다.

말을 할 수 없었던 에코는 나르키소스 주위만 맴돌 뿐이었다. 에코가 나르키소스가 내뱉은 말의 끝 부분을 계속 따라 하자 나르키소스는 화를 냈다. 사랑에 목마른 에코는 나르키소스의 냉담함 때문에 점점 야위어갔다.

사랑에 실패한 에코는 절망 속에서 복수의 여신 네메시스에게 그녀의 사랑만큼이나 간곡한 복수를 기원했다. 네메시스는 에코의 기원을 받아들였다. 그리고 나르키소스에게 헬리콘 산의 샘을 통해 자기 모습을 보게 만들었다.

그러자 테이레시아스의 예언이 이루어졌다. 샘에서 자기의 모습을 본 나르키소스는 그 모습에 흠뻑 취했다. 그때부터 자기에 대한 애정에 취해 날마다 샘에 비친 자기 모습만 보며 살았다. 그리고 자기도취 속에서 죽었다. 이를 가련하게 여긴 신들은 그를 아름다운 수선화로 변신시켰다. 그래서 수선화의 꽃말은 자기도취가 되었다.

신화의 사연만 놓고 본다면 수선화는 어리석은 자나 고집이 센 사람을 상징하는 꽃이어야 하지 않을까? 그런데 그리스 사람들은 수선화를 '영생의 신이건 필멸의 인간이건 모두가 한 번 보기만 하면 찬미하게 되는 경이롭고 찬란한 꽃'이라 찬양했다.

사실 부부와 친구가 서로 싸우면서 닮아가는 것처럼 에코와 나르키소스는 서로 닮아 있다. 높은 산에 올라 내 이름을 부르면 산도 내 이름을 불러주고 샘물을 바라보면 샘물 또한 내 얼굴을 보여주는 것처럼.

이쯤에서 나르키소스가 황홀한 아름다움을 가진 수선화가 된 까닭이 수면 위로 떠오른다. 나르키소스 신화는 "자기 이름을 부르고 자기를 들여다보라."

▼ 자연 속에 존재하는 님프

는 말을 전하고 있다. "자기를 사랑하라."는 말을 하고 있는 것이다. 타인에게 보이기 위해 성형수술과 다이어트에 시달리는 내가 아닌, 오로지 자신을 위해 자기 내면으로 던지는 사랑의 눈길이 어찌 황홀하지 않으며 경이롭고 찬란하지 않겠는가?

| 신 화 메 모 |

화가 난 판에 의해 에코가 남의 끝말만을 되풀이하게 된 이후에, 목동들이 자기들의 말을 따라 하는 에코에게 화가 나 그를 찢어 죽였다. 이를 불쌍히 여긴 대지의 여신이 에코의 시체를 거두면서 말을 따라 하는 능력은 남겨두었다고 한다. 그것이 메아리이다.

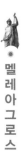

멜레아그로스

한 여자에 대한
욕망으로
죽음에 이른 남자

멜레아그로스는 결혼을 한 몸이었지만 아탈란테에게 욕망을 품었다.
하지만 그 결과는 근친 살해와 죽음이었다.

아르테미스가 보낸 멧돼지를 없애기 위해 모여든 영웅들

옛날 다른 지역에서 그랬듯이 그리스에서도 가을에 추수를 하면 첫 수확물을
신에게 바치며 제사를 지냈다. 추수에 대한 감사와 함께 농사로 쌓인 피로를
푸는 시간이었다. 그리스의 칼리돈 지역에서도 제사를 지냈다. 그런데 칼리돈
의 왕 오이네우스가 깜빡하고 아르테미스를 빠뜨렸다.

처녀 신 아르테미스에게는 잔혹한 일면이 있었다. 페라이의 왕 아드메토스
가 결혼식을 올리고 아르테미스에게 감사의 제물을 바치지 않자 이 처녀 신은
신방(新房)을 온통 뱀으로 치장해놓기도 했다.

분노한 아르테미스는 칼리돈에 덩치가 크고 힘이 무척 센 멧돼지를 보냈다.
이 멧돼지는 칼리돈 각지를 돌아다니며 농작물에 피해를 입히고 가축과 사람
을 가리지 않고 마구잡이로 죽였다. 오이네우스는 자기의 실수를 인정했지만
이미 엎질러진 물이었다. 멧돼지를 없애는 것 말고는 달리 방법이 없었다.

〈멜레아그로스와 아탈란테〉 아탈란테를 향한 멜레아그로스의 사랑은 질투와 원성을 샀고, 급기야 근친 살해의 비극으로 이어진다. 야콥 요르단스 작품.

오이네우스는 그리스 전역에 있는 영웅들에게 멧돼지 사냥에 동참해줄 것을 부탁했다. 그리고 멧돼지를 퇴치하는 자에게 멧돼지 가죽을 부상으로 내걸었다. 그리스 각지의 영웅들은 자기 힘을 과시하기 위해 하나둘씩 칼리돈 지역으로 몰려들었다. 아테네의 테세우스, 페라이의 아드메토스, 황금 양가죽을 찾아 떠날 원정 대장 이아손 등과 홍일점으로 아탈란테가 참가했다.

여자와 사냥을 나가는 것을 거부한 남자들

각지에서 사람들이 모여들자 오이네우스는 당시의 관례에 따라 9일 동안 성대하게 연회를 베풀었다. 그런데 10일째 되던 날 일이 발생했다. 23명의 남자들이 여자인 아탈란테와 함께 사냥을 나갈 수 없다고 잘라 말했다.

그러나 오이네우스의 아들인 멜레아그로스는 이미 이다스의 딸 클레오파트라와 결혼한 몸이었지만 아탈란테에게 강한 욕망을 갖고 있었기 때문에 사람들에게 함께 사냥을 나갈 것을 종용했다. 결국 사냥을 주재하는 사람이 멜레아그로스였기 때문에 모두들 그의 말에 따랐다.

가장 먼저 멧돼지에게 상처를 입힌 것은 여자인 아탈란테였다. 그녀는 활을 쏘아 멧돼지의 등을 맞혔다. 다음에 암피아라오스가 역시 활을 쏘아 눈을 맞혔다. 마지막에 멧돼지를 죽인 것은 멜레아그로스로, 그는 칼로 멧돼지의 옆구리를 베어 쓰러뜨렸다.

사냥 전리품 때문에 외삼촌을 살해하다

사냥이 끝난 뒤 전리품을 놓고 싸움이 벌어졌다. 멜레아그로스는 처음에 멧돼지에게 상처를 입힌 아탈란테에게 가죽을 상으로 주었다. 여기에는 아탈란테에 대한 육체적 욕망이 크게 작용했다.

그러자 다른 사람들이 이 결정에 이의를 제기했다. 멜레아그로스의 외할아버지인 테스티오스는 남자들이 사냥에 참가했는데 여자에게 멧돼지의 가죽을 주는 것은 창피한 일이라고 말했다. 만약 멧돼지를 마지막에 쓰러뜨린 멜레아그로스가 멧돼지의 가죽을 차지할 생각이 없다면 혈연관계에 따라 자기가 차지하겠다고 선언하고 아탈란테에게서 가죽을 빼앗았다.

멜레아그로스는 몸이 달아 테스티오스의 아들, 즉 외삼촌을 살해하고 가죽을 빼앗아 다시 아탈란테에게 주었다. 이 일로 외가 사람들과 싸움이 벌어졌다. 이 싸움에서 멜레아그로스는 외삼촌 몇 명을 살해했다. 한 여자에 대한 욕망이 독선적인 결정을 내리게 만들고 근친 살해로 이어진 것이다. 욕망은 뭔가를 창조하기도 하지만 파괴가 뒤따르기도 한다.

| 신 화 메 모 |

아르테미스가 칼리돈에 보낸 멧돼지를 죽이려고 그리스 각지에서 많은 영웅들이 모여든 것은 황금 양가죽을 찾아 떠났던 아르고 원정대에 멜레아그로스가 참가했기 때문이다. 이런 이미지는 트로이 전쟁 때 많은 영웅들이 모여 연합군을 이루는 모습을 떠올리게 한다.

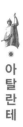

결혼은 거부했지만
사랑 때문에
사자로 변한 여인

아탈란테

아탈란테는 목숨을 건 결혼 경기에서 황금 사과를 던진 남자에게 진다.
그녀는 황금 사과 때문에 첫 번째 비극을 맞이한 여인이 되었다.

아버지에게 버림받고 숲 속에서 사냥을 배우며 자라다

멜레아그로스는 아탈란테에 대한 욕망 때문에 외삼촌들을 죽였다. 이에 화가
난 어머니 알타이아는 아들의 운명을 쥐고 있던 타다 남은 장작을 꺼내 불 속
에 던짐으로써 아들을 죽이고, 그녀 역시 스스로 목숨을 끊었다. 한 사람의
욕망이 수많은 사람을 죽인 셈이다. 그런데 정작 당사자인 아탈란테는 어떻게
되었을까?

아탈란테는 태어나자마자 버림을 받았다. 그 이유는 아들이 아닌 딸이었기
때문이었다. 고대에도 이런 일이 있었던 모양이다. 숲 속에 버려진 아탈란테는
곰의 젖을 먹고 자랐다. 그러다가 어느 사냥꾼에게 발견되어 어릴 때부터 사냥
을 배우며 자랐다. 아탈란테가 그리스 신화에서 사냥의 여신 아르테미스와 쌍
벽을 이루는 여자 사냥꾼으로 꼽히는 것도 이런 이유 때문이다.

아탈란테는 남자나 결혼, 바느질을 비롯한 가사나 아이의 양육 따위를 싫어

▼ 전차 경주

고대 올림픽에서 그리스인들을
가장 열광시킨 것은 전차 경주였다.

전차 경주의 특징

1	40여 대의 전차가 삼각형 뱃머리처럼 생긴 출발점에 정렬한다.
2	거리는 약 14km로, 2개의 기둥 사이를 왕복한다.
3	전차를 끄는 말은 4마리이다.
4	출전하는 선수는 대개 옷을 입지 않는다.
5	승리의 영광을 받는 것은 전차와 말의 소유주이다.

했다. 한번은 켄타우로스 족에게 겁탈을 당할 뻔했지만 두 사람을 상대로 싸워 둘 다 화살로 살해했다. 아탈란테는 뒤에서 살펴볼 최고의 모험인 아르고 원정대에도 지원했다. 원정대의 대장 이아손은 아탈란테가 능력 면에서는 충분히 자격이 되지만 여자가 배에 타면 남자들 사이에서 질투가 일어나 혼란이 생길 수 있다는 이유로 그녀의 지원을 거절했다.

목숨을 건 결혼 경기

아탈란테와 관련된 신화는 칼리돈의 멧돼지 사냥과 그녀가 자기에게 구혼한 사람들과 경주를 벌인 이야기가 유명하다. 아탈란테가 멜레아그로스를 사랑했는지 어떤지는 모르지만 그녀는 결혼을 거부했다. 하지만 아탈란테를 버렸던 아버지는 그녀에게 결혼할 것을 종용했다. 아탈란테는 아버지의 말을 거부하지 못하고 결혼을 승낙했지만 조건을 달았다. 자기와 경주를 해서 이기는 남자와 결혼하겠다는 것이다. 물론 경주에서 패한 사람은 그 자리에서 죽이겠다는 무시무시한 협박과 함께였다.

목숨을 건 결혼 경기는 성황리에 열렸다. 아탈란테는 사냥 솜씨만큼이나 아름다웠기 때문에 많은 청년들이 죽음을 무릅쓰고 경기에 참가했다. 냉혹한 승부였다. 남자들은 차례로 죽어갔다.

아탈란테는 완전무장을 하고 출발점에 섰다. 남자들은 무거운 옷을 벗어 던지고 거의 나체로 경기에 참가했지만 아무도 아탈란테를 이기지 못했다. 남자들은 결승점에서 기다리고 있는 아탈란테에게 어김없이 살해되었다.

황금 사과를 이용해 결혼 경기에서 승리한 히포메네스

이런 경우 속임수 없이는 이길 수가 없다. 물론 그 속임수는 또 다른 속임수를 낳는다. 어쨌든 아탈란테에게 속임수를 쓴 것은 히포메네스라는 남자였다. 히포메네스는 사랑의 신 아프로디테의 도움을 받았다.

그는 아프로디테에게 황금 사과 세 개를 얻었다. 황금 사과를 몸에 지니고 경주에 나선 그는 아탈란테가 뒤를 쫓아오면 그때마다 황금 사과를 던졌다. 그러면 아탈란테는 그 사과를 줍느라 뒤로 처졌다. 이렇게 하기를 세 번, 그동안 경주는 끝이 났고 히포메네스는 처음으로 아탈란테에게 이긴 남자가 되었다.

사실 황금 사과가 탐이 났으면 경주를 끝내놓고 남자를 살해한 다음 천천히 집어도 될 일이다. 그래서 후대의 연구자들은 아탈란테가 이미 히포메네스에게 사랑을 느꼈기 때문에 황금 사과를 핑계로 일부러 경기에 졌을 것으로 본다. 또한 히포메네스가 도움받은 것이 아프로디테라는 점도 감안해야 한다.

그런데 히포메네스는 아프로디테와의 약속을 어기고 아프로디테 신전에서 아탈란테와 몸을 섞었다. 분노한 아프로디테는 이들을 사자로 만들었다. 당시 사람들은 사자는 표범과 교미한다고 믿었기 때문에 아탈란테와 히포메네스는 그 이후 다시는 서로의 몸을 탐할 수 없게 되었다.

| 신 화 메 모 |

아탈란테의 이야기는 두 지역에서 전해진다. 경주에서 아탈란테에게 이긴 남자의 이름이 아르카디아 지역에서는 멜라니온, 보이오티아 지역에서는 히포메네스로 전해진다.

오디세우스 부자와 결혼한 마법의 여신

키르케는 아이아이에 섬에 도착한 오디세우스와 1년을 살지만 헤어질 때는 편안히 떠나보냈다.

키르케

동물로 변해버린 오디세우스의 부하들

트로이 전쟁이 끝나고 오디세우스는 곧바로 고향으로 돌아가지 못했다. 10년 간의 전쟁이 끝났지만 다시 10년을 방랑해야 하는 운명이었던 것이다.

오디세우스가 아이아이에 섬에 도착했을 때에는 배가 한 척밖에 남아 있지 않았다. 많은 부하들이 죽고 배들이 부서졌다. 아이아이에 섬에는 태양신 헬리오스의 딸이며 모든 마법에 능통한 키르케가 살고 있었다.

오디세우스는 섬에 상륙해서 정찰할 사람을 제비뽑기로 정했다. 이 섬에 어떤 위험이 도사리고 있을지 모르기 때문이었다. 제비뽑기 결과에 따라 오디세우스는 배에 남고, 에우리로코스는 부하 22명과 함께 섬에 상륙했다. 이 가운데 에우리로코스를 제외한 나머지 사람들은 키르케의 부름에 따라 저택으로 들어갔다. 그들은 키르케가 권하는 대로 치즈와 벌꿀, 보리와 포도주, 그리고 마법의 약이 섞인 음료수를 마시고 모두 마법에 걸려 모습이 바뀌었다. 어떤

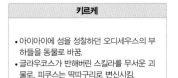

▼ 그리스 신화의 대표적인 마법사와 마법

사람은 돼지로 변했고 노새, 사자, 이리로 변한 사람도 있었다.

키르케는 인간이었다가 바다의 신이 된 글라우코스가 님프 스킬라의 사랑을 얻게 해달라고 찾아왔을 때 자기가 글라우코스에게 반해 스킬라를 무서운 괴물로 만들어버릴 정도로 마법에 능한 여신이었다. 그렇다고 그녀에게 마법의 여신이라는 말에서 언뜻 느낄 수 있는 잔혹하고 제멋대로라는 이미지만 있는 건 아니었다. 메데이아가 이아손과 함께 자기 동생을 죽인 죄를 용서받기 위해 찾아왔을 때 키르케는 메데이아가 자기 조카딸임에도 불구하고 친족 살해라는 이유로 쫓아낸 적이 있다.

여하튼 에우리로코스는 숨어서 이 모습을 지켜보다가 배로 돌아와 오디세우스에게 보고했다. 오디세우스는 헤르메스에게 모리라는 약초를 얻어 키르케의 저택으로 찾아갔다. 오디세우스는 키르케가 권한 음료수에 모리를 넣고 아무렇지 않게 마셨다. 물론 모습도 변하지 않았다. 놀라서 어리둥절하고 있는 키르케를 향해 오디세우스는 칼을 뽑아 들어 위협했다. 그러자 오디세우스의 부하들이 원래 모습으로 돌아왔다.

오디세우스가 죽은 뒤 그의 아들과도 결혼하다

오디세우스는 키르케에게 다시는 이런 짓을 하지 않겠다는 다짐을 받고 그녀와 잠자리를 같이했다. 그렇게 태어난 것이 텔레고노스이다. 키르케는 오디세우스와 1년 동안 함께 살았다. 키르케는 칼립소와 달리 오디세우스가 떠나겠다고 하자 앞으로 닥칠 위험과 대처 방법을 일러주고 편안하게 떠나보냈다.

훗날 오디세우스와 키르케 사이에서 태어난 텔레고노스는 아버지를 만나기 위해 이타케로 떠났다. 그러나 도중에서 싸움이 일어나 상대방을 죽였는데 그 사람이 바로 오디세우스, 즉 자신의 아버지였다.

텔레고노스는 아버지의 시체를 아이아이에 섬으로 옮겼는데 이때 오디세우스의 아내 페넬로페와 아들 텔레마코스도 함께 갔다. 키르케는 페넬로페와 텔레마코스를 불사신으로 만들었다. 그리고 자기는 텔레마코스와 결혼을 하고 텔레고노스는 페넬로페와 결혼을 했다고 한다. 뒷부분은 이탈리아에서 전해지는 이야기이다.

| 신 화 메 모 |

키르케는 '독수리'라는 뜻으로 티탄이며 태양신인 헬리오스의 딸이다. 키르케는 자기를 화나게 만든 사람을 모두 동물로 바꾸었다고 한다.

이룰 수 없는
사랑을 꿈꾸는
여인

외로움은 집착과 포기라는 상반된 얼굴을 가진다.
칼립소는 키르케와 달리 오디세우스를 쉽게 떠나보내지 못했다.

아무도 찾지 않는 여인 앞에 나타난 한 남자

외로움은 집착과 포기라는 서로 상반된 얼굴을 가진다. 칼립소가 사는 오기기아 섬은 새들 외에는 아무도 찾지 않는 섬이었다. 또한 칼립소는 하늘을 떠받치고 있는 티탄 족인 아틀라스의 딸로 그녀를 찾는 이 역시 아무도 없었다. 그런데 그곳에 지치고 남루한 옷차림을 한 사내가 찾아들었다. 바로 트로이 전쟁이 끝나고 포세이돈의 분노 때문에 집으로 돌아가지 못하고 세상을 떠돌아다니는 오디세우스였다.

칼립소는 우연히 찾아든 오디세우스를 운명적인 상대로 받아들이고 깊이 사랑했다. 그녀를 돌보는 하녀와 주위의 환경은 거의 변함이 없었다. 파도는 언제나 밀려왔다가 밀려갔고 꽃은 피었다가 질 뿐이었다. 오디세우스는 그런 외롭고 지루한 세계에 던져진 변화였고 의미 있는 존재였다.

이들은 잠자리를 같이했고 라티누스라는 아이를 낳았다. 칼립소는 오디세

〈오디세우스와 칼립소〉 칼립소는 앞을 향하고 오디세우스는 등을 보이고 있다. 이는 두 남녀의 사랑이 끝났음을 보여 준다. 아르놀트 뵈클린 작품.

우스를 불사신으로 만들어 오기기아 섬에서 무한한 시간을 함께 보내기를 간절하게 원했다. 인간은 죽음을 두려워하고 영원히 살기를 희망한다. 그러나 오디세우스는 칼립소와 영원히 살고 싶어하지 않았다. 식탁 한구석에 신들의 음식인 암브로시아와 넥타르가 있어 손만 뻗으면 그것을 먹을 수 있었다. 그것을 먹으면 그도 신이 될 수 있었다. 그러나 끝내 그의 손길은 그쪽으로 향하지 않았다. 그것을 바라보는 칼립소의 눈에는 언제나 아쉬움이 담겼다.

사랑하는 남자를 떠나보내는 방법

칼립소는 오디세우스와 7년을 함께 살았다. 칼립소는 언젠가는 오디세우스가 자기와 함께 여생을 보내겠다고 말하기를 하염없이 기다렸다. 그래서 그가 하는 대로 가만히 내버려두었다. 오디세우스는 아침에 일어나 바다로 나갔다가 저녁이 되면 집으로 돌아와 칼립소와 함께 잤다. 당시 오디세우스는 죽음이 이와 같지 않을까, 라고 생각하지 않았을까? 칼립소가 이를 알 까닭이 없었다. 신들은 죽지 않으니까.

오디세우스와 칼립소는 한적한 바닷가에서 무엇을 했을까? 칼립소가 원하는 대로 사랑을 나누고 나면 오디세우스는 그 특유의 음울한 눈을 바다로 향하면서 고향과 트로이에 대해 이야기하지 않았을까? 칼립소는 그의 들뜬 목소리를 들으면서 속으로 깊은 절망의 한숨을 내쉬었을 것이다.

신들은 칼립소가 아닌 오디세우스를 동정했다. 어느 날 아무도 찾지 않던 오기기아 섬에 헤르메스가 나타났다. 칼립소는 이제 절망의 우물을 모두 퍼내고 지친 여자처럼 헤르메스가 전하는 말을 들었다. 오디세우스를 보내라는 것이었다. 그러나 우물은 퍼내도 또다시 많은 물이 고인다.

칼립소는 사랑을 앞에 두고 뒤돌아서야 했던 수많은 여자들처럼 찢어진 가슴을 붙잡고 또 울었다. 그리고 눈물을 닦고 오디세우스에게 뗏목 만드는 방법을 알려주었다. 통나무가 하나하나 엮일 때마다 칼립소의 가슴에는 슬픔이 무게를 더해갔다. 그리고 뗏목이 완성되자 오디세우스는 떠났다.

| 신 화 메 모 |

생명은 음식과 깊은 연관이 있다. 예를 들어 지하세계에 갔을 때 음식을 먹으면 그곳의 주민이 된다는 이야기는 비단 그리스 신화에만 나오는 것이 아니다. 고대인들은 인간이 동물을 죽여 고기를 먹기 때문에 인간 역시 죽게 되었다고 생각하기도 했다.

밤을 엮고
다시 푸는
여인의 한숨

기다림의 끝자락에서 터지는 울음과 다할 수 없는 이야기,
남편을 기다린 페넬로페와 방랑에서 돌아온 오디세우스의 이야기이다.

오디세우스의 재산을 노리는 113명의 구혼자들

오디세우스가 진정으로 밤을 함께하고 싶었던 여자는 칼립소가 아닌 아내 페넬로페였다. 페넬로페는 트로이 전쟁이 끝나고 다른 사람들은 돌아왔지만 유독 홀로 돌아오지 않는 남편을 기다리며 다시 10년을 살았다.

당시 오디세우스의 집에는 아내 페넬로페에게 구혼한 113명이나 되는 사람들이 득시글거렸다. 이들은 아예 오디세우스의 집에 눌러살며 집안의 재산을 탕진하고 페넬로페와 텔레마코스를 모욕했다. 오디세우스의 하인들마저 이들에게 돌아서서 집안은 엉망진창이었다. 오디세우스의 어머니는 아들이 죽었다고 생각한 채 이미 목숨을 끊었고 아버지는 시골로 내려가버렸다.

페넬로페는 시아버지의 수의를 다 짜면 구혼자 가운데 한 사람을 택해 결혼을 하겠다고 하고서, 낮에는 천을 짜고 밤에는 풀면서 시간을 끌고 있었다. 그렇게 한 것이 벌써 10년이었다. 구혼자들이 노리는 것은 페넬로페보다 오디

〈**페넬로페와 구혼자들**〉 페넬로페는 끈질긴 구혼자들을 물리치기 위해 시아버지의 수의가 완성되면 청혼을 받아들이겠다고 한다. 그녀는 오디세우스를 기다릴 시간을 벌기 위해 낮에는 천을 짜고 밤이면 천을 다시 풀었다. 존 윌리엄 워터하우스 작품.

세우스의 막대한 재산이었다.

거지로 변장하고 나타난 남편

오디세우스가 집으로 돌아왔을 때 그를 알아본 것은 늙은 사냥개뿐이었다. 그나마 너무 늙어 자리에서 일어나지 못하고 꼬리만 흔들다가 주인을 만났다는 안도감 때문인지 그 자리에서 죽고 말았다.

오디세우스는 다음날 거지 차림으로 나타나 113명이나 되는 구혼자들에게 구걸을 했다. 대부분 그에게 먹을 것을 주었지만 더러는 의자로 때리거나 구박했다. 그때 페넬로페가 나타나 구혼자들의 탐욕과 오만을 꾸짖고는 새로운 남편을 선택하겠다고 무표정한 얼굴로 밝혔다.

페넬로페는 멀리서 찾아온 거지가 남편의 소식을 알고 있을지도 모른다고 생각하고 그를 초대해 이야기를 들었다. 거지로 변장한 오디세우스는 남편이 곧 돌아올 것이라고 말했고 페넬로페는 경기를 개최해 새로운 남편을 뽑겠다고 말했다. 유모는 거지의 발을 씻기다가 그의 정체를 알았지만 비밀로 하기로 했다.

구혼자들에게 주어진 경기는 오디세우스의 활을 사용해 화살 하나로 한 줄로 세워져 있는 도끼머리 구멍을 꿰뚫어야 하는 아주 어려운 일이었다. 구혼자들은 무기를 모두 밖에 맡기고 한 명씩 돌아가면서 활을 쏘려고 했지만 아무도 성공하지 못했다. 활을 당기는 것조차 불가능했던 것이다.

이때 거지가 나타났다. 구혼자들은 모두 반대했지만 오디세우스의 아들 텔레마코스가 우겨서 그도 활을 쏠 수 있는 기회를 얻었다. 거지는 유유히 활을 당겨서 12개의 도끼머리를 꿰뚫었다. 그와 동시에 밖으로 통하는 문이 잠기고 오디세우스와 텔레마코스는 구혼자들을 죽이기 시작했다. 지혜의 여신 아테나도 변장을 하고 나타나 구혼자들의 살육을 도왔다. 살아남은 자는 단 두 명뿐이었다.

그 침대는 옮길 수 없소

유모가 페넬로페에게 오디세우스의 귀환을 알렸지만 그녀는 믿지 않았다. 구혼자들의 시체를 치우고 주인을 배신한 하인과 하녀들을 모두 죽였을 때 페넬로페가 그곳에 나타났다. 그곳에서는 피비린내가 진동했다. 페넬로페와 거지는 서로를 마주 보았다. 잠시 뒤 페넬로페는 아무렇지 않게 하녀에게 이제 주인이 돌아오셨으니 침대를 옮겨놓으라고 명령했다.

오디세우스는 하녀를 불러 세우고 그럴 필요가 없다고 말했다. 그 침대는 자기가 만들었으며 땅속에 뿌리를 내리고 있는 나무의 줄기를 베어 그대로 침대를 만든 것이기 때문에 옮길 수 없다는 말로 페넬로페의 마지막 시험을 통

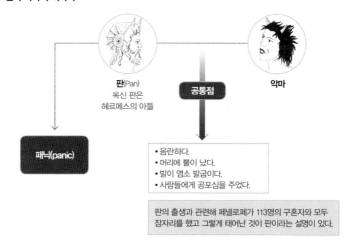

판(Pan)
목신 판은
헤르메스의 아들

패닉(panic)

공통점

악마

- 음란하다.
- 머리에 뿔이 났다.
- 발이 염소 발굽이다.
- 사람들에게 공포심을 주었다.

판의 출생과 관련해 페넬로페가 113명의 구혼자와 모두 잠자리를 했고 그렇게 태어난 것이 판이라는 설명이 있다.

과했다.

페넬로페의 눈에서 눈물이 흐르기 시작했다. 죽었을지도 모르는 사람을 기다리고 있던 그녀였기에 더욱 서러웠을 것이다. 오디세우스의 눈에서도 눈물이 흘렀다. 이들은 나란히 뿌리를 내리고 있는 침대로 갔다. 오디세우스와 페넬로페는 베개를 나란히 하고 무슨 이야기를 했을까?

| 신 화 메 모 |

페넬로페의 아버지 이카리오스는 딸이 오디세우스와 결혼을 하고 떠날 때가 되자 페넬로페를 떠나보내고 싶어하지 않았다. 그 모습을 보고 오디세우스는 페넬로페에게 아버지와 자기 가운데 하나를 선택하라고 했고, 페넬로페는 가만히 머리에 베일을 쓰며 남편을 따르겠다는 표시를 했다.

헤라클레스를 죽음에 이르게 한 네소스의 욕정

네소스는 헤라클레스에게 죽임을 당하면서
데이아네이라에게 자신의 피를 사랑의 미약이라고 속였다.

여자의 질투를 이용한 네소스의 처절한 복수

헤라클레스의 죽음에 대해서는 "죽은 것에 의해 죽임을 당한다."라는 얼핏 알기 어려운 예언이 있었다. 《삼국지》에서 죽은 제갈공명이 살아 있는 사마의를 쫓아낸다는 말처럼 내용을 모르면 알 수가 없다. 그 사연은 이러했다.

헤라클레스는 하데스를 지키는 괴물 개를 잡기 위해 지하세계에 갔다가 만난 멜레아그로스로부터 자기 여동생 데이아네이라와 결혼해달라는 부탁을 받았다. 그래서 약속을 지키기 위해 칼리돈으로 갔는데 이미 강의 신 아켈로오스가 청혼을 한 상태였다. 둘 사이에 결투가 벌어졌다. 헤라클레스는 황소로 변신한 강의 신의 뿔을 부러뜨리고 이겨 데이아네이라와 결혼했다. 그런데 사소한 실수로 소년을 죽여 칼리돈에서 추방을 당하고 말았다.

헤라클레스가 갓 결혼한 신부와 함께 트라키아로 가기 위해 에우에노스 강을 건너려고 할 때였다. 네소스라는 상체는 인간이고 하체는 말인 켄타우로스

▼ 영웅들의 죽음

이아손	아르고 원정대의 대장으로 황금 양가죽을 가지고 옴.	→	아르고 호의 대들보에 맞아 죽음.
테세우스	아테네의 왕으로 황소 괴물 미노타우로스를 살해함.	→	배신을 당해 낭떠러지에서 떼밀려 죽음.
벨레로폰	하늘을 나는 말인 페가소스를 타고 괴물 키마이라를 살해함.	→	신이 되려고 하늘로 올라가다가 떨어져 절름발이로 살다가 죽음.
오디세우스	트로이 전쟁의 영웅이 됨.	→	10년의 방랑을 끝내고 고향으로 돌아온 뒤 다시 방랑을 떠났다가 아들에게 살해됨.

가 나타나 데이아네이라를 업어서 건네주겠다고 했다. 그런데 먼저 강을 건넌 네소스가 데이아네이라를 겁탈하려고 했다. 헤라클레스는 재빨리 활을 쏘았고 네소스는 죽어가면서 데이아네이라에게 훗날 헤라클레스의 사랑이 식으면 사랑의 미약으로 자기의 피를 사용하라고 말했다.

세월이 흐른 어느 날 데이아네이라는 헤라클레스가 정복 도중에 이올레라는 여자를 포로로 잡아 고향으로 보내자, 아름다운 이올레의 모습을 보고 질투를 느낀다. 그리고 이전에 네소스에게서 얻은 사랑의 미약을 써야겠다고 생각했다.

헤라클레스는 제우스에게 제물을 바칠 때 입을 깨끗한 옷을 가져오라고 데이아네이라에게 일렀다. 그녀는 네소스의 말에 따라 그의 피를 헤라클레스의 속옷에 발라서 가져갔다. 헤라클레스는 그 옷을 입고 제우스에게 제사를 지냈다.

그런데 몸의 온기 때문에 속옷이 따뜻해지자 독이 피부로 스며들기 시작했다. 헤라클레스는 옷을 벗으려고 했지만 찰싹 달라붙은 옷은 벗겨지지 않았다. 그래서 살점과 함께 옷을 뜯어냈다. 몸은 피투성이가 되었다. 이것이 네소스의 복수였다.

죽어서 불사신이 된 헤라클레스

처참한 모습으로 돌아온 남편을 본 데이아네이라는 자기가 네소스에게 속아 헤라클레스에게 고통을 안겨주었다는 자책감에 시달리다가 목을 매 목숨을 끊었다. 이를 본 헤라클레스는 자기가 죽을 때가 다가왔음을 깨달았다.

헤라클레스는 태연한 얼굴로 미리 쌓아 두었던 장작 더미 위로 올라가 누웠다. 그러나 아무도 그곳에 불을 붙이려고 하지 않았다. 차마 영웅의 죽음을 집행할 수 없었던 것이다. 그때 포이아스라는 사람이 양 떼를 찾아 그곳을 지나갔다. 헤라클레스는 그에게 불을 붙여줄 것을 부탁하고 그 대가로 그에게 자기의 활과 화살을 주었다.

올림포스의 신들은 모두 안타까운 마음으로 그 모습을 지켜보고 있었다. 불은 타닥거리며 점차 몸집을 불렸다. 인간의 것으로 타고난 육체가 모두 타고 나자 갑자기 구름이 몰려와 그의 몸을 떠받치고 천둥소리와 함께 하늘로 사라졌다. 그는 불사의 몸을 얻었다. 그 뒤 헤라클레스는 헤라와 화해를 하고 그의 딸인 청춘의 여신 헤베와 결혼했다.

고난과 영광이 점철된 삶을 살았던 헤라클레스는 죽어서 큰 영광을 얻었다. 죽은 뒤에 헤라클레스는 그리스에서 가장 인기 높은 신이 되었다.

| 신 화 메 모 |

트로이의 예언자 헬레노스는 헤라클레스의 활과 화살을 가지고 있는 포이아스가 참전하지 않으면 트로이는 절대로 무너지지 않는다는 예언을 했다. 오디세우스의 책략으로 트로이 전쟁에 참가한 포이아스는 결국 독화살을 쏘아 파리스를 죽였다.

황소에게
욕정을 느낀
여인

파시파에

남편이 포세이돈을 속인 죗값으로 황소를 사랑하게 된
파시파에는 미노타우로스라는 괴물을 낳는다.

포세이돈과의 약속을 어긴 남편 미노스 왕

크레타의 왕 미노스는 왕이 될 자격을 보이기 위해 바다의 신 포세이돈에게 기도를 했다. 그러자 포세이돈은 바다에서 멋진 황소를 보내 기도에 답했고 이를 통해 미노스는 크레타의 왕이 될 수 있었다.

이때 미노스는 포세이돈에게 자기의 기도를 들어주면 그 황소를 제물로 바쳐 제사를 지내겠다고 약속을 했다. 그러나 미노스는 약속을 지키지 않았다. 포세이돈의 황소가 너무나 훌륭해 욕심을 부렸던 것이다. 그래서 다른 황소를 제물로 바치고 포세이돈의 황소는 자기가 가졌다. 신을 속였으니 보복이 없을 리 없다.

포세이돈은 크게 분노했다. 포세이돈은 엉뚱하게도 미노스가 아닌 그의 아내 파시파에를 이용했다. 파시파에는 어느 날부터인가 포세이돈의 황소에게 강한 욕정을 품게 되었다. 파시파에의 머리와 가슴은 온통 포세이돈의 황소에

▼ 다이달로스의 발명품

1	파시파에를 위해 만든 나무 암소 – 실물과 다르지 않아 황소를 속임.
2	황소 괴물을 가두기 위해 지은 미궁, 라비린토스
3	새의 깃털로 만든 하늘을 나는 날개
4	시칠리아에 있는 아라본 강의 저수지
5	아프로디테 신전의 회랑
6	황금으로 만든 벌집 모양
7	아교
8	도끼, 톱, 나선형 끌
9	접는 의자

그리스인들은 뛰어난 건축물이나 발명품은 대부분 다이달로스의 손을 거친 것이라고 생각했다.

대한 욕정으로 가득 차 더 이상 다른 생각을 할 수가 없었다. 하지만 이게 어디 가능한 일이겠는가?

욕정에 눈이 멀어 가짜 암소가 된 여인

하지만 당시 크레타에는 그리스 최고의 기술자 다이달로스가 살인죄를 저질러 도망쳐와 있었다. 파시파에는 다이달로스에게 자기의 심정을 토로하고 방법을 찾아달라고 부탁했다.

다이달로스는 최고의 기술자답게 진짜 암소와 흡사한 모습의 가짜 암소를 만들었다. 물론 내장이 있고 간이 있는 진짜 암소는 아니었지만 적어도 겉모습은 암소 그대로였다. 재료는 나무였고 안은 텅 비었으며 바퀴가 달려서 움직이는 것도 가능했다. 그 위에 암소 가죽을 씌웠다.

욕정에 눈이 먼 파시파에는 내장 부위쯤에 있는 문을 열고 비어 있는 가짜 암소 안으로 들어갔다. 그리고 천천히 움직여 평소에 소들이 풀을 뜯는 곳으로 갔다. 얼마 뒤 문제의 황소가 파시파에 암소에게 다가와 미리 만들어둔 구멍으로 사랑이라고는 부를 수 없는 행위를 했다.

황소 괴물 미노타우로스의 탄생

이렇게 해서 태어난 것이 미노타우로스라고 불리는 황소 괴물이다. 황소와 인간이 관계를 맺었으니 생긴 것도 인간과 황소를 닮은 것이 될 수밖에 없지 않겠는가. 미노타우로스의 생김새는 목 윗부분은 황소이고 아랫부분은 인간이었다. 미노타우로스를 낳은 파시파에는 물론이고 미노스도 놀랐다.

미노스는 이 일에 대해 신탁을 청했다. 원인이 포세이돈의 분노 때문임을 안 미노스는 어쩔 수 없이 미노타우로스를 받아들일 수밖에 없었다. 그리고 암소를 만든 다이달로스에게 미노타우로스가 살 집을 지으라고 명령했다.

다이달로스는 미궁이라고 불리는 라비린토스를 만들었다. 이곳은 한 번 들어가면 다시는 나올 수 없는 곳이다. 미노스는 아테네에 매년 소년과 소녀를 각각 7명씩 바치라고 명령했다. 이들은 바로 황소 괴물의 먹이가 되었다.

신의 분노가 부른 한 여자의 욕정이 낳은 괴물은 매년 14명의 어린 소년과 소녀의 목숨을 앗아갔다. 그러나 괴물은 영웅의 손에 퇴치되게 마련이어서 아테네의 왕자 테세우스가 나타나 황소 괴물을 죽이고 무고한 생명의 희생을 막았다.

| 신 화 메 모 |

미노타우로스의 아버지인 포세이돈의 황소는 오랫동안 펠레폰네소스를 떠돌다가 헤라클레스에게 잡혀 아티카 지방으로 온다. 황소는 다시 미노스의 아들을 물어 죽였다. 이 황소를 테세우스는 마라톤 지역에서 쓰러뜨렸다. 이는 아테네가 크레타를 쓰러뜨린 것을 상징한다.

욕정으로 눈이 멀고
사랑으로
목숨을 잃은 남자

사랑은 사람의 눈을 멀게도 하고 죽음에 이르게도 하는
강력한 바이러스이다.

사랑 때문에 두 눈을 잃다

오리온은 바다를 지배하는 포세이돈과 여자만 살고 있다는 아마존의 여왕 에우리알레 사이에서 태어났다. 그는 별처럼 아름다운 남자였고 뛰어난 사냥꾼이기도 했다. 또한 아버지로부터 바닷속을 자유롭게 걸어다닐 수 있는 힘을 부여받았다. 오리온은 시데를 아내로 삼았지만 시데는 여신들과 아름다움을 경쟁하다가 헤라의 분노를 사서 지옥에 떨어지고 말았다.

아내를 잃고 상심한 그의 눈길을 사로잡은 여자는 키오스 섬의 공주인 메로페였다. 오리온은 메로페의 환심을 사기 위해 키오스 섬 깊숙한 곳에 사는 사자를 맨손으로 때려잡아 가죽을 벗겨 메로페에게 바쳤다. 그러나 정작 키오스 섬의 왕이자 메로페의 아버지인 오이노피온은 자기와 이름이 비슷한 오리온을 좋아하지 않았다.

오리온은 재차 오이노피온에게 딸과 결혼하게 해달라고 말했지만 오이노피

▼ 오리온자리

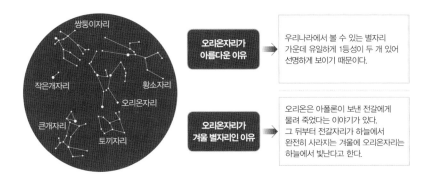

오리온자리가
아름다운 이유
→ 우리나라에서 볼 수 있는 별자리 가운데 유일하게 1등성이 두 개 있어 선명하게 보이기 때문이다.

오리온자리가
겨울 별자리인 이유
→ 오리온은 아폴론이 보낸 전갈에게 물려 죽었다는 이야기가 있다. 그 뒤부터 전갈자리가 하늘에서 완전히 사라지는 겨울에 오리온자리는 하늘에서 빛난다고 한다.

온은 자꾸 피하기만 했다. 화가 난 오리온은 메로페를 강제로 겁탈하려고 했다. 이에 위기를 느낀 오이노피온은 오리온에게 술을 잔뜩 먹여 취하게 만든다음, 오리온의 두 눈을 불로 지져 뽑고 해변에 내팽개쳐버렸다. 사랑 때문에 눈이 먼다고 했던가.

사랑은 전염이 된다

아버지의 숨결인 파도가 오리온을 깨웠지만 아무것도 보이지 않았다. 오리온은 새벽의 여신 에오스가 사는 곳으로 찾아갔다. 거기서 새벽 햇살을 눈에 쪼이고 다시 시력을 회복했다. 그와 동시에 그의 눈에 덮여 있던 메로페에 대한 사랑이라는 두꺼운 망막도 제거되었다.

사랑은 전염이 된다고 했던가. 오리온의 열정이 이번에는 오리온을 치료해준 에오스에게로 전이되었다. 에오스는 오리온을 납치해 아폴론과 아르테미스의 고향인 델로스로 데리고 갔다.

에오스가 오리온에게 푹 빠져든 것은 아프로디테의 복수 때문이었다. 아프로디테의 애인인 아레스가 에오스와 바람을 피웠던 것이다. 에오스는 오리온에게 파괴적인 열정과 탐욕을 보였다.

아폴론과 아르테미스에게 위협적인 존재가 되다

에오스가 오리온을 납치해간 델로스는 아폴론과 아르테미스의 땅이다. 오리온은 자연스럽게 이들과 알게 되었다. 이들이 서로 알아가는 과정에 대해서는 서로 다른 이야기가 전해진다.

하나는 오리온과 아르테미스가 서로 사랑하게 되었다는 것이다. 그러나 앞서 본 대로 아르테미스는 처녀성을 지닌 여신이고 아폴론은 질서를 상징하는 신이다. 그런데 오리온은 처녀성에 대한 위협과 그로 인한 질서의 혼란을 일으킬 수 있는 존재였다. 다시 말해서 아르테미스와 아폴론에게 위험한 존재였다.

위험한 존재는 제거된다. 아버지를 닮은 아폴론은 계략을 꾸며 아르테미스로 하여금 오리온을 살해하게 만든다. 오리온은 사냥의 여신 아르테미스의 화살을 맞고 사냥감처럼 쓰러져 죽었다.

두 번째와 세 번째 이야기도 크게 다르지 않다. 오리온이 원반던지기로 아르테미스에게 도전했다가 그 원반에 맞아 죽었다는 것과 히페르보레오이가 사는 곳에서 온 처녀인 오피스를 폭력으로 범했기 때문에 아르테미스가 쏜 화살에 맞아 죽었다는 것이다.

원반던지기에 대한 도전은 질서에 대한 도전, 폭력을 수반한 강간은 처녀성에 대한 위협으로 이해해야 한다. 그렇다면 겉모습은 크게 차이가 나지만 본질적인 면에서는 같은 이야기를 하고 있다고 생각된다.

| 신 화 메 모 |

오리온의 출생에 관해서는 또 다른 설이 있다. 오리온이란 말은 '오줌'이란 뜻인 '오우리아'에서 유래했다. 아들이 없었던 오리온의 아버지 히리에우스가 신들에게 간절히 아들을 달라고 빌었다. 그러자 신들은 황소 가죽에 오줌을 누고 땅에 묻으라고 시켰다. 그리고 9개월 뒤에 거기서 거인 오리온이 태어났다.

하룻밤 욕정으로 최악의 괴물이 된 여인

메두사

신의 분노, 특히 처녀 신 아테나의 분노를 산 인간은
괴물이 되거나 죽음을 맞았다.

추악한 괴물 메두사도 처음에는 아름다운 여자였다

그리스 신화에서 가장 못생긴 자매를 꼽는다면 단연 고르곤 자매이다. 이들은
세상 끝 바다에 사는데 '힘'이라는 뜻인 스텐노, '멀리 난다'는 뜻인 에우리알
레, 그리고 '여왕'이라는 뜻인 메두사가 그들이다. 이들 가운데 메두사를 빼고
는 모두 다 죽지 않는 불사신이다.

고르곤 자매의 모습에 대해서는 여러 주장이 있다. 사실은 얼굴이 매우 아
름다운 자매였지만, 메두사가 아테나 여신보다 자기가 아름답다고 말했기 때
문에 화가 난 여신이 추악한 괴물로 만들어버렸다는 주장도 있다.

그러나 고르곤 자매에 대한 대부분의 조각품은 매우 추한 얼굴로 표현되어
있다. 항상 부릅뜬 눈에 머리카락은 뱀이며 몸체는 멧돼지이고 손은 청동이다.
게다가 길게 찢어진 입에서는 웃을 때마다 긴 혀가 밖으로 나오고 코는 사자
처럼 생겼다. 그래서 고르곤 자매 가운데 가장 유명한 메두사는 아이들의 만

화나 소설에까지 추악한 괴물의 상징으로 등장한다. 그러나 메두사가 괴물이 된 건 전적으로 그녀의 책임만은 아니다.

아테나 여신의 분노를 산 하룻밤의 사랑

메두사가 포세이돈의 사랑을 받은 것까지는 좋았는데 그들이 함께 땀을 흘린 곳이 하필 아테나 여신에게 바쳐진 신전이었다. 처녀 신인 아테나는 모욕감을 느끼고 메두사를 무서운 괴물로 변신시켰다. 그리고 메두사의 머리를 보는 사람은 누구든 그 자리에서 돌로 변하게 만들었다. 얼마나 큰 공포감을 주었기에, 그 자리에서 돌로 변했을까?

아테나의 분노는 여기서 그치지 않았다. 페르세우스가 메두사의 목을 얻기 위해 떠났을 때 그를 돕기까지 했다. 페르세우스는 아테나의 인도를 받아 얼굴을 돌리고 청동 방패에 비친 메두사의 모습을 보며 그 머리를 잘랐다. 머리가 잘릴 때 쏟아진 핏속에서 날개가 달린 말 페가소스와 게리온의 아버지 크리사오르가 태어났다. 게리온은 헤라클레스가 퇴치한 괴물의 하나이다.

그리고 메두사의 피가 바다로 흘러들어 닿는 것마다 돌처럼 단단해졌는데 거기서 산호가 생겼다고 한다. 또한 의술의 신 아스클레피오스는 메두사가 흘린 피를 환자의 치료에 이용했다. 메두사의 피에는 죽은 자를 소생시키는 힘

《메두사의 머리》 아테나의 도움으로 페르세우스는 청동 방패에 비친 메두사를 보고, 그의 목을 단칼에 베어버린다. 페테르 파울 루벤스 작품.

▼ 신전의 건축양식

신전이란?
그리스 신들을 모시는 곳이다. 메두사에 대한 아테나의 분노는 신전의 신성함에서 기인한 것이다. 처음에 신전은 석조 기단 위에 목재와 흙벽돌로 지어졌는데 훗날 석조로 발전했다.

도리스 양식

이오니아 양식

특징	힘차고 단순하며 육중함. 기둥에 세로로 16~20개의 도랑이 새겨져 있고 엔타시스라는 불룩한 부분이 있음.
대표적 건축물	아테네 파르테논 신전, 올림피아 헤라 신전, 코린트 아폴론 신전, 링컨 기념관.

특징	경쾌하고 우아하며 화려함. 대접받침 장식에 소용돌이 모양을 도입하였고, 대들보를 부조로 장식했음.
대표적 건축물	에레크레온 신전, 대영박물관.

과 살아 있는 사람을 죽게 만드는 두 가지 종류의 성분이 들어 있었다고 한다.

메두사의 피에서 태어난 자유의 상징 페가소스

아테나는 페르세우스에게서 메두사의 머리를 받아 방패에 붙였다. 아테나와 메두사의 끈질긴 악연은 이렇게 끝이 났다.

메두사는 페르세우스의 칼에 목이 잘릴 때 행복하지 않았을까? 누구 하나 똑바로 쳐다보지 못하는 얼굴로 산다는 것이 얼마나 비극적이며 불행한 일인가. 자기 얼굴을 보고 너무 놀라 돌이 되는 모습을 보면서 절망보다 더한 비애를 느끼지 않았을까? 머리가 잘리고 죽음을 맞이한다는 건 메두사에게 오랜 고통의 세월이 끝남을 의미했을 것이다. 그건 메두사의 피에서 태어난 페가소스를 보면 알 수 있다. 괴물의 삶을 끝내고 자유롭게 살고 싶다는 메두사의 희망이 페가소스로 나타난 것이 아닐까?

| 신 화 메 모 |

메두사의 어머니 케토는 바다의 신 폰토스와 대지의 여신 가이아 사이에서 태어났다. '케토'라는 말은 고래 또는 바다의 괴물을 뜻한다. 메두사를 죽인 페르세우스가 메두사의 거처를 알기 위해 찾아갔던 그라이아이 역시 케토의 딸이다. 그라이아이는 태어날 때부터 백발이었다.

동성애의 원조가 된 두 남자

히아킨토스와 타미리스

신화시대에 동성애는 편견 없는
제3의 성이었다.

동성애가 이성애만큼이나 자유로웠던 그리스 시대

얼마 전까지만 해도 동성애를 바라보는 시선은 대단히 무겁고 차가웠다. 그러
나 그리스 시대에는 남녀의 성만큼 자유로웠기 때문에 아무도 색안경을 쓰고
보지 않았다. 오히려 어린 소년은 누군가에게 납치되어 그로부터 삶을 배우기
를 갈망했을 정도였다. 리디아의 왕자 펠롭스가 죽었다가 다시 살아나서 상아
가 박힌 어깨를 갖게 되자 신들은 서로 펠롭스를 차지하기 위해 다투었다. 결
국 펠롭스는 포세이돈이 차지했고 어른으로 성장할 때까지 이 바다의 신 옆
에 있었다.

그렇다면 동성애를 가장 먼저 시작한 것은 누구일까? 그리스 신화에서는
타미리스였다. 타미리스는 스파르타의 왕자이자 눈부시게 아름다운 소년인 히
아킨토스를 사랑했다. 그렇다. 그리스 신화에서 처음으로 동성애를 한 사람은
타미리스였고 그 상대자는 히아킨토스였다.

▼ 그리스 신화에 나타난 동성애의 실제

동성애 = '넓적다리들의 성스러운 교제'

사랑하는 사람: 에라스테스

어린 에로메노스를 납치

에라스테스는 스승의 역할도 했기 때문에 부모들은 이를 반겼다.

사랑받는 사람: 에로메노스

아폴론의 사랑을 받은 미소년들

그 뒤 히아킨토스는 역시 남자 신인 아폴론의 사랑을 받았다. 이들은 종종 둘이서만 경기를 했다. 하루는 원반던지기를 했는데 아폴론이 던진 원반이 히아킨토스의 이마에 정통으로 맞았고 그는 그 자리에서 죽었다.

그렇다고 아폴론이 일부러 히아킨토스를 죽인 건 아니다. 자기가 사랑하는 사람을 죽일 이유는 없다. 전하는 말에 따르면 히아킨토스를 좋아하던 서풍의 신 제피로스가 아폴론이 던진 원반의 방향을 바꾸었기 때문에 히아킨토스가 원반에 맞았다고 한다. 이렇게 보면 질투심은 여자만의 전유물이 아니다.

아폴론의 사랑을 받은 남자는 히아킨토스만이 아니다. 텔레포스의 아들 키파리소스 역시 매우 아름다운 소년이었다. 아폴론은 키파리소스를 무척 사랑했다.

키파리소스는 님프들이 사랑하는 성스러운 수사슴을 좋아해서 언제나 사슴들과 함께 풀밭에 나가 풀을 먹였고 기쁜 마음으로 그 모습을 지켜보았다. 하루는 사슴이 햇볕을 피해 그늘에서 풀을 뜯고 있었는데 키파리소스가 착각해서 사냥용 창을 사슴에게 던졌다. 물론 창을 맞은 사슴은 그 자리에서 쓰러져 피를 흘리며 죽었다.

키파리소스는 자기가 너무나 좋아하던 사슴을 자기 손으로 죽였다는 절망감에서 헤어나지 못했다. 그를 아끼는 아폴론은 이렇게 저렇게 달래보기도 하고 위협도 해보았지만 소년의 절망을 덜어내지 못했다.

오히려 키파리소스는 아폴론에게 자기를 죽여달라고 부탁했다. 아폴론은 그럴 수 없다고 말했고 실제로 자기가 좋아하는 소년을 죽일 수도 없었다. 키파리소스는 만약 죽일 수 없다면 영원히 비탄에 시달리는 몸으로 만들어달라고 졸랐다. 이번에도 아폴론은 고개를 저었다.

소년은 하염없이 눈물을 흘렸다. 그리고 차츰 말라갔다. 더 이상 보고 견딜 수 없게 된 아폴론은 그를 삼나무로 만들고 말았다. 그리스어로 키파리소스는 삼나무를 뜻한다. 그때부터 삼나무는 슬픔을 상징하는 나무가 되었다.

| 신 화 메 모 |

음악적 재능이 뛰어난 타미리스는 델포이에서 열린 음악 제전에서 우승한 뒤 자만심에 빠져 음악의 여신 뮤즈에게 도전했다가 패배했다. 그 대가로 두 눈과 음악적 재능을 빼앗겼다.

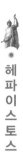

아내에 대한 실망, 아테나에 대한 욕망

**가장 추한 신 헤파이스토스의 아내는 가장 아름다운 여신 아프로디테였다.
그 둘의 사랑과 배신 이야기이다.**

헤라가 하늘 밖으로 던져버린 아들

헤파이스토스의 탄생에 대해서는 두 가지 서로 다른 주장이 있다. 하나는 헤라가 남자와 잠자리를 같이하지 않고 낳았다는 것이다. 다른 하나는 호메로스의 주장으로, 제우스와 헤라 사이에서 태어났다는 것이다.

하루는 제우스와 헤라가 대판 싸움을 벌였다. 화가 난 제우스가 헤라를 올림포스 산에 매달자, 이 모습을 보고 있던 헤파이스토스가 달려와 헤라의 편을 들었다. 이에 제우스가 노하여 헤파이스토스를 걷어차 하늘에서 떨어뜨렸다. 헤파이스토스는 꼬박 하루 밤낮을 계속 낙하한 끝에 림노스 섬에 떨어졌다. 이때의 충격으로 헤파이스토스는 절름발이가 되었다.

이후 헤파이스토스는 신들에게 갑옷이나 마차, 무기 등을 만들어주는 대장장이 역할을 맡았다. 그는 만들지 못하는 것이 없었고 그가 손을 대면 그것이 무엇이든 예술품이 될 정도로 솜씨가 뛰어났다. 고대인들은 쇠를 다루는 대장

〈헤파이스토스의 대장간〉 왼쪽에 월계관을 쓴 채 빛을 내고 있는 이는 태양신 아폴론이고, 그 옆에 눈을 동그랗게 뜬 채 이야기를 듣는 이는 헤파이스토스이다. 아폴론이 하늘에서 우연히 아프로디테와 연인 아레스의 밀애 장면을 보고 이를 헤파이스토스에게 고자질하기 위해 그의 대장간을 찾은 장면이다. 디에고 벨라스케스 작품.

장이를 마법사만큼이나 두려워하고 소중하게 여겼다. 경우에 따라서는 다른 곳으로 가지 못하게 절름발이로 만드는 일도 있었다.

미녀와 야수 이야기의 원조 커플

그런데 아이로니컬하게도 다리를 절고 추남인 헤파이스토스의 아내는 그리스 신화에서 최고의 미녀인 미의 여신 아프로디테였다. 미녀와 야수의 이야기는 여기서 시작되었다. 그러나 원작에서는 서로 사이가 좋지 않았다. 헤파이스토스는 자기의 아픔을 보듬어줄 수 있는 따스한 마음을 가진 여인을 원했고 아프로디테는 잘생기고 힘센 남자를 원했던 까닭이다. 이렇게 비극은 도처에 널려 있다.

　아프로디테는 자기의 마음이 원하는 대로 바람을 피웠다. 한번은 헤파이스토스가 보이지 않는 미세한 그물을 만들어 침대에 설치하고 아프로디테에게 며칠 집을 비우겠다는 말을 남기고 밖으로 나갔다. 아프로디테는 평소의 연애 상대인 아레스를 집으로 불러들였다. 그런데 얼마 지나지 않아 며칠 뒤에 오겠다던 남편이 방으로 들어왔고 두 신은 그물에 걸려 꼼짝도 할 수 없었다. 이렇게 망신을 당하면서도 아프로디테의 생활은 바뀌지 않았다.

바람둥이 아내 대신 마음을 차지한 지혜의 여신

쓸쓸한 헤파이스토스의 마음을 차지하고 있는 여인은 지혜의 여신 아테나였다. 사랑은 우연을 가장하고 미풍처럼 불어온다. 어느 날 아테나가 가벼운 발걸음으로 헤파이스토스의 대장간을 찾아왔다. 갑옷을 손보기 위해 찾아온 것이었다. 헤파이스토스는 아테나가 맡긴 갑옷을 정성을 다해 고치고 다듬었다. 사랑의 손길이 닿은 곳마다 황금빛으로 번쩍였다. 헤파이스토스는 수줍은 표정으로 아테나에게 갑옷을 내밀었다.

아테나는 고마운 마음에 보상을 하려고 했다. 보상이라는 말에 갑자기 용기를 얻은 듯 헤파이스토스는 아테나에게 달려들었다. 오랫동안 품어온 연정이 마침내 폭발하고 만 것이다. 아테나는 놀라 몸을 피하려 했고 엎치락뒤치락하는 사이에 일이 벌어졌다. 성급한 헤파이스토스가 그만 정액을 아테나의 옷에 묻히고 말았다.

아테나는 정액을 닦아서 바닥에 버렸고 헤파이스토스의 정액을 대지의 여신 가이아가 받아서 아이가 태어났다. 이런 우여곡절을 겪고 태어난 아이가 에리크토니오스이다. 아테나는 엉겁결에 에리크토니오스의 어머니가 되고 말았다. 훗날 에리크토니오스는 아테네의 왕이 되었고 아테나는 아테네를 지키는 수호신이 되었다.

───

│ 신 화 메 모 │

헤파이스토스는 어릴 때 버림을 받고 대장간 일을 배워 대장장이의 신이 되었다. 그가 최고의 기술자가 되었을 때 처음으로 만든 것이 황금 의자였고 자기를 절름발이로 만든 어머니 헤라에게 선물했다. 그러나 황금 의자는 헤파이스토스의 복수였고 헤라는 한동안 그 의자에 묶여 꼼짝도 하지 못했다.

바람피우는
미의 여신

세상이 아름다워지기를 꿈꾸는 여신
아프로디테는 늘 바람을 피운다.

마법의 띠로 신과 인간의 마음을 사로잡다

아름답다는 말은 시대에 따라 그 의미가 변해왔지만 미의 여신 아프로디테의
행동을 보면 아름다움에 대해 다시 생각해보게 된다.

아프로디테는 크로노스가 아버지 우라노스의 성기를 바다에 던졌을 때 성
기 주위의 정액 거품에서 태어났다. 아프로디테라는 말 역시 '거품에서 태어났
다'는 뜻이다. 제우스가 티탄 족이자 크로노스의 누이동생인 디오네와 관계를
맺어 태어났다는 이설도 있다.

아프로디테는 처녀 신인 아테나, 아르테미스, 헤스티아를 제외한 모든 신과
인간의 마음을 휘감아 사로잡을 수 있는 마법의 띠를 갖고 있었다. 제우스가
지도 이 마법의 띠가 지닌 힘에서 예외가 아니었다.

그러나 아프로디테는 그 힘을 자기를 위해 사용했다. 디오니소스, 포세이돈,
헤르메스, 아레스 등의 신들과 관계를 맺었고 테세우스의 아들 히폴리토스를

〈아프로디테의 탄생〉 크로노스가 아버지인 우라노스를 거세한 뒤 남근을 바다에 던지자 그 주위로 바다 거품이 모였고, 이 속에서 사랑과 미의 여신 아프로디테가 탄생했다. 산드로 보티첼리 작품.

짝사랑해 그의 계모인 파이드라와 함께 죽음에 이르게 만들기도 했다. 한번은 안키세스라는 인간을 사랑한 적이 있었는데, 그 사이에서 황금 가지를 들고 아버지를 찾아 지하세계로 내려간 것으로 유명한 아이네이아스가 태어났다. 그것은 마법의 힘을 지닌 사랑의 띠를 이용해 신들을 농락하는 그녀를 벌주기 위해 제우스가 꾸민 일이었다.

아프로디테는 신뿐만 아니라 사랑이 필요한 많은 인간들에게도 사랑을 베풀었다. 때로는 잔혹한 비극을 유발시키기도 하고 때로는 달콤한 사랑을 안겨주기도 했다.

▼ 그리스 신화에 등장하는 주요 여신들

가이아
대지의 여신

헤라
제우스의 아내로
신들의 여왕

아프로디테
미의 여신으로
인간에게 사랑을 가르침.

아테나
지혜의 여신으로 제우스의
머리에서 태어남.

아르테미스
사냥의 여신으로 태양신
아폴론과 남매

페르세포네
제우스의 딸로
지하세계의 여왕

아프로디테의 염문 가운데 가장 유명한 일화는 전쟁의 신 아레스와 연관이 있다. 이들은 바람을 피워 하르모니아를 비롯한 몇 명의 자녀를 낳았다. 하르모니아는 훗날 제우스에게 납치된 여동생 이오를 찾아다니던 카드모스와 결혼해서 테베를 건설하지만 또 다른 비극을 잉태하는 전조가 된다.

아들의 짝사랑을 이루어주기 위해 나선 제우스

앞에서 본 대로 남편 헤파이스토스가 보이지 않는 그물로 아내가 바람피우는 현장을 덮쳤을 때 헤파이스토스는 이 장면을 신들에게 공개했다. 이때 동그랗게 눈을 뜨고 아프로디테의 몸매를 뚫어져라 바라보며 한숨짓는 신이 있었다. 바로 신과 신, 신과 인간 사이를 오가며 전령 역할을 하는 헤르메스였다. 과부 사정 과부가 안다고 제우스는 헤르메스의 마음을 헤아리고도 남았다. 제우스는 아끼는 아들을 위해 다시 머리를 써야 했다.

어느 날 아프로디테가 목욕을 하고 있을 때 어디서 나타났는지 독수리가 쏜살같이 내려와 그녀의 황금 샌들을 물고 어디론가 사라졌다. 독수리는 제우스를 상징하는 새이다. 양을 치고 있던 가니메데스를 납치한 것도 독수리였는데, 가니메데스는 제우스 옆에서 술 따르는 시종이 되었다.

독수리가 떨어뜨리고 간 황금 샌들을 본 헤르메스는 그것이 무엇을 의미하는지 금세 깨달았다. 헤르메스는 아프로디테에게 황금 샌들을 돌려주는 대신 보상을 원했다. 당연히 그 보상은 침을 삼키며 바라보던 아프로디테를 마음껏 누리는 것이었고, 그날의 결과로 남녀 양성을 지닌 헤르마프로디토스가 태어났다. 이렇게 미의 여신 아프로디테는 많은 신과 인간의 어머니가 되었다. 그렇다고 세상이 아름다워진 것은 아닌 듯한데 말이다.

| 신 화 메 모 |

아프로디테가 지니고 있는 마법의 띠에는 제우스도 당하지 못했다. 트로이 전쟁 때 그리스 군대가 계속해서 밀리자 그리스를 편들던 헤라는 마법의 띠를 빌려서 제우스를 유혹했다. 그사이 또 다른 그리스 편인 지혜의 여신 아테나가 전쟁터에 뛰어들어 그리스 군대를 도왔다.

모든 것을
포기하고
사랑을 선택한 남자

아프로디테를 최고의 미의 여신으로 지목한 파리스는
그 결과가 얼마나 엄청난 것인지 미처 몰랐다.

누가 가장 아름다운 여신인가

바다의 여신 테티스와 인간 펠레우스가 결혼식을 올리던 날 모든 신들이 초대를 받았지만 불화의 여신만 부름을 받지 못했다. 화가 난 불화의 여신은 '가장 아름다운 여신'이라는 말이 쓰여 있는 황금 사과 하나를 결혼식장에 던지고 떠났다. 가장 아름다운 여신의 후보로 헤라와 지혜의 여신 아테나, 미의 여신 아프로디테가 나섰고 제우스는 그 판정을 할 사람으로 트로이의 왕자 파리스를 지명했다.

제우스는 헤르메스를 시켜 세 여신을 이데 산으로 보냈다. 이데 산에는 파리스가 있었다. 파리스는 그 결정권이 왜 자기에게 넘어왔는지에 대해 생각해보지 않았다. 천하의 세 여신이 자기에게 내민 조건을 생각하는 것만으로도 충분히 벅찼기 때문이다.

헤라는 전 인류의 왕이 되게 해주겠다고 약속했고 아테나는 싸움에서 언제

〈파리스의 심판〉 세 여신이 파리스의 심판을 기다리고 있다. 파리스는 가장 아름다운 여신으로 아프로디테를 지목한다. 페테르 파울 루벤스 작품.

나 이길 수 있게 해주겠다는 약속을 했다. 마지막으로 아프로디테는 세상에서 가장 아름다운 여인을 주겠다고 제안했다. 파리스는 아프로디테의 손을 들어주었다. 그는 아직 피가 뜨거운 젊은이였던 것이다. 이 판정을 통해 아프로디테는 명실상부한 최고의 미를 지닌 여신이 되었다.

모든 것에는 빛과 그림자가 있기 마련이다. 파리스가 손에 넣을 최고의 미녀가 빛이라면 인류의 왕을 만들어줄 수 있는 헤라와 언제나 싸움에서 이기게

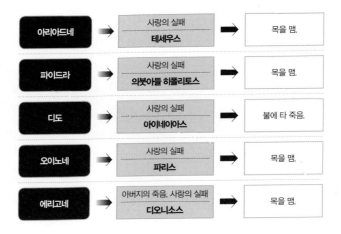

아리아드네	→	사랑의 실패 테세우스	➡	목을 맴.
파이드라	→	사랑의 실패 의붓아들 히폴리토스	➡	목을 맴.
디도	→	사랑의 실패 아이네이아스	➡	불에 타 죽음.
오이노네	→	사랑의 실패 파리스	➡	목을 맴.
에리고네	→	아버지의 죽음, 사랑의 실패 디오니소스	➡	목을 맴.

만들어줄 수 있는 아테나를 적으로 삼은 것은 아주 짙은 그림자였다.

트로이 전쟁의 원인이 된 파리스의 사랑 헬레네

파리스가 원하는 최고의 미녀 헬레네는 유부녀였다. 어쨌든 아프로디테의 부탁을 받은 파리스의 아버지 프리아모스는 파리스를 사신으로 임명해서 스파르타로 보냈다. 그곳에서 파리스는 아무것도 모르는 헬레네의 남편 메넬라오스로부터 극진한 환영을 받았다. 파리스가 도착한 지 열흘째 되는 날 메넬라오스는 외할아버지 카트레우스의 장례식에 참석하기 위해 크레타로 떠났다. 그리고 침실에는 헬레네만 외로이 남았다.

헬레네는 아프로디테가 뒤에서 일을 꾸며놓았기 때문에 이미 이방인인 파리스에게 마음을 빼앗긴 상태였다. 파리스는 헬레네를 유혹해 집 안에 있는 대부분의 보물을 챙겼다. 헬레네는 아홉 살 된 딸 헤르미오네를 남겨둔 채 파리스를 따라 스파르타를 떠났다. 그리고 헬레네와 파리스는 트로이 왕가의 반대를 무릅쓰고 결혼식을 올렸다. 그렇게 파리스가 죽을 때까지 19년을 함께 지냈다. 19년은 긴 시간이다. 비록 절반 이상이 트로이 전쟁과 함께였지만 파리스는 행복했을 것이다.

19년을 기다린 파리스의 아내 오이노네의 복수

파리스는 아폴론에게 힘을 얻어 그리스 연합군의 최고 영웅 아킬레우스를 화살로 죽였지만 그 역시 화살에 맞아 죽음에 이르게 된다. 파리스의 첫 번째 아내인 강의 신 오이노네는 이데 산에서 남편이 돌아오기를 오랫동안 기다렸다. 오이노네는 이미 자기가 버림받을 것과 파리스가 화살에 맞을 것을 예견하고 있었다. 그리고 오이노네에게는 파리스를 치료해줄 능력도 있었다. 그러나 그녀는 너무 오랫동안 기다렸다. 무려 19년이다. 세상에서 가장 힘든 일은 누군가를 기다리는 것이다. 그것도 언제 올지 모르는 사람을.

오이노네는 화살을 맞고 이데 산으로 돌아온 파리스를 냉담하게 대했다. 기다림에 지쳐 가슴이 가뭄에 갈라진 논바닥처럼 갈라져 있었던 것이다. 그러나 파리스가 죽자 눈물이 그 가슴을 적셨고 그 위로 감정의 싹이 자라기 시작했다. 오이노네는 자기가 파리스를 죽였다는 자책감에 시달리다가 목을 매고 말았다. 그리스 신화에는 오이노네처럼 목을 매는 여자가 많이 등장한다.

| 신 화 메 모 |

파리스의 어머니 헤카베는 도시를 모두 불태우는 나무에 관한 태몽을 꾸고 예언자의 말에 따라 파리스를 이데 산에 버렸다. 이데 산은 제우스가 어린 시절을 보낸 산이다. 테베의 오이디푸스처럼 양치기는 아이를 죽이지 않고 키웠고 결국 트로이는 불타고 말았다.

디도

사랑의
상실은
죽음

디도는 아이네이아스와의 추억을 영원히 간직하기 위해
자신의 몸을 불살랐다.

왕권 다툼에서 남편과 고향을 잃은 카르타고의 여왕

오이노네가 사랑을 잃고 자살한 것처럼 카르타고의 여왕 디도 역시 사랑을 잃고 스스로 불에 타 죽었다. 그녀가 사랑했던 남자는 트로이에서 그리스에 패하고 떠돌던 아이네이아스였다.

아이네이아스는 트로이 유민과 함께 그리스에서 로마로 다시 아프리카로 떠돌았다. 어디에 새로운 나라를 건설해야 할지 몰랐기 때문이다. 또한 가는 곳마다 이상한 일이 일어나거나 박해를 받으며 쫓겨났다. 그러나 폭풍에 밀려 떠밀려간 아프리카에서는 뜨거운 환대를 받았다. 그곳의 여왕이 디도였다.

디도는 원래 페니키아의 틸로스에서 공주로 태어났다. 그러나 오빠 피그말리온이 디도와 함께 공평하게 왕권을 나누라는 아버지의 유언을 어기고 혼자 왕위를 차지한 뒤 디도의 남편을 살해했다. 남편이 죽은 뒤 디도가 여동생과 함께 틸로스에서 도망쳐 도착한 곳이 바로 아프리카였다.

이들이 도착하자 그곳의 왕은 소 한 마리의 가죽이 덮일 만한 땅을 주겠다고 약속했다. 그래서 디도와 일행은 가죽을 잘게 잘라 성채를 쌓을 수 있을 만큼의 땅을 얻었다.

트로이 전쟁의 지친 영웅 아이네이아스의 출현

그런 디도 앞에 아이네이아스가 방랑에 지친 얼굴로 찾아들었다. 아이네이아스는 오랜만에 편안한 휴식을 취하며 그곳에 머물렀다. 새롭게 배도 만들고 지친 부하들에게도 휴식을 주었다. 그리고 무엇보다 디도와 가까워졌다.

트로이에 악감정을 갖고 있던 헤라는 아이네이아스가 이탈리아로 돌아오지 못하게 하기 위해 그곳의 여왕 디도와 아이네이아스를 결혼시키려고 했다. 여기에 아들의 행복을 바라는 아프로디테까지 가세해 어느 날 동굴 속에서 디도와 아이네이아스는 연분을 맺었다.

아이네이아스는 디도와 함께 행복한 생활을 했다. 그러나 아이네이아스는 정식으로 결혼하지 않았다. 제우스가 그에게 일러준 사명을 잊지 않았기 때문이다. 디도는 결혼은 하지 않았지만 아이네이아스를 남편으로 생각했다.

제우스는 헤르메스를 아이네이아스에게 보내 운명에 따라 이탈리아로 가라고 충고했다. 아이네이아스는 깊은 고민에 빠졌다. 제우스의 말처럼 이탈리아로 가야 한다는 것을 알았고 자기를 따라나선 사람들을 생각해서라도 그렇게 해야 했다. 그러나 개인적으로는 디도와 함께 모든 것을 잊고 그곳에 주저앉아 보통 사람들처럼 살고 싶었던 까닭이다.

사랑하는 이를 영원히 보내지 않기 위해 불 속으로 뛰어들다

아이네이아스가 떠나겠다고 하자 디도는 크게 놀라며 그를 붙잡았다. 가지 말고 함께 살자며 애원했다. 그러나 아이네이아스는 결심을 바꾸지 않았다. 이미 오랫동안 고민을 했기 때문에 다시 바꿀 수 없다고 말했다.

아이네이아스가 떠나던 날 디도는 보이지 않았다. 아이네이아스 일행을 태운 배가 바다로 나갔을 때 한 줄기 연기가 솟아오르는 것이 보였다. 디도는 아이네이아스의 추억이 깃든 것들을 태우기 위해 장작더미를 쌓았고 마지막에 아이네이아스가 준 칼로 자기 몸을 찌른 다음 그들의 추억이 타고 있는 불 속으로 뛰어들었다. 디도는 아이네이아스를 영원히 보내지 않고 추억과 더불어 지내기로 결심한 것이다.

그리고 아이네이아스가 아버지를 만나기 위해 지하세계에 갔을 때 둘은 마주쳤다. 디도는 그를 보았지만 아무 말도 하지 않았고 그를 외면했다.

| 신 화 메 모 |

그리스 역사가들의 말에 따르면 디도가 불에 타 죽은 것은 재혼하지 않겠다는 맹세 때문이라고 한다. 디도가 북아프리카에 도착했을 때 이아르바스라는 왕이 땅을 주고 결혼을 강요했다. 이미 재혼을 하지 않겠다고 맹세했던 디도는 그대로 불로 뛰어들어 죽었다.

코마이토와 멜라니포스

결혼 승낙을 받지 못한 연인의 절망적 사랑

**절망에 빠진 연인이 선택한 사랑은
스스로 제물이 되는 것이었다.**

부모의 반대로 아르테미스 신전에 신방을 차리다

원래 가보지 못한 곳이 아름다워 보이고 먹어보지 못한 것이 맛있어 보이는
법. 말리면 더 하고 싶어지는 것이 사람이다. 결혼 승낙을 받지 못한 많은 연인
들은 눈물을 흘리며 헤어지기도 하지만 함께 도망치거나 심지어는 동반 자살
까지 하기도 한다.

코마이토는 파트라스에 있는 사냥의 여신 아르테미스의 신전을 관리하는
아름다운 여사제였다. 그녀는 매력적인 외모에 여러 능력이 탁월한 멜라니포
스라는 젊은이와 사랑에 빠졌다. 두 사람은 다른 연인들처럼 사랑을 키워갔다.

어느 날 멜라니포스는 코마이토의 부모에게 결혼 승낙을 받기 위해 찾아갔
다. 그러나 코마이토의 부모가 보기에 멜라니포스는 여러 가지 면에서 못마땅
했다. 두 연인은 불꽃이 튈 정도로 뜨겁게 사랑하고 있었지만 코마이토의 부
모는 차가운 얼음처럼 냉담하게 결혼이 불가하다고 말했다.

코마이토와 멜라니포스는 절망에 빠졌다. 사랑하지만 함께할 수 없다는 것은 사랑하는 사람들의 공통적인 고통이다. 대개 이렇게 반대에 부딪치게 되면 이성적으로 생각하기보다는 격정적인 감정에 휘말리기 쉽다. 두 연인은 코마이토가 일하는 곳인 아르테미스 신전에서 서로의 육체를 탐하기 시작했다. 그래서 아르테미스 신전은 코마이토와 멜라니포스의 신방이 되고 말았다.

아르테미스의 분노를 사 제물로 바쳐지다

아르테미스는 지혜의 여신 아테나와 함께 그리스 신화에 나오는 대표적인 처녀 신이다. 메두사는 아테나에게 바쳐진 신전에서 포세이돈과 정을 통했다가 아테나에 의해 무서운 괴물로 변했다. 아테나는 여기에서 그치지 않고 메두사의 죽음에 관여하여 메두사가 죽자 머리를 자기 방패에 달 정도로 집요하게 복수했다. 이런 성격은 아르테미스도 다르지 않았다.

코마이토와 멜라니포스가 신방을 차리고 얼마 지나지 않아 아르테미스의 분노가 파트라이에 대기근으로 나타났다. 대지는 열매를 맺지 않았고 이상한 전염병이 돌아 많은 사람들을 죽음으로 몰아넣었다. 주민들은 무슨 까닭인지 알기 위해 신탁을 했다. 신탁은 코마이토와 멜라니포스의 일을 비난하면서 기근을 가라앉히려면 두 사람을 제물로 바쳐야 한다고 했다. 그에 더해 매년 가장 아름다운 남녀 한 쌍을 바쳐야 한다고 했다.

사람들은 코마이토와 멜라니포스를 제물로 바쳤고 그 뒤 매년 젊은 남녀 한 쌍을 제물로 바쳤다. 그때부터 아르테미스 신전 옆에 흐르던 이름 없는 강은 '무자비한 강'이라고 불리기 시작했다. 사람들이 코마이토와 멜라니포스의 절망적인 사랑을 동정한 것이다.

> │ 신 화 메 모 │
>
> 젊은 남녀를 제물로 바치는 일은 그 뒤에도 오랫동안 계속되었다. 이 관습은 트로이 전쟁이 끝나고 에우리필로스라는 사람이 이 지역에 나타나고 난 뒤에 사라졌다. 외국인이 디오니소스 신상을 가지고 나타나면 제물을 바치는 관습이 사라진다는 예언이 있었기 때문이다.

다섯 번의 결혼, 모두가 사랑한 최고의 미녀

헬레네

아무도 헬레네를 미워하지 않았고
트로이 전쟁 역시 그녀의 책임이 아니었다.

다섯 번 결혼한 그리스 최고의 미녀

모두 아는 것처럼 헬레네는 그리스 최고의 미녀이다. 미의 여신 아프로디테는
황금 사과를 얻기 위해 가장 아름다운 미녀를 파리스에게 주겠다고 약속했고
그 미녀가 유부녀였던 헬레네였다. 또한 이 사건으로 트로이 전쟁이 일어났다.
그렇다면 헬레네는 트로이 전쟁을 일으킨 원인으로 비난받아야 마땅하지만
아무도 헬레네를 욕하지 않았다. 왜 그럴까?

헬레네는 모두 다섯 번의 결혼을 했다. 열두 살 때 아테네의 영웅 테세우스
에게 납치를 당했다. 테세우스는 친구와 함께 각각 제우스의 딸을 납치하기로
하고 헬레네를 납치했던 것이다. 그리고 헬레네는 남자 쌍둥이 형제인 카스토
르와 폴리데우케스에 의해 구출되었다.

두 번째 결혼 상대는 가장 부유한 구혼자인 메넬라오스였다. 이때 함께 헬
레네에게 구혼했던 사람들은 헬레네의 신변에 일이 생기면 함께 돕는다는 서

〈**헬레네**〉 헬레네는 그리스에서 가장 아름다운 여인이었다. 로드 프레데릭 라이튼 작품.

약을 했기 때문에 헬레네가 파리스를 따라 트로이로 가자 그리스 동맹군을 결성해 트로이와 전쟁을 벌이게 된다.

세 번째 결혼 상대는 메넬라오스를 버리고 따라나선 트로이의 왕자 파리스였다. 여기에는 미의 여신 아프로디테가 헬레네를 파리스에게 주기 위한 공작이 숨어 있다. 다시 말해서 헬레네가 순수하게 자의로 따라나선 것은 아니라는 말이다.

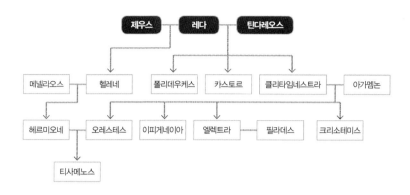

네 번째 결혼 상대는 파리스의 동생 데이포보스로, 파리스가 트로이 전쟁에서 죽자 그와 결혼했다. 데이포보스는 전남편인 메넬라오스의 칼에 맞아 죽었다.

다섯 번째 결혼 상대는 트로이 전쟁의 최대 영웅인 아킬레우스였다. 그러나 이들의 결혼은 살아 있을 때가 아니라 죽은 뒤에 이루어졌고 영원한 삶을 함께 누리고 있다고 전해진다.

헬레네는 트로이 전쟁이 끝난 뒤 전남편 메넬라오스와 함께 돌아와 남편보다 오래 살았다. 메넬라오스가 죽은 뒤 두 아들에게 쫓겨나 로도스 섬의 폴릭소에게 가서 몸을 숨겼다. 남편을 트로이 전쟁에서 잃은 폴릭소는 헬레네를 따뜻하게 맞아주었지만 시간이 흐르면서 남편에 대한 그리움과 헬레네에 대한 증오가 서로 상승작용을 했다. 결국 폴릭소는 시녀들을 시켜 헬레네를 나무에 매달았다.

헬레네를 본 순간 증오심을 버린 그리스 군사들

헬레네의 매력은 트로이 전쟁 때 발휘되었다. 10년을 끈 트로이 전쟁은 그리스 군대에 큰 피로감과 불만을 안겨주었다. 서약을 했기 때문에 참가한 왕들이야 그렇다 하더라도 아무런 이해관계 없이 왕을 따라왔던 군사들은 헬레네에 대해 강한 불만을 가지고 있었을 것이다.

그래서 트로이 목마로 트로이 성벽을 무너뜨렸을 때 그리스 군사들은 당연히 헬레네를 처형해야 한다고 생각했다. 트로이의 왕 프리아모스조차 헬레네는 트로이 전쟁에 아무 책임이 없다고 말했지만 싸우다 죽고 다친 병사들의 생각은 달랐다. 메넬라오스 역시 자기에게 치욕을 안겨준 헬레네를 죽일 생각으로 방을 이 잡듯 뒤졌다.

그러나 막상 헬레네를 마주한 메넬라오스는 그녀에 대한 옛정과 변하지 않은 헬레네의 아름다움 때문에 그녀를 죽일 수 없었다. 그리고 반라의 모습인 헬레네를 끌고 그리스 군대 앞을 지나갔다. 그리스 병사들은 지금껏 헬레네를 본 적이 없었다. 그런데 실제로 헬레네를 본 순간 누구랄 것도 없이 모두 헬레네에 대한 증오를 버렸다. 그리고 프리아모스의 말처럼 트로이 전쟁은 헬레네의 탓이 아니라고 생각했다.

| 신 화 메 모 |

호메로스에 따르면 헬레네는 인간의 몸을 지니고 있지만 자기가 원하면 어떤 남자라도 마음을 빼앗을 수 있는 힘을 지닌 최고의 미녀이다. 아프로디테의 마법의 띠가 인간으로 환생한 셈이다.

신화 속 여인들의 운명

수소로 변신한 제우스는 페니키아의 공주 에우로페(Europe)를 등에 태우고 이오니아 해를 건너 낯선 땅으로 데리고 간다. 그곳은 지금 유럽(Europe)이라고 불린다. 그래서 훗날 학자들은 에우로페의 납치를 두고 알파벳이 페니키아에서 유럽으로 전해진 것을 표현한 신화라고 말하기도 한다.

그런데 에우로페의 고조모이자 역시 제우스에게 납치되었던 이오도 헤라의 박해를 피해 제우스와 에우로페가 건넌 이오니아 해를 건넌 일이 있었다. 이렇듯 운명의 여신들은 시간과 공간, 신들과 여인들을 날줄과 씨줄로 삼아 방대한 운명의 천을 직조한다. 따라서 신화 속에 나오는 모든 이야기는 홀로 존재하지 않고 덩굴식물처럼 끝없이 엉키고 멀리 뻗어나간다.

비극적 운명이라는 동일한 원 속에 존재하는 다섯 여인

에우로페와 이오의 운명은 그들의 후손인 아리아드네와 파이드라를 통해 연속된다. 에우로페는 제우스와의 사이에서 미노스를 비롯한 세 아이를 낳았다. 아리아드네와 파이드라는 미노스의 딸이다.

아리아드네와 파이드라의 어머니 파시파에는 바다의 신 포세이돈이 보낸 황소에게 정욕을 품고 그리스 최고의 장인 다이달로스의 도움을 받아 황소 머리를 가진 괴물 미노타우로스를 낳는다. 그러나 황소에게 정욕을 품게 된 것은 남편인 미노스가 포세이돈을 속였기 때문에 일어난 일이다.

그런데 아이로니컬하게도 남매이기도 한 미노타우로스를 살해하기 위해 나타난 영웅 테세우스에게 사랑의 감정을 품게 되는 것은 아리아드네이다. 역시 다이달로스가 만든 라비린토스라는 미궁에 숨어 있는 미노타우로스는 아리아드네의 도움을 받은 테세우스에게 살해되고 아리아드네는 테세우스와 함께 그들의 도시 크레타를 떠나게 된다. 그러나 낙소스에서 테세우스는 아리아드네를 버린다. 운명의 천에는 울고 있는 아리아드네의 모습이 새겨져 있다. 그리고 그 옆에 그녀를 달래줄 신이 서 있다. 바로 디오니소스이다. 그러나 디오니소스도 곧 아리아드네를 버린다. 아리아드네는 아직도 우리 곁에 추억으로 남아 있다. 바로 밤하늘에 반짝이는 금관이 아리아드네의 왕관이기 때문이다. 그러나 금관을 비롯한 화관, 목걸이는 모두 족쇄의 변형이다. 족쇄는 보이지 않는 운명을 의미한다.

아리아드네의 동생 파이드라는 아리아드네를 버린 테세우스와 결혼을 한다. 그러나 사랑의 여신 아프로디테의 농간으로 전처 소생인 히폴리토스를 사랑하게 되어 그 괴로움을 이기지 못하고 목을 매 자살하게 된다. 이렇듯 한 가문의 이오, 에우로페, 파시파에, 아리아드네, 파이드라는 모두 비극적 운명이라는 동일한 원 속에 존재하며 신화 속에 등장하는 여인들의 삶을 상징적으로 보여준다.

인간세계에 새로운 질서를 부여하려 했던 제우스

이오를 정점으로 하는 이 가문의 여인들이 겪은 비극은 헤라 신전의 여사제였던 이오를 제우스가 납치하면서 시작되었다. 이 사건은 제우스가 신들의 거처인 올림포스를 벗어나 인간세계로 뛰어든 것을 의미한다. 제우스는 인간세계에 새로운 질서를 부여하려고 했던 것이다. 그것이 바로 납치와 욕망의 신화이다.

이
오

사랑 때문에
평생 방랑했던
여인

제우스의 사랑을 받았던 여인들은 헤라의 질투 때문에
힘든 난관을 겪어야 했다.

제우스와 사랑에 빠졌다 하얀 암소로 변한 여사제

신과 사랑에 빠지는 것은 참으로 불행하고 위험한 일이다. 신의 사랑을 받는
다는 것은 모든 것을 잃는 것을 의미했다. 부모와 형제, 고향을 떠나야 하는
운명에 놓이거나 죽음을 택해야 했다. 이오는 앞의 경우였다. 고향인 아르고스
를 떠나 전 세계를 방황한 끝에 이집트에 정착했다.

이오는 헤라 신전에서 일하는 여사제였다. 그런데 제우스가 이오에게 사랑
을 느껴 그녀를 유혹했다. 하지만 곧 헤라가 제우스와 이오의 관계를 알아차렸
다. 제우스는 재빨리 이오를 하얀 암소로 변신시키고 이오와 관계를 가진 적이
없다고 딱 잡아뗐다.

그리스의 역사가 헤시오도스는 이 일화를 두고 사랑의 맹세를 깨뜨려도 신
의 분노를 사지 않는다고 말했다. 신들의 왕 제우스가 솔선수범해서 사랑의
맹세를 깨뜨렸는데 누가 벌을 준단 말인가.

〈제우스와 이오〉 이
오가 검은 구름으로
변한 제우스를 만나
고 있다. 안토니오 알
레그리 작품.

▼ 제우스의 여인들

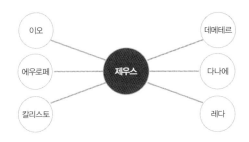

이오	헤라 신전의 여사제	이집트로 감. 이집트의 왕과 결혼함.
에우로페	페니키아의 공주	유럽으로 납치됨. 크레타의 왕비가 됨.
칼리스토	사냥의 여신, 아르테미스의 시녀	곰으로 변신함. 큰곰자리가 됨.
레다	스파르타의 왕비	백조 알을 두 개 낳음. 남자와 여자 쌍둥이가 태어남.
다나에	아르고스의 공주	황금 비로 변신한 제우스와 결합함. 페르세우스가 태어남.
데메테르	곡물의 여신, 제우스의 누이	뱀으로 변신함. 페르세포네가 태어남.

100개의 눈을 가진 아르고스의 감시를 받다

헤라는 제우스에게 이오와 관계가 없다면 하얀 암소를 자기에게 달라고 말했다. 제우스는 자기가 판 함정에 빠졌다. 하얀 암소를 넘겨받은 헤라는 한꺼번에 2개 이상 눈을 감지 않는 100개의 눈을 가진 아르고스에게 그 암소를 지키게 했다.

아르고스는 암소를 미케네의 숲 속에 있는 올리브 나무에 매어두었다. 제우스는 헤르메스를 시켜 이오를 훔쳐내도록 명령했다. 그러나 몰래 훔쳐내는 것이 불가능했기 때문에 헤르메스는 아르고스를 살해했다. 아르고스의 살해에 대해서는 다른 주장이 있다. 헤르메스가 판이 만든 시린크스라는 피리를 불면서 그에 얽힌 이야기를 들려주어 아르고스를 잠재운 다음 살해했다는 것과 돌을 던져서 살해했다는 것이 그것이다.

헤라는 아르고스의 죽음을 안타까워하며 그의 눈을 새의 깃털에 새겨놓았다. 지금도 동물원에 가면 확인할 수 있다. 공작이 그 새로, 날개를 펼치면 아르고스의 많은 눈이 시퍼렇게 뜬 채 살아 있음을 알 수 있다.

헤라의 집요한 추적을 피하기 위한 끝없는 방랑

헤라는 아르고스의 죽음에 대한 안타까움 이상으로 이오에 대해 증오를 느꼈다. 그래서 등에를 보내 암소를 괴롭혔다. 암소로 변한 이오는 등에를 피해 그의 이름에서 유래한 이오니아 해를 헤엄쳐 건넜다가 하이모스 산을 넘어 역시 이오의 행적에서 유래한 보스포루스 해협을 건넜다.

이오는 유럽과 아시아 여기저기를 떠돌아다녔다. 헤라의 추적이 집요했기 때문이다. 그녀가 정착한 곳은 이집트였다. 본래의 모습으로 돌아온 이오는 외아들인 에파포스를 낳았다.

그러나 헤라의 증오가 가라앉지 않았다. 헤라는 쿠레테스를 시켜 이오가 어디 있는지를 확인하고 에파포스를 납치하도록 명령했다. 쿠레테스는 아이를 납치해 숨겨두었다. 이를 안 제우스는 쿠레테스를 죽였고 이오는 아들을 찾아 또다시 유랑을 시작했다.

이오는 누군가로부터 시리아의 왕이 에파포스를 양육하고 있다는 이야기를 듣고 시리아를 뒤져서 아이를 찾은 다음 이집트로 가서 그곳의 왕 텔레고노스와 결혼했다. 이렇게 해서 이오의 후예들이 이집트에 살게 되었고 이오의 방랑도 끝이 났다.

| 신 화 메 모 |

올리브는 16년이 걸려야 어른 나무가 되고 많은 열매를 맺으려면 40년이 필요하다. 오랜 시간을 기다릴 수만 있다면 올리브는 풍요를 약속했다. 다나이스들이 이집트에서 아르고스 지방으로 도망쳐 왔을 때 손에 들고 있던 것도 올리브였다. 자기들이 그리스의 후예임을 표현한 것이다.

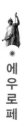

제우스가 가장 사랑했던 여인

**황소를 타고 바다를 건넌 에우로페는
크레타 섬에서 제우스의 세 아들을 낳았다.**

황소로 변신한 제우스의 유혹

제우스는 수많은 인간 여자와 잠자리를 같이했다. 그리고 그 사이에서 많은 영웅들이 태어났다. 그렇다면 제우스가 가장 사랑했던 여자는 누구일까? 물론 제우스가 그 사실을 밝힌 적이 없으니 정확하게 알 수는 없지만 에우로페가 아니었을까 싶다.

제우스의 복잡한 인간 여자와의 관계는 후대 사람들이 자기 왕조에 제우스를 끌어들이기 위해 제우스가 자기의 조상 중 누군가를 납치했다고 기록한 것이다.

에우로페는 제우스에게 납치되어 이집트에 정착한 이오의 후손이다. 페니키아의 공주였던 그녀는 시돈의 바닷가에서 황소로 변신한 제우스에게 납치되어 다시 그리스로 돌아왔다.

에우로페의 납치로 크레타는 그리스 신화에서 중요한 지역이 된다. 역사적

〈에우로페의 납치〉 황소로 변한 제우스가 에우로페를 태우고 그레타 섬으로 달아나려 하고 있다. 베첼리오 티치
아노 작품.

으로 크레타는 기원전 3000년부터 기원전 2000년 정도까지 미노스 문명이라
고 부르는 찬란한 문화를 꽃피운 지역이다.

제우스는 황소로 변신해 시돈의 바닷가에 나타났다. 에우로페는 호기심을
이기지 못하고 황소의 등을 쓸어보았는데 그 감촉이 정말 좋아서 등에 올라
탔다. 황소는 당황한 에우로페를 등에 태운 채 바다로 들어가 크레타 섬까지
헤엄쳐 갔다. 지도를 보면 알겠지만, 시돈에서 크레타까지는 꽤 멀다.

▼ 크레타 가계도

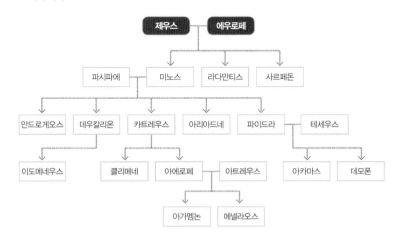

한 여자에게서 세 명의 아이를 낳다

크레타에 제 모습으로 나타난 제우스는 그가 어린 시절을 보낸 동굴에서 에우로페와 사랑을 나누었다. 그 사이에서 미노스, 라다만티스, 사르페돈이 태어났다. 그러나 인간과 신이 영원히 살 수는 없는 노릇이다. 에우로페는 아이 셋을 데리고 크레타의 왕 아스테리오스와 결혼했다. 제우스는 결혼 선물로 절대로 과녁이 빗나가지 않는 창, 반드시 사냥감을 포획하는 개, 귀찮은 방문객을 쫓아내는 청동 인간 탈로스를 주었다. 이 가운데 사냥개는 테베에서 암여우를 쫓다가 제우스에 의해 화석이 되었고 탈로스는 크레타를 지키다가 메데이아의 마법 주문에 걸려 몸에 흐르는 이콜이라는 피가 모두 빠져나가 죽고 말았다.

아스테리오스는 아이 셋을 잘 키웠다. 그런데 에우로페의 아들들이 서로 싸우기 시작했다. 밀레토스라는 소년을 셋이서 한꺼번에 사랑하게 된 것이 싸움의 발단이었다. 밀레토스가 사르페돈을 선택하자 미노스는 싸움을 일으켜 이겼다. 그러나 밀레토스는 도망쳐 자기의 이름을 딴 밀레토스라는 도시를 건설했다.

사르페돈은 리키아 사람들과 싸우고 있던 에우로페의 형제인 킬릭스를 도와 함께 싸우고 영토를 얻어 리키아의 왕이 되었다. 제우스는 사르페돈에게 보통 인간보다 세 배나 더 살 수 있는 수명을 주었다. 라다만티스는 보이오티아에 숨었다가 죽은 뒤 미노스와 함께 지하세계에서 심판관 역할을 맡았다.

다시 처음으로 돌아가서 왜 제우스가 가장 사랑했던 여자가 에우로페인지에 대해 생각해보자. 먼저 에우로페처럼 제우스가 한 여자에게서 세 명의 아이를 낳은 적이 없었다. 또한 아이를 맡아준 대가로 선물을 준 적도 없다. 그리고 또 다른 이유는 다음에 나오는 세멜레의 이야기를 보면 알 수 있다.

| 신 화 메 모 |

지하세계의 심판관은 세 명으로, 모두 제우스의 아들들이다. 두 명은 미노스와 그의 동생 라다만티스이고 나머지 한 명은 강의 신의 딸 아이기나가 낳은 아이아코스이다.

사랑의 확인으로
재가 된
여인

세멜레

제우스의 사랑을 믿지 못한 세멜레는
결국 재가 되고 말았다.

에우로페를 닮은 여자와 사랑에 빠진 제우스

제우스는 하늘에서 땅 위의 한 여자를 내려다보다가 일종의 기시감(旣視感)을
느꼈다. 잠깐의 생각 끝에 그 여자가 예전의 애인 에우로페와 똑같이 닮았다
는 것을 알았다. 그러자 가슴이 뛰고 설레기 시작했다. 제우스가 본 여자는 테
베의 공주 세멜레였다. 그리고 에우로페는 세멜레의 고모였던 것이다.

그날 밤 제우스는 세멜레의 침실을 방문했다. 이렇게 밤이 되면 제우스는
세멜레의 침실을 찾았고 그러는 동안 헤라가 이 사실을 알게 되었다. 헤라는
세멜레의 유모로 변장을 하고 세멜레의 사랑 이야기를 들었다. 세멜레는 온통
제우스에게 정신이 팔려 있었다. 유모로 변장한 헤라는 세멜레에게 제우스의
진짜 모습을 본 적이 있느냐고 물었다. 그리고 의심쩍은 눈초리로 가짜 제우스
일지도 모른다고 중얼거렸다.

그 말에 솔깃해진 세멜레는 그날 밤 제우스에게 부탁을 들어달라고 말했다.

〈세멜레의 죽음〉 인간인 세멜레는 제우스가 뿜어내는 빛과 열기를 견디지 못해 까맣게 타 죽고 말았다. 페테르 파울 루벤스 작품.

제우스가 들어주지 못할 부탁이 있겠는가. 제우스가 고개를 끄덕이자 세멜레는 본래의 모습을 보여달라고 부탁했다. 하늘을 나는 황금 마차를 몰고 싶다고 말한 파에톤을 바라보는 아폴론처럼 제우스는 정색을 하고 만류했지만 세멜레는 약속을 지키라고 다그쳤다.

　제우스는 이미 맹세를 했기 때문에 어쩔 수 없이 신의 모습을 하고 그녀의 방에 나타났다. 그리고 신의 몸에서 뿜어나오는 광채 때문에 세멜레는 재가 되고 말았다. 이 때문에 신들은 인간세계로 내려올 때 변신을 했던 것이다.

세멜레의 재 속에서 꺼낸 생명 디오니소스

그러나 세멜레의 자궁 속에는 이미 생명이 깃들어 있었다. 제우스는 자기의 허벅지를 갈라 그 태아를 넣었다. 그리고 달이 차자 허벅지를 갈라 아이를 꺼냈는데 이 아이가 바로 술의 신 디오니소스였다. 제우스는 헤르메스를 시켜 세멜레의 자매인 이노에게 아이를 키우게 했다. 이를 보고 헤라는 디오니소스의 양육을 맡은 이노를 미치게 만들었다. 미쳐서 바다로 뛰어든 이노를 보고 포세이돈은 가엾게 여겨 갈매기로 변하게 만들었다.

또한 디오니소스 역시 미치게 만들어 추방했는데, 이오가 그랬고 에우로페가 그랬던 것처럼 디오니소스는 세상을 떠도는 방랑자가 되었다. 이러한 그를 치료해준 것이 프리기아의 레아였다. 그녀는 디오니소스의 광기를 치료해주고 그에게 종교의식을 알려주었다.

디오니소스는 훗날 지하세계로 내려가 불에 타 죽은 어머니 세멜레를 데리고 와서 티오네라는 이름을 가진 신이 되게 했다. 디오니소스는 지하세계로 통하는 길을 동굴이라고 여겼던 다른 그리스 사람들의 생각과 달리 물속으로 잠수해 들어가 지하세계로 들어갔다.

나중에 디오니소스는 헤라클레스가 그랬던 것처럼 자기를 박해했던 헤라와 화해를 했다. 헤라가 헤파이스토스가 만든 덫에 걸려 고통을 당하고 있을 때 디오니소스가 나타나 헤파이스토스를 술에 취하게 만들고 헤라를 구해주었다.

그러나 세멜레는 불에 타 죽었고 이노는 미쳐서 바다에 뛰어들었으며 또 다른 자매인 아가베 역시 자기 아들이자 테베의 왕이었던 펜테우스를 일시적인 착각에 빠져 다른 여자들과 함께 찢어 죽였다. 이것이 세멜레를 둘러싼 비극의 한 장면이다.

| 신 화 메 모 |

세멜레처럼 임신을 하고 불에 타 죽은 여자가 한 명 더 있다. 아폴론의 연인이었던 코로니스가 그렇다. 그리고 배 속에 있던 두 아이는 모두 신이 되었다. 코로니스의 아들은 의술의 신 아스클레피오스이다.

그리스 신화에 나타난 수소 이미지

최고의 힘을 지닌 신을 상징하는 수소

변신의 이미지 가운데 가장 낯익은 것이 수소이다. 수소는 그리스 신화뿐만 아니라 세계의 신화 속에서 최고의 힘을 지닌 신의 이미지로 활용된다. 태풍이 자연의 의인화 가운데 가장 힘센 신에게 적용되어 그리스 신화의 제우스, 유대 신화의 야훼, 인도 신화의 인드라 등이 태풍의 신이었던 것처럼, 수소 역시 인도 신화의 시바, 그리스 신화의 제우스를 형상화하는 이미지로 사용되었다.

수소로 변신한 제우스의 일화 가운데 가장 유명한 것은 카드모스의 여동생이며 페니키아의 공주인 에우로페의 납치일 것이다. 제우스는 카드모스의 여동생 에우로페를 유혹하기 위해 수소로 변신해 접근했다. 이후 이 수소의 이미지는 신화 속에서 여인의 납치와 불화의 역사를 보여주는 상징으로 나타난다.

제우스에서 비롯한 인간을 유혹하는 수소 이미지

아테네에서 크레타로 온 테세우스는 여인을 매혹시키는 수소 이미지로 또 다른 수소인 미노타우로스를 살해하는데 그 과정에서 도움을 준 크레타의 공주 아리아드네와 함께 크레타를 떠나지만 낙소스에서 그녀를 버린다. 이 사건으로 크레타는 당시의 패권을 상실하게 된다. 크레타의 수소인 미노타우로스가 테세우스에게 살해되었기 때문이다.

그런데 이 사건은 우연히 독립적으로 일어난 것이 아니었다. 사건의 근원은 에우로페의 고조모에 해당하는 이오로 거슬러 올라간다. 제우스는 헤라 신전의 여사제였던 이오를 납치하고는 헤라의 눈을 피하고자 암소로 변신시켜놓았다. 그러나 헤라는 이를 알아내고 등에를 보내 이오를 괴롭힌다. 이오는 아시아 전 지역을 떠돌다가 이집트에서 제 모습을 찾고 제우스와 관계를 가져 아이를 낳았다.

이오의 피가 흐르는 에우로페 역시 수소로 변신한 제우스에게 납치되어 페니키아에서 에우로페의 이름을 딴 지금의 유럽까지 갔다. 그곳에서 제우스와 관계를 갖고 이후 크레타의 왕비가 된다.

포세이돈의 수소와 그로 인해 태어난 크레타의 수소 미노타우로스

그런데 에우로페의 아들 미노스도 수소로부터 자유롭지 못했다. 그는 왕위를 놓고 형제와 다투면서 포세이돈에게 한 가지 제안을 했다. 자기에게 수소를 보내 왕위에 오르게 해주면 그 수소를 잡아 성대한 제사를 지내겠다는 것이 그 제안이었다. 막상 포세이돈이 보낸 수소를 본 미노스는 욕심이 생겨 왕위에 오른 뒤에 다른 소를 잡아 제사를 지냈다.

신을 속인 미노스는 어떻게 되었을까? 미노스는 제우스의 애인이었던 에우로페의 아들이었기 때문에 포세이돈도 껄끄러웠는지 미노스의 아내를 통해 복수를 했다. 미노스의 아내 파시파에가 포세이돈의 수소에게 도저히 참을 수 없는 정욕을 느끼게 만든 것이었다. 파시파에와 수소 사이에서 태어난 것이 크레타의 수소 미노타우로스였다.

그런데 미노스와 파시파에의 딸인 아리아드네는 이복형제인 미노타우로스를 살해하기 위해 찾아온 테세우스에게 반해 그를 도와준 뒤 낙소스 섬에 버림을 받고 역시 목을 매 자살한다.

수소를 둘러싼 사건은 몇 명의 여자를 희생자로 만드는 것에서 그치지 않고 지속적으로 반복되어 나타난다. 디오니소스가 사랑했던 암펠로스라는 소년 역시 디오니소스의 경고에도 불구하고 수소의 뿔에 받쳐서 죽고 그 자리에 디오니소스의 힘을 상징하는 포도나무가 자라났다. 사랑을 잃고 힘을 얻은 셈이다.

소파트로스의 수소 살해

이런 신들의 수소 이미지는 지상의 인간에게로 내려온다. 그것은 아티카 지방에 살던 소파트로스라는 사람의 수소 살해에서 비롯된다. 신들에게 제물로 바치기 위해 차려놓은 음식을 수소가 짓밟고 먹어치우는 것을 본 소파트로스는 그 일을 한 수소를 도끼로 죽였다. 그는 그 소를 묻고 크레타로 도망쳤다. 그가 도망친 것은 앞에서 본 대로 수소가 신을 상징하는 동물이었기 때문이다.

그러자 아티카는 무서운 가뭄에 시달렸고, 신탁은 소파트로스에게 벌을 내리고 수소를 다시 세우고 고기를 먹으면 원래 상태로 돌아갈 것이라고 말했다. 그런데 소파트로스는 자기 혼자서 죄를 뒤집어쓸 수는 없으므로 도시 전체가 동참하지 않으면 돌아가지 않겠다고 버텼다. 그렇게 해서 도시 전체가 나서서 수소를 살해하는 의식을 거행하고 고기를 먹게 되었다.

동물 살해에서 비롯한 인간의 필연적인 죽음

이 이야기는 매우 중요한 모티프를 지니고 있다. 세계의 고대 신화를 보면 인간이 죽음을 맞게 되는 몇 가지 이유가 있는데 그 가운데 하나가 음식에 의한 것이다. 음식, 특히 고기는 동물의 살해라는 전제가 필요하다. 고대인은 음식을 통해 인간이 생명을 유지하게 되지만 동물을 살해한 원죄 때문에 인간 역시 죽음을 맞이할 수밖에 없다는 생각을 지니게 되었다.

소파트로스의 수소 살해는 다음과 같은 논리 속에서 전개된다. 먼저 수소로 상징되는 존재의 살해라는 범죄가 있었다. 그러나 이 행위는 음식인 고기를 얻기 위한 필연적인 행위로 이해될 수 있다. 이런 강제적 필연성은 이미 인간의 삶 속에 범죄가 존재한다는 것을 의미한다. 따라서 이러한 범죄에 대한 의식을 일깨울 수 있는 장치가 필요해진다. 그리스도교에서는 그것이 원죄로 형상화되는데 신화에서는 그것이 비밀스러운 의식으로 등장하게 된다.

다시 말해서 인간의 삶을 위해 어쩔 수 없이 저질러지는 살해라는 범죄에서 해방되기 위해 비의를 통해 범죄 의식을 되살리고 정화하는 일이 요청되는 것이다. 이후 신에게 제물을 바칠 때 살진 수소를 불에 그을려 연기는 하늘로 올려 보내고 고기는 인간이 먹게 되었다. 이런 까닭에 그리스 신화에는 많은 수소가 등장한다.

칼리스토

헤라의 질투로
곰이 된
여인

질투는 가장 아름다운 여자를
덩치 큰 곰으로 바꾸어놓았다.

제우스의 사랑 때문에 곰이 되다

제우스의 사랑을 받고 비극의 주인공이 된 여자는 세멜레만이 아니다. 제우스
로 상징되는 목성에는 위성이 많은데 모두 제우스의 사랑을 받았던 여자들의
이름을 따서 붙인 것들이다. 그 가운데에 칼리스토라는 이름도 보인다.

칼리스토는 아르카디아의 왕 리카온의 딸이라는 말도 있고 님프라는 말도
있다. 칼리스토는 '가장 아름답다'라는 말에서 유래했다. 이름을 이렇게 붙일
정도였으니 실제로 얼마나 아름다웠을까? 게다가 제우스가 아름다운 여자를
그냥 둘 까닭이 없다.

칼리스토는 사냥의 여신 아르테미스를 섬기면서 정절을 지키겠다는 맹세를
했다. 그도 그럴 것이 아르테미스가 처녀 신이었기에 시녀들도 모두 처녀성을
유지해야 했다. 그런데 제우스가 칼리스토를 유혹했다. 칼리스토는 유혹에 넘
어가지 않았다. 그러자 제우스는 아르테미스로 변신해서 칼리스토를 한적한

〈칼리스토를 발견한 제우스〉 아르테미스와 함께 사냥을 하는 칼리스토 주위에 화살과 사냥개, 사냥감들이 있다. 저 멀리서 아름다운 칼리스토를 발견한 제우스는 그녀에게 접근하려고 한다. 니콜라스 베르헴 작품.

곳으로 유인해 강제로 범했다.

　가장 아름다운 여자 칼리스토는 이렇게 순결을 잃고 게다가 몸도 곰으로 변했다. 칼리스토가 곰이 된 이유에 대해서는 세 가지 주장이 있다. 제우스가 헤라의 저주를 피하기 위해 곰으로 변신시켰다는 것과 질투에 사로잡힌 헤라가 그녀를 곰으로 만들었다는 주장이다. 다른 하나는 정절의 서약을 어겼다는 이유로 아르테미스가 그녀를 곰으로 만들었다는 말이다. 그러나 칼리스토의 입장에서 보면 달라질 것은 하나도 없다. 억울하게 곰이 되고 말았으니까.

큰곰자리와 작은곰자리가 된 어머니와 아들

이렇게 곰이 된 이유가 각각 다르기 때문에 아들 아르카스와의 관계에 대해서도

▼ 별자리의 역할

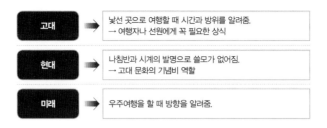

고대	→	낯선 곳으로 여행할 때 시간과 방위를 알려줌. → 여행자나 선원에게 꼭 필요한 상식
현대	→	나침반과 시계의 발명으로 쓸모가 없어짐. → 고대 문화의 기념비 역할
미래	→	우주여행을 할 때 방향을 알려줌.

각각 다른 이야기가 전한다. 먼저 제우스가 칼리스토를 보호하기 위해 곰으로 만들었고 헤라는 아르테미스에게 곰을 활로 쏘아 죽여달라고 부탁했다. 이 이야기를 들은 제우스는 헤르메스를 보내 배 속에 들어 있는 아이를 구했다고 한다.

다른 이야기는 이렇다. 칼리스토는 무사히 아이를 낳았다. 아이는 무럭무럭 자라서 어른이 되었는데 산속에서 우연히 곰으로 변한 어머니를 발견하고 활로 쏘아 죽였다. 모르고 저지른 일이지만 근친 살해를 범하고 말았다.

그러나 가장 널리 알려져 있는 오비디우스의 설에 따르면 우연히 산속에서 장성한 아들과 곰으로 변신한 어머니가 만났다. 그리고 아들이 곰을 향해 활을 쏘려고 하는 순간 제우스가 중간에 뛰어들어 아들 아르카스를 만류하고 어머니와 아들을 하늘로 들어 올려 큰곰자리와 작은곰자리라는 별자리로 만들었다고 한다. 오비디우스의 이야기가 가장 비현실적이면서도 가장 그럴싸하다.

그러자 화가 난 헤라는 자기를 키워준 대양의 신 오케아노스에게 달려가 큰곰자리와 작은곰자리가 바다 너머로 지는 일이 없도록 해달라고 부탁했다. 그때부터 칼리스토와 아들 아르카스는 쉬지 않고 하늘 꼭대기를 도는 주극성이 되었다.

─── | 신 화 메 모 |

슬라브 신화에 따르면 하늘에 세 자매, 즉 가련한 처녀 오로라가 있다고 한다. 석양의 오로라와 심야의 오로라, 새벽의 오로라가 그들이다. 그들은 작은곰자리에 쇠사슬로 묶여 있는 개를 지키는 임무를 맡고 있는데 만약 쇠사슬이 끊어지면 세상에 종말이 온다고 한다. 쇠사슬이 끊어진다는 것은 천체에 큰 이변이 생긴다는 뜻으로 생각된다.

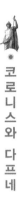

아폴론의 사랑을 거부한 여인들 1

질서와 밝음을 내포하고 있는 태양신 아폴론은
그 속성 때문인지 대부분의 사랑에 실패했다.

동성애까지도 실패한 태양신의 비극

제우스가 이토록 애정 행각을 벌이는 동안 다른 신들도 제우스의 흉내를 내
서 인간으로 변신해 지상으로 내려와 인간 여자들과 사랑을 나누었다. 그리고
많은 사람들이 태어나고 도시가 건설되었다.

　그런데 유독 아폴론은 대부분의 사랑에 실패했다. 코로니스는 인간 남자에
게 한눈을 팔았고 카산드라와 다프네는 무정하게 아폴론에게서 등을 돌렸으며,
더러는 성공했지만 파에톤처럼 그 아들이 어처구니없이 죽었다. 심지어는 동성
애까지도 실패로 끝났다. 히아킨토스는 아폴론이 던진 원반에 맞아 죽었다.

사랑의 배신에는 죽음이 있을 뿐이다

어쨌든 아폴론의 비극에는 분명한 이유가 있다. 그것은 질서라는 말 속에 담
겨 있다. 질서라는 말에서 열정, 그리움, 희망, 광기, 아찔한 쾌감, 꿈 등의 이미

《아폴론과 다프네》 아
폴론이 자신을 피해 도
망치는 다프네를 붙잡
으려 하고 있다. 다프네
는 아폴론에게 붙잡히
려는 순간, 아버지인 강
의 신에게 간청하여 월
계수로 변신한다. 바티
스타 티에폴로 작품.

지를 끄집어낼 수 있는가?

아폴론은 티탄 족이자 구시대의 상징인 태양신 헬리오스를 대신한 새로운
시대의 태양신이었다. 태양의 속성은 모든 것을 다 드러내는 것이다. 밝음 아래
숨길 수 있는 것이 무엇인가? 가릴 수 없는 세계, 이를테면 수치스러움이나 부
끄러움을 숨기지 못하는 곳에서 사랑이 싹틀 수 있을까?

코로니스는 오르코메노스 왕국의 공주였다. 그녀는 아폴론의 사랑을 받아
그의 아이까지 가졌다. 그러나 아폴론을 배신하고 아르카디아 사람인 이스키
스와 결혼을 하고 말았다. 이 이야기를 들은 아폴론은 그때까지 하얗던 까마
귀의 피부를 검게 만든 다음 아르테미스에게 부탁해서 코로니스를 사살했다.

죽은 코로니스의 몸에서 나온 아들이 의술의 신 아스클레피오스이다.

아폴론을 피해 도망치다 월계수가 된 다프네

다프네의 경우는 좀 더 극적이다. 어느 날 아폴론은 사랑의 신 에로스와 이야기를 나누다가 자기의 활 솜씨를 자랑했다. 자기의 활이 얼마나 크고 정확한지에 대해 말하며 에로스의 작은 몸과 그에 걸맞은 작은 활을 비웃었다.

에로스는 작은 활의 위력을 보여주겠다는 듯이 산꼭대기로 올라가 두 개의 화살을 꺼냈다. 먼저 황금 화살을 아폴론의 가슴을 향해 겨누고 쏘았다. 잘 아는 것처럼 에로스의 황금 화살을 맞으면 처음 보는 사람을 사랑하게 된다. 아폴론은 강의 신의 딸로 님프인 다프네를 보았다. 당연히 가슴이 아플 정도로 그녀를 사랑하게 되었다. 이어 에로스는 납 화살을 다프네의 가슴을 향해 날렸다. 납 화살은 상대에 대해 전혀 사랑의 감정이 일어나지 않는 얼음처럼 차가운 심장이 되게 만드는 화살이었다.

아폴론은 다프네에게 반해 그녀의 뒤를 쫓기 시작했다. 그러나 남자에게 전혀 관심이 있을 리 없는 다프네는 주는 것 없이 아폴론이 싫어 도망치기 시작했다. 이렇게 서로 쫓고 쫓기는 사이에 숲을 지나고 강에 이르렀을 때 아폴론은 다프네의 바로 뒤에 와 있었다.

다프네는 강의 신인 아버지에게 간절한 마음으로 빌었다. 그러자 다프네의 몸에서 뿌리가 나오면서 월계수로 변하고 말았다. 아무리 아폴론이 황금 화살을 맞았지만 이미 월계수로 변한 다프네와 사랑을 나눌 수는 없는 노릇이었다. 대신 월계수로 자기의 비파와 화살집을 장식하고 잎으로 관을 만들어 음유시인들의 머리를 장식하게 해서 다프네를 추억했다.

| 신 화 메 모 |

다프네에게 아폴론보다 먼저 접근한 남자가 있었다. 레우키포스라는 왕자는 다프네가 냉담하게 대하자 여자로 변장하고 사냥에 따라나섰는데 아폴론의 장난으로 갑자기 다프네가 목욕을 하자고 했다. 레우키포스는 남자라는 게 밝혀졌고 분노한 여자들에게 살해되었다.

아폴론의 사랑을 거부한 여인들 2

아폴론은 자신의 사랑을 거부한 카산드라와 시빌레에게
그 사랑만큼 잔인한 복수를 했다.

선물만 받고 사랑은 거부한 트로이의 공주

아폴론의 쓰라린 사랑의 상처는 계속되었다. 아폴론이 미리 자기의 사랑을 받아들일 것으로 생각하고 선물을 준 상태에서 거절을 당한 경우이다. 물론 아폴론도 처절한 복수를 했다.

카산드라는 트로이의 공주였다. 호메로스에 따르면 트로이의 공주 가운데 카산드라가 가장 아름다웠다. 트로이 전쟁에서 트로이 편을 든 오트리오네우스와 프리기아의 왕 미그돈은 전쟁을 승리로 이끈 뒤에 카산드라와 결혼하기 위해 전쟁에 참가했다가 둘 다 싸움터에서 죽고 말았다.

아폴론은 트로이 전쟁이 일어나기 전 카산드라의 아름다움에 반해 그녀에게 미리 예언 능력을 주었다. 그런 다음 선물의 대가로 자기의 사랑을 받아달라고 했지만 이미 선물을 받은 카산드라는 매몰차게 아폴론의 요구를 거절했다. 아폴론은 화가 났지만 이미 준 예언 능력을 빼앗을 수는 없었다. 대신 예

언 능력에 더해 그 말을 아무도 믿지 않게 만들었다.

아무도 믿어주지 않는 카산드라의 예언

그때부터 아무리 카산드라가 눈앞에 보이는 일에 대해 말해도 사람들은 아무도 그녀의 말을 믿지 않았다. 카산드라는 답답하고 안타까웠다. 분명히 자기가 예언한 대로 이루어졌는데도 다음 일에 대해 예언을 하면 아무도 믿지 않았던 것이다.

게다가 카산드라는 예언을 하기 전에 먼저 황홀경에 빠졌다. 따라서 사람들

▼ 아주 오래 산 사람들

티토노스	사르페돈	쿠마이의 시빌레
트로이의 왕 라오메돈과 님프 스트리모의 아들	제우스와 에우로페의 아들	무녀
↓	↓	↓
새벽의 여신 에오스의 납치	제우스가 에우로페를 납치	아폴론이 사랑의 대가로 1000년을 살 수 있게 해줌.
↓	↓	↓
에오스가 제우스에게 티토노스를 불사신으로 만들어달라고 부탁할 때 젊음을 빠뜨림.	제우스는 사르페돈을 사랑해 수명을 보통 사람의 3배로 늘려줌.	시빌레가 사랑을 거부했기 때문에 젊음을 주지 않음.
↓	↓	↓
몸은 늙었지만 죽지 않음.	트로이 전쟁에서 살해됨.	시빌레의 소원은 죽는 것이었음.
↓		
메뚜기로 변신		

은 카산드라가 미쳤다고 생각했다. 누가 미치광이의 말을 듣겠는가?

파리스가 처음 나타났을 때 다른 가족들은 아무도 그를 알아보지 못했지만 그가 버림받은 트로이의 왕자라는 것을 첫눈에 알아본 것도 카산드라뿐이었다. 또한 트로이의 목마를 조심해야 한다고 목이 터져라 외쳤지만 아무도 믿지 않았고 오히려 목마를 트로이 성안으로 들여놓았다.

카산드라는 트로이 전쟁이 끝난 뒤 아가멤논의 전리품이 되어 그리스로 갔다가 아가멤논의 아내 클리타임네스트라에 의해 아가멤논과 함께 살해되었다. 그녀는 죽기 전에 아트레우스 가문에 던져진 저주에 대해 예언을 했지만 역시 아무도 믿지 않았다.

시빌레의 진정한 소원은 장수가 아니라 죽는 것

시빌레 역시 아폴론에게 예언 능력을 받았다. 또한 아폴론은 자기 말을 들으면 소원을 들어주겠다고 말했고 시빌레는 움켜쥔 모래알의 수만큼 오래 살게 해달라고 대답했다. 모래알의 수는 모두 1000개였다. 그러나 그녀는 아폴론에게 장수의 힘을 받은 뒤에 마음을 바꾸었다. 아폴론으로서는 억울한 일이 아닐 수 없었다.

그러나 아폴론에게는 복수의 기회가 남아 있었다. 시빌레가 1000년 동안 살게 해달라고 하면서 영원한 젊음을 요구하지 않았기 때문에 그녀는 세월과 함께 보통 사람들처럼 늙어갔다. 그리고 몸은 완전히 늙었지만 수명은 1000년인 탓에 죽지도 않았다. 또한 온몸이 병에 걸려 몰골이 추했지만 모래알의 수만큼 살아야 했다.

자손들이 시빌레에게 소원이 뭐냐고 물었을 때 그녀의 대답은 죽고 싶다는 것이었다. 얼마나 죽고 싶었을까?

| 신 화 메 모 |

베르길리우스에 따르면 시빌레는 로마의 궁전에 나타나 예언집을 팔려고 했다. 모두 9권이었는데 거절하자 3권을 불태우고 같은 값을 요구했다. 다시 왕이 거절하자 다시 3권을 불태우고 같은 값을 요구했다. 이상하게 생각한 왕이 남은 3권의 예언집을 사서 유피테르(제우스)의 신전에 보관했는데 기원전 83년에 불이 나 타버렸다.

이온

어머니에게
죽임을 당할 뻔한
아폴론의 아들

크레우사는 낳자마자 델포이의 아폴론 신전 앞에 버려졌던
자신의 아들을 알아보지 못하고 죽이려고 했다.

아폴론의 아이를 낳은 크레우사

이온은 아폴론 신전에서 자랐다. 어느 날 신전 앞에 버려진 아이를 아폴론 신전의 피티아(여사제)가 발견해서 키웠던 것이다. 그러나 이온은 훗날 아테네의 왕이 되었다. 그 사이에 숨겨진 사연은 무엇일까?

 헤파이스토스의 정액이 떨어지자 대지의 여신이 이를 받아 낳은 아테네의 왕 에리크토니오스에게는 크레우사라는 딸이 있었다. 그녀는 이미 크수토스라는 남자와 결혼을 했는데 어느 날 꽃을 꺾다가 뒤에서 나타난 아폴론에게 근처 동굴로 끌려가 강간을 당했다. 그리고 달이 차고 아이를 낳을 때가 되자 크레우사는 자기가 강간을 당했던 동굴로 가서 아이를 낳았다.

 그런 다음 보기에도 끔찍한 메두사가 수놓인 천을 바구니에 깔고 아이를 누인 다음 그 자리를 떠났다. 아폴론은 쓸쓸한 표정으로 그 모습을 지켜보고는 헤르메스를 시켜 아이를 델포이로 데려가 신전 앞에 놓아두었고 피티아가

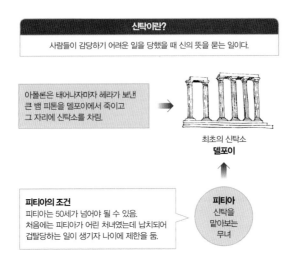

신탁이란?

사람들이 감당하기 어려운 일을 당했을 때 신의 뜻을 묻는 일이다.

아폴론은 태어나자마자 헤라가 보낸 큰 뱀 피톤을 델포이에서 죽이고 그 자리에 신탁소를 차림.

최초의 신탁소
델포이

피티아의 조건
피티아는 50세가 넘어야 될 수 있음.
처음에는 피티아가 어린 처녀였는데 납치되어 겁탈당하는 일이 생기자 나이에 제한을 둠.

피티아
신탁을
맡아보는
무녀

이를 발견했던 것이다.

몇 년 뒤에 아이를 얻지 못한 크수토스와 크레우사는 신탁을 하기 위해 델포이로 찾아왔다. 신탁은 신전을 나가 처음 만나는 사람이 두 사람의 아들이라고 대답했다. 이들이 밖으로 나와 처음 만난 사람은 당연히 이온이었다. 크수토스는 당연히 그 아이가 자기 아들이라고 생각하고 '도중에서 만났다'는 의미인 이온이라는 이름을 붙여주었다.

서로를 죽이려고 한 어머니와 아들

그런데 크레우사는 크수토스가 사생아인 이온을 에리크토니오스의 혈육인 것처럼 꾸며 아테네의 왕위를 물려주려 한다고 생각했다. 크레우사는 절대로 그런 일이 일어나서는 안 된다고 생각했다.

그리고 마침내 이온을 환영하는 파티가 열렸을 때 이온의 술잔에 독을 넣었다. 어머니가 아들을 죽이려는 순간이었다. 역시 가슴을 졸이면서 지켜보던 아폴론은 그대로 있지 않았다. 이온이 술을 마시려고 했을 때 옆에 있던 노예가 불길한 말을 내뱉었다. 이를 들은 이온은 술잔을 바닥에 쏟았고 아폴론의 비둘기 한 마리가 쏟아진 술을 먹다가 고통스럽게 죽었다.

크레우사가 이온을 독살하려고 했다는 사실이 발각됐다. 화가 난 이온은 그 자리에서 크레우사를 죽이려고 했지만 아폴론의 여사제 피티아가 이온이 어머니를 죽이는 엄청난 죄를 짓는 것을 막기 위해 출생의 비밀을 털어놓았다.

피티아는 메두사의 모습이 수놓인 천을 크레우사 앞에 내놓았다. 크레우사는 그제야 이온이 자기가 동굴 속에서 숨어 낳은 아이임을 깨달았다. 아들과 어머니는 각각 서로를 죽이려고 했던 셈이다.

아폴론의 강간으로 일어난 이 사건은 두 번의 근친 살해의 위험을 넘기고 행복하게 끝났다. 이온은 아테네의 왕이 되었고 크수토스와 크레우사 사이에서도 두 아들이 태어났다.

| 신 화 메 모 |

이온은 엘레우시스와 전쟁이 일어나자 아테네의 군대를 이끌고 싸워 승리를 거두었지만 전투 중에 전사하고 말았다. 현재의 이오니아 지역은 이온의 이름을 딴 것이다.

포도송이처럼 영그는 신들의 사랑

디오니소스가 강한 신인 것은
술이 지닌 속성인 자유 때문이다.

첫사랑이 남기고 간 강력한 무기 포도주

인간에게 욕망을 품은 신의 모습은 이제 제우스에 이어 다른 신들로 확대된
다. 디오니소스는 테세우스에게 버림받은 아리아드네를 거두었다가 다시 버렸
고 아르테미스의 부탁을 받아 처녀 신의 몸매를 흠본 아우라를 술에 취하게
해서 강간한다. 신들이 인간 세상에 본격적으로 뛰어든 것이다.

　디오니소스의 첫사랑은 암펠로스라는 소년이었다. 여기서 수소의 이미지가
되풀이된다. 제우스가 에우로페를 납치할 때 취했던 수소의 모습이다. 암펠로
스는 디오니소스의 경고에도 불구하고 수소에 의해 살해된다. 암펠로스는 죽
어서 포도나무가 되었다. 디오니소스는 첫사랑의 결과물을 통해 그 어떤 신도
소유하지 못한 강력한 무기를 얻게 된다. 바로 포도주이다.

　디오니소스는 자기를 환대해준 이카리오스에게 포도를 재배하는 비법을 전
수해주고 에리고네라는 그의 딸과 동침한다. 그러나 신은 한곳에 머무르는 존

▼ 도시국가

렘노스
트로이
테살리아
에게 해
델포이 ● 포키스
테베
마라톤
이오니아
코린토스 아테나
이오니아 해
올림피아 미케네
밀레토스
아르고스
페라이
필로스
스파르타
키클라데스 제도

크노소스

그리스에서 도시국가가 발전한 이유

도시국가의 존립 조건
① 외부에 대한 자유 독립
② 내부에서의 자치
③ 경제적인 자급자족

그리스 국토의 4분의 3이 산악과 황무지

4분의 1은 상대적으로 기름진 토지

도시국가가 해안선을 타고 발전

해안에 발달한 도시국가는 일찍부터 바다로 진출

재가 아니다. 또한 행복을 주는 존재도 아니다. 이카리오스가 목동들에게 술의 힘을 알려주는 과정에서 처참하게 살해된다. 에리고네는 디오니소스 때문에 아버지 이카리오스가 살해되자 아리아드네나 파이드라가 그랬던 것처럼 목을 매 죽는다.

이렇듯 디오니소스가 지나간 자리에는 견딜 수 없이 감미로운 포도주의 향기와 피의 냄새가 섞여 있다. 그것은 그의 탄생과 관계가 있다.

여신의 몸을 본 사람에게는 신들의 복수가 뒤따른다

여신의 몸을 본 사람은 모두 처참하게 죽거나 장님이 되었다. 악타이온이 아르테미스의 몸을 보았다는 이유로 사슴으로 변해 자기 사냥개에게 물어뜯겼고 아우라는 아르테미스의 몸을 흉보았다는 이유로 디오니소스에게 그토록 지키고자 했던 처녀성을 잃었다. 테이레시아스는 아테나의 몸을 보았기 때문에 장님이 되었다.

디오니소스의 어머니인 세멜레의 경우도 마찬가지였다. 제우스는 에우로페의 조카인 세멜레가 목욕하는 모습을 보고, 언젠가 밤을 함께 보낸 아름다운 에우로페를 떠올렸다. 그리고 그날 밤 제우스는 세멜레의 침실을 찾아가고, 그 뒤 매일 밤마다 침실의 문이 열렸다. 그러나 헤라의 꾐에 빠져 세멜레가 제우스의 진짜 몸을 보고 싶다고 조른 것이 화근이었다. 제우스가 빛나는 모습으로 등장했을 때 그 광채 때문에 세멜레는 한 줌의 재가 되었다. 제우스는 이 재 속에서 생명을 발견하고 자기 넓적다리를 갈라 넣고 꿰맸는데, 이렇게 태어난 것이 디오니소스이다.

어머니의 죽음과 맞바꾼 디오니소스의 탄생

디오니소스는 어머니의 죽음 속에서 태어났다. 그러나 그것은 신과 신성한 결혼을 한 여인들이 겪어야 하는 동일한 운명의 법칙일지도 모른다.

디오니소스의 탄생에 대해 오르페우스교에서는 이렇게 말한다. 제우스가 그의 조카인 페르세포네와 동침해서 낳은 어린 디오니소스를 헤라의 부탁을 받은 거인족 티탄 족이 잡아먹는다. 아테나가 디오니소스의 심장을 구해 제우스에게 건네고 제우스는 분노하며 티탄 족에게 벼락을 던져 태워 죽인다. 제우스는 세멜레의 몸속에 디오니소스의 심장을 넣었다. 한편 제우스의 벼락을 맞아 타 죽은 죄 많은 티탄의 몸(재)에서 인간이 탄생했다고 한다.

| 신 화 메 모 |

디오니소스의 강력한 힘이자 사람들에게 열정을 불어넣는 포도주를 비롯해 밀, 올리브는 기후가 온난한 지중해의 3대 작물이다.

포도 때문에
아버지가 죽자
스스로 목을 맨 여인

처녀들이 목을 매고 죽는 이상한 전염병은
에리고네의 절망에서 비롯되었다.

여자 추종자들이 많았던 디오니소스

아폴론이 사랑에 늘 실패했다면 그와 반대쪽에 있는 술의 신 디오니소스는 많은 여자들에게 뜨거운 사랑을 받았다. 디오니소스에게는 특히 열광적인 여자 추종자들이 많았다.

어느 날 디오니소스는 아티카의 늙은 정원사 이카리오스의 집에 나타났다. 이카리오스에게는 에리고네라는 딸이 있었다. 이카리오스는 정원사답게 나무를 사랑했고 디오니소스는 그에게 포도를 재배하는 법을 알려주었다. 디오니소스는 이카리오스를 통해 포도를 세상에 알리려고 했던 것이다.

디오니소스는 이카리오스의 집에 머물면서 에리고네와 잠자리를 같이했다. 아테나와 베짜기 시합을 했던 아라크네는 직물 속에 신들의 실수 장면을 계속 짜 넣었는데 그 가운데 하나가 에리고네를 유혹하는 디오니소스의 모습이었다.

포도를 전파하다가 죽은 첫 번째 순교자

이카리오스는 포도를 세상에 전하러 다녔다. 하루는 양 치는 목동들과 함께 밤을 보내게 되었다. 선량한 이카리오스는 그들에게 향긋한 포도주를 주었고 몇몇은 취해서 잠에 빠져들었다. 목동들은 이카리오스가 자기들을 독살하고 양 떼를 훔쳐가려 한다고 의심하기 시작했다.

의심은 스스로 자란다. 물을 주지 않아도 영양분을 주지 않아도 끝없이 자란다. 목동들의 의심은 이카리오스를 살해하고 아침이 되어 잠에 빠졌던 동료 목동들이 깨어날 때까지 증폭되었다. 이카리오스는 디오니소스의 포도를 전파하다가 죽은 첫 번째 순교자였다. 목동들은 그의 시체를 우물에 버렸다.

에리고네는 홀로 집에 남았다. 아버지는 포도 재배법을 알리기 위해 집을 나갔고 연인 디오니소스는 또 다른 연인을 찾아 떠나갔기 때문이다. 아버지는 돌아오지 않았다. 에리고네는 매일 아버지를 찾아다녔지만 어디에도 없었다.

하루는 그녀의 개 마이라가 그녀를 어느 우물가로 데리고 갔다. 그곳에서 에리고네는 아버지의 시체를 찾았다. 디오니소스를 낳은 어머니 세멜레가 그랬고 포도를 키워낸 암펠로스가 그랬던 것처럼 이카리오스는 처참하게 죽임을 당했다.

에리고네는 아버지의 시신을 수습해서 장사를 지냈다. 에리고네는 삶과 죽음 가운데 죽음을 선택했다. 우물가에 있는 큰 나무에 밧줄을 걸고 목을 매달았다. 마이라는 두 시체를 지키다가 굶어 죽었다.

디오니소스의 분노가 낳은 희귀한 전염병

그 뒤 아테네에는 이상한 전염병이 돌기 시작했다. 처녀들이 스스로 나무에 목을 매 죽는 아주 희귀한 전염병이었다. 디오니소스의 징벌이었다. 자기의 사제였던 이카리오스를 거부하고 살해한 사람들에 대한 분노였던 것이다.

신탁은 이카리오스를 살해한 사람들을 찾아내 벌을 주고 죽은 자를 위한 제사를 지내야 한다고 말했다. 목동들은 케오스 섬으로 도망쳤지만 그 지방에 가뭄이 닥쳤다. 아폴론의 말대로 그들을 잡아 죽이자 곧 가뭄이 끝났다.

　이때부터 포도를 수확하는 계절이 오면 사람들은 에리고네에게 제사를 지냈다. 그리고 처녀들이 미쳐서 목을 매고 죽는 일도 다시는 일어나지 않았다. 에리고네는 신의 사랑을 받았지만 비극적인 삶에서 벗어나지 못했다.

| 신 화 메 모 |

디오니소스가 포도주를 전한 다음부터 그리스 사람들의 식탁에는 포도주가 빠지지 않았다. 그리스 사람들의 보통 식사는 올리브유, 생선, 산양 치즈, 빵, 그리고 포도주였다. 때로 산양고기나 양고기가 식탁에 올랐다.

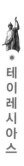

남자와 여자
누가 더
쾌감을 느끼는가

테이레시아스는 여자와 남자의 삶을 모두 살아본 덕분에
헤라와 제우스의 말다툼에 불려갔다가 장님이 되었다.

중세 교회에서 그리스 신화를 읽지 못하게 한 이유

하루는 제우스와 헤라가 함께 앉아 있다가 심심했는지 남자와 여자 중 누가
더 쾌감을 많이 느끼는가에 대해 이야기를 시작했는데 거의 싸움으로 번지고
말았다. 제우스는 여자 쪽이 더 강렬할 것이라고 주장했고 헤라는 남자가 더
강렬할 것이라고 반박했다. 그렇지만 두 사람이 싸운다고 결론이 날 문제는 아
니었다.

그런데 이 문제는 얼핏 보기에 실없는 이야기인 듯 보이지만 사실 무척 중요
한 의미를 담고 있었다. 잘 알다시피 제우스는 여러 여신이나 인간 여자와 잠
자리를 같이했다. 물론 현대적 관점에서 보면 많은 도시들이 제우스를 자기
조상으로 끌어들이기 위해 꾸민 것이기는 하지만 순수하게 신화의 측면에서
만 보면 제우스가 바람둥이인 것은 사실이다. 이 때문에 중세 교회에서는 그
리스 신화를 읽지 못하게 했다. 주교들이 보기에 너무 음란하고 패륜적이라는

〈오디세우스에게 미래를 예고하는 테이레시아스〉 희생제를 올리는 오디세우스 앞에 나타난 테이레시아스의 모습이다. 오디세우스는 고향으로 돌아갈 수 있는 길을 묻는다. 요한 하인리히 퓌슬리 작품.

이유 때문이었다.

따라서 헤라가 제우스가 주장한 여자가 더 강렬한 쾌감을 얻을 것이라는 입장을 받아들이면 제우스의 바람기를 인정해야 하는 지경에 이른다. 왜냐하면 여자들의 쾌감이 더 강렬하다면 남자들은 양으로 그만큼 채워야 한다는 논리가 성립되기 때문이다.

남자의 삶과 여자의 삶을 모두 살아본 유일한 사람

두 신은 오랫동안 말다툼을 벌이다가 테이레시아스라는 사람을 불렀다. 테이레시아스는 남녀 모두를 경험해본 사람이었다. 두 신의 주장에 대해 정확한 판단을 내려줄 수 있는 사람이었다.

테이레시아스가 젊었을 때였다. 하루는 길을 가는데 길에서 뱀 두 마리가 서로의 몸을 얽고 교미를 하고 있었다. 그는 사람들이 다니는 길에서 교미를 한다고 화를 내며 갖고 있던 지팡이로 두 마리의 뱀을 때렸다.

그런데 이상한 일이 일어났다. 테이레시아스가 여자로 변한 것이다. 그는 그 이후 여자로서의 삶을 살았다. 그렇게 몇 년이 지났다. 어느 날 길을 가다가 다시 길에서 교미를 하고 있는 뱀을 만났다. 그는 다시 지팡이로 뱀을 때렸다. 그러자 테이레시아스는 남자로 변했다. 이렇게 해서 테이레시아스는 남자의 삶과 여자의 삶을 산 유일한 사람이 되었다.

여자가 느끼는 쾌감은 남자의 열 배

테이레시아스는 두 신 앞에 섰다. 제우스와 헤라는 말다툼에서 이기는 것 이전에 남자와 여자 어느 쪽이 더 강렬한 쾌감을 느끼는지가 궁금했다. 테이레시아스가 입을 열었다.

"여자가 10이라면 남자는 1입니다."

그러니까 여자가 느끼는 쾌감이 남자의 열 배라는 말이었다. 제우스는 그것 보라는 듯이 헤라를 보았고 여신은 얼굴이 벌겋게 달아올랐다. 헤라는 화를 벌컥 내면서 테이레시아스를 향해 세상을 볼 자격이 없다고 말하며 그를 장님으로 만들어버렸다. 제우스는 미안했다. 그래서 그에게 예언 능력을 주어 보냈다. 테이레시아스는 올림포스에 올라갔다가 장님이 되었지만, 한편으로는 그리스 최고의 예언가가 될 수 있었다.

이 이야기는 남녀의 쾌락 문제뿐만 아니라 세상의 지혜에 대해서도 말하고 있다. 《어린 왕자》에 나오는 것처럼 세상의 소중한 것들은 눈에 보이지 않는다는 것이다. 눈에 보이는 일에 현혹되면 세상의 본질에 대해 알 수 없다는 이야기 말이다.

그런데 정말 흥미로운 일은 현대 과학자들이 이 문제에 대해 실험을 해보았다는 것이다. 그랬더니 남자가 1이라면 여자는 최소한 3 이상일 것이라는 결과가 나왔다고 한다.

| 신 화 메 모 |

테이레시아스가 장님이 된 사연에 대해 다른 설명이 있다. 테이레시아스는 우연히 지혜의 여신 아테나가 목욕하는 장면을 보고 말았다. 아테나는 곧 그를 장님으로 만들었지만 7세대를 살 수 있는 수명과 예언 능력을 주었다. 아르테미스가 악타이온을 처참하게 죽인 것과는 대조적이다.

제2장

•

질투와
배신의
비극

한 소년을
사랑해서 일어난
세 남자의
권력투쟁

**에우로페의 세 아들은 모두 아폴론의 아들 밀레토스를 사랑했지만
밀레토스는 그중 사르페돈을 선택했다.**

아폴론의 아들을 동시에 사랑한 제우스의 세 아들

제우스가 페니키아에 있는 시돈의 해안에서 에우로페 공주를 크레타로 납치
하여 사랑을 나눈 뒤, 그 사이에서 차례로 미노스, 라다만티스, 사르페돈이 태
어났다. 에우로페는 세 아들을 데리고 크레타의 왕 아스테리오스와 결혼했는
데, 두 사람의 보살핌 아래 세 아들은 아무 탈 없이 자랐다.

그런데 아이들이 청년이 되었을 때 세 형제 사이에 틈이 생기기 시작했다. 원
인을 찾는다면 그건 독특하게도 밀레토스라는 이름의 아름다운 청년이었다. 밀
레토스는 아폴론의 아들이었다. 세 형제는 한 남자를 사이에 두고 사랑을 다투
었다. 당시는 동성애가 전혀 문제되지 않았고 오히려 장려하는 분위기였다.

밀레토스는 왜 사르페돈을 선택했을까

시장의 원칙이 수요와 공급인 것처럼 주도권은 밀레토스에게 넘어갔다. 밀레

▼ 밀레토스 학파의 태동

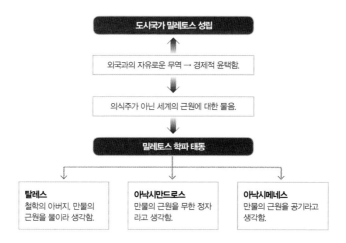

도시국가 밀레토스 성립

↑

외국과의 자유로운 무역 → 경제적 윤택함.

↓

의식주가 아닌 세계의 근원에 대한 물음.

↓

밀레토스 학파 태동

탈레스	아낙시만드로스	아낙시메네스
철학의 아버지, 만물의 근원을 물이라 생각함.	만물의 근원을 무한 정자라고 생각함.	만물의 근원을 공기라고 생각함.

토스는 세 사람 중에서 막내 사르페돈을 선택했다. 미노스와 라다만티스는 죽은 뒤 저승의 심판관이 되었을 정도로 똑똑하고 현명한 형제였다. 그런데 왜 밀레토스는 사르페돈을 선택했을까?

그것은 인간적 호감에서 답을 찾아야 한다. 아버지 제우스도 세 형제를 모두 사랑했지만 특히 사르페돈을 더 좋아했다. 제우스는 사르페돈의 수명을 보통 사람의 세 배로 늘려주는 것으로 마음속 애정을 표현했다. 하지만 사르페돈은 제우스의 각별한 보살핌에도 불구하고 트로이 전쟁에서 죽음을 맞는다.

사랑에 실패한 미노스의 비정한 권력욕

사랑에 실패한 사람이 지향하는 건 권력이다. 그것도 비정할 정도로 말이다. 세상에 가장 먼저 나온 미노스는 왕이 되는 쪽을 택했다. 왕위 결정의 열쇠는 엉뚱하게도 포세이돈이 쥐었다. 미노스가 포세이돈에게 제물을 바치고 왕이 될 수 있는 증거를 기원했다. 포세이돈은 미노스의 기원에 대한 대답으로 바다의 멋진 황소를 보내주었다.

왕이 된 미노스는 연적이었던 라다만티스와 사르페돈을 크레타에서 추방했다. 물론 밀레토스도 함께였다. 라다만티스는 에게 해 남부로 갔는데 그곳 사람들은 법률에 뛰어난 그를 왕위에 앉혔다.

도시국가 밀레토스와 밀레토스 학파의 성립

한편 사르페돈은 밀레토스와 함께 지냈지만 얼마 지나지 않아 헤어졌다. 형들의 질투가 사라지자 밀레토스에 대한 사랑도 시든 것일까? 밀레토스는 소아시아 남부에 있는 카리아의 아나톨리아로 가서 그곳을 정복하고 도시국가를 세웠다. 그리고 자기 이름을 붙여서 밀레토스라고 불렀다.

도시국가 밀레토스는 외국과의 활발한 무역을 통해 경제적인 윤택함을 향유하게 된다. 이를 바탕으로 기원전 6세기 초에 서양철학의 싹이 땅을 뚫고 자라난다. 밀레토스 학파라고 불리는 이들은 처음으로 세계가 어떻게 구성되어 있는지에 대해 물음을 던진 사람들이었다.

| 신 화 메 모 |

신화에 따르면 제우스의 아들인 미노스는 아버지 제우스로부터 9년에 한 번씩 제우스가 어린 시절을 보낸 이데 산에서 크레타를 다스리는 법을 배웠다고 한다. 그리스 최초의 문명인 크레타 문명을 그의 이름을 따서 미노스 문명이라고 부르는 것은 미노스가 워낙 탁월한 힘을 발휘했기 때문이다.

마녀의 질투심 때문에 괴물이 되고 만 여인

글라우코스는 님프 스킬라를 좋아했지만
글라우코스를 좋아하던 마녀 키르케가 그녀를 괴물로 만들어버렸다.

신비의 풀을 먹고 바다의 신이 된 글라우코스

안테돈이라는 도시에 글라우코스라는 이름을 가진 어부가 살았다. 모든 어부가 그렇듯이 글라우코스 역시 물결이 일렁이는 푸른 바다와 함께 시간을 보냈다. 그러던 어느 날 글라우코스는 물고기를 잡다가 낯선 섬에 도착했다. 잠시 쉬기 위해 물고기를 담은 바구니를 내려놓다가 실수로 바구니를 쏟았다.

그런데 풀밭으로 떨어진 물고기들이 갑자기 기운이 나는지 펄쩍펄쩍 뛰어 바다로 풍덩 들어갔다. 글라우코스는 눈앞에서 일어난 믿기지 않는 일에 입만 딱 벌리고 물고기들이 들어간 바다를 멍하니 바라보았다. 조금 뒤 정신을 차린 글라우코스는 곰곰이 생각하다가 물고기들을 되살아나게 한 신비한 힘에 대해 알아차렸다.

그것은 풀이었다. 글라우코스는 물고기들이 바구니에서 떨어진 곳의 풀을 한 줌 뜯어서 입에 털어넣었다. 조금 뒤 글라우코스의 몸속에서 이상한 일이

(메데이아와 아리아드네를 중심으로)

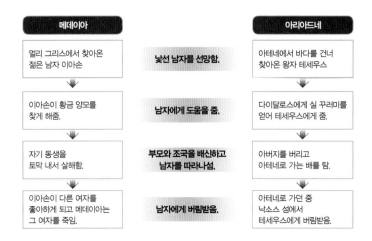

메데이아		아리아드네
멀리 그리스에서 찾아온 젊은 남자 이아손	낯선 남자를 선망함.	아테네에서 바다를 건너 찾아온 왕자 테세우스
이아손이 황금 양모를 찾게 해줌.	남자에게 도움을 줌.	다이달로스에게 실 꾸러미를 얻어 테세우스에게 줌.
자기 동생을 토막 내서 살해함.	부모와 조국을 배신하고 남자를 따라나섬.	아버지를 버리고 아테네로 가는 배를 탐.
이아손이 다른 여자를 좋아하게 되고 메데이아는 그 여자를 죽임.	남자에게 버림받음.	아테네로 가던 중 낙소스 섬에서 테세우스에게 버림받음.

일어나기 시작했다. 미칠 듯이 바닷속이 그리워졌다. 몸에서 비늘이 돋는 듯하고 늘 맡아오던 비릿한 내음이지만 어머니의 품에서 풍기는 내음처럼 바다의 내음이 코를 자극하며 그를 불렀다. 글라우코스는 그 내음을 따라 바다로 뛰어들었고 바다를 사랑하던 인간 글라우코스는 그렇게 바다의 신이 되었다.

내 마음속에는 스킬라밖에 없어요

바다의 신들은 그를 환영했고 글라우코스는 행복했다. 마음껏 바닷속을 돌아다녔다. 그렇지만 행복은 혼자 오지 않고 불행과 함께 오는 법이다. 그렇다고 불행을 험상궂은 생김새의 괴물이라고 연상해서는 안 된다. 글라우코스에게 찾아온 것은 사랑이었기 때문이다. 한껏 바다를 돌아다니던 글라우코스는 이탈리아에서 스킬라라는 이름의 님프를 보고 말았다. 그리고 곧바로 사랑에 빠졌다.

그러나 스킬라는 글라우코스의 간절한 마음을 몰라주었다. 대개가 그렇듯이 에로스의 화살이 남녀에게 동시에 꽂히는 일은 드물다. 스킬라의 마음을 얻지 못한 글라우코스는 마녀 키르케를 찾아갔다. 사랑은 쟁취하는 것이라고 생각하며 마법의 힘을 빌려서라도 스킬라의 마음을 얻고 싶었을 것이다.

그런데 엉뚱한 일이 벌어졌다. 마녀 키르케가 사랑의 묘약을 얻으러 온 글라우코스를 보고 한눈에 반하고 말았던 것이다. 키르케는 글라우코스에게 자기의 불타는 마음을 알렸다. 그러나 글라우코스는 고개를 가로저었다. "내 마음속에는 아름다운 스킬라밖에 없어요." 키르케는 질투심에 불타 올랐다. 질투심에 사로잡힌 마녀는 뭐든지 할 수 있다.

질투심에 사로잡힌 마녀 키르케의 복수

키르케가 선택한 것은 연적을 괴물로 만드는 일이었다. 글라우코스를 거부했던 스킬라는 영문도 모른 채 허리 밑에 6개의 개 머리와 12개의 다리가 달린 흉측한 괴물이 되고 말았다. 마른하늘에 날벼락이란 말이 어울릴까? 스킬라는 추악한 몰골을 감추기 위해 메시나 해협의 동굴에 숨었다.

모습이 변하면 식성도 변하는 모양이다. 동화에서는 저주에 걸려도 언젠가 저주가 풀려 본모습으로 돌아오지만 미녀에서 괴물로 변한 스킬라는 영원히 그렇게 살아야 했다. 스킬라의 허리 밑에 달린 6마리의 개는 늘 굶주림 때문에 으르렁거렸고 지나가는 배를 난파시켜 물에 빠진 선원을 잡아먹었다. 재미있는 것은 스킬라라는 이름이 '개의 자식'이라는 뜻이다. 물론 '개자식'은 아니다.

스킬라는 미녀와 괴물이라는 이중적인 성격 속에서 어쩔 수 없는 깊고 긴 혼란을 겪어야 했고 결국 바위로 변했다. 사랑은 어쩌면 이토록 깊고 긴 혼란과 고통의 터널을 지나야 하는 것일지도 모른다. 그나마 이루어지면 다행이고.

| 신 화 메 모 |

스킬라로부터 몸을 보호할 수 있는 방법이 하나 있다. 바로 스킬라의 어머니 크라타이스에게 도움을 청하는 것이다. 그러나 스킬라는 바위로 변하고 말았기 때문에 더 이상 스킬라의 어머니를 부를 일은 없다.

또 다른 스킬라

사랑 때문에
아버지를
죽음에 몰아넣은
여인

**미노스에 대한 스킬라의 일방적인 사랑은 자기의 아버지를 죽이고
조국을 파멸로 이끌었다.**

많은 여자들의 사랑을 한 몸에 받은 미노스

앞에서 보았듯이 자기의 의지와 관계없이 괴물이 되어 비참한 삶을 살다가 바위가 된 스킬라와 달리 자신의 사랑을 위해 부모와 조국을 배반했으나 결국은 비참하게 죽은 여자가 있다. 그 이유는 단 하나, 열렬했지만 공허한 사랑이다. 앞의 스킬라처럼 일방적인 사랑 역시 대개 참담한 비극의 원인이 된다.

스킬라를 알기 위해서는 찬란한 문명을 꽃피운 크레타의 왕 미노스를 떠올려야 한다. 왜냐하면 스킬라가 좋아하고 욕망을 품었던 사람이 바로 미노스이기 때문이다. 앞에서 본 것처럼 미노스는 신들의 왕 제우스와 페니키아의 공주 에우로페 사이에서 태어나 동생인 라다만티스와 사르페돈을 내쫓고 왕이된 사람이다. 미노스는 매우 현명하고 강한 의지를 지닌 사람으로 죽어서 동생 라다만티스와 함께 죽은 사람을 심판하는 일을 맡았다.

당시 그리스에서 가장 강력한 도시국가인 크레타의 왕이자 똑똑한 미노스

에게 수많은 여자들이 연정을 품었다. 미노스 역시 이들을 마다하지 않았는데 아내 파시파에의 질투로 미노스를 좋아했던 여자들은 모두 병에 걸리기도 했다.

한 줌의 붉은 머리카락에서 나오는 니소스의 힘

스킬라도 미노스에게 깊은 열정을 품었다. 스킬라의 아버지 니소스는 아테네의 왕 판디온의 아들이었다. 그러나 왕위 다툼 끝에 고향인 아테네에서 쫓겨나 훗날 메가라라고 부르게 된 도시국가의 왕이 되었다.

그런데 니소스에게는 아주 특별한 힘이 있었다. 그 힘이 있는 한 니소스는 절대로 죽지 않는 불사신이었다. 그 힘의 원천은 머리카락이었다. 《성서》에 나오는 삼손의 강력한 힘이 머리카락에서 나온 것처럼 니소스의 머리에 한 줌의 붉은 머리카락이 있었고 이 머리카락이 있는 한 그는 절대로 죽지 않았다.

사랑을 위해 아버지의 머리카락을 몰래 자르다

스킬라가 미노스를 본 것은 미노스가 메가라로 군대를 이끌고 나타났을 때였다. 멀리서 미노스를 본 스킬라의 가슴에는 아버지의 머리카락보다 더 붉은 사랑이 타오르기 시작했다.

미노스는 자기 아들이 아테네에서 벌어진 경기에 참가했다가 죽었는데 그 책임을 물어 아테네와 메가라 공략에 나섰다. 미노스의 아들이 죽은 것은 사실이지만 미노스에게는 이 기회에 아테네와 메가라를 굴복시키겠다는 속셈이 있었던 것이다.

그러나 불사신 니소스가 있는 한 메가라는 무너지지 않았다. 이때 미노스를 도운 것이 바로 스킬라였다. 스킬라는 아버지가 깊은 잠에 빠진 한밤중에 아버지의 방으로 숨어들어가 붉은 머리카락을 잘랐다.

이 사실을 모르는 니소스는 다음날 미노스와 싸우기 위해 전쟁터에 나갔다가 어이없이 죽음을 당하고 말았다. 죽을 때가 되어서야 비로소 자기 딸이 배신했다는 사실을 깨닫고 딸에게 저주를 내렸다.

바닷새가 독수리를 두려워하는 이유

과연 미노스는 스킬라의 뜨거운 사랑을 받아들였을까? 그렇지 않았다. 미노스는 아버지를 배신하고 죽음에 몰아넣은 스킬라에게 사랑은커녕 두려움을 느꼈다. 자기도 니소스처럼 될지 모른다는 생각이 들었던 것일까? 미노스는 아버지를 배신했다는 이유로 스킬라를 물에 빠뜨려 죽였다. 연속된 배신이다.

물에 빠져 죽은 스킬라는 바닷새가 되어 바다 위를 날아다녔다. 그런데 이 바닷새가 가장 두려워하는 새는 미사고라고 불리는 독수리였다. 이 독수리의 전신은 바로 스킬라 때문에 죽게 된 아버지 니소스였다. 그러니 바닷새가 미사고라는 독수리만 보면 벌벌 떨 수밖에.

| 신 화 메 모 |

미노스는 메가라를 함락시키고 뒤이어 아테네 공략에 나섰지만 원래 목적인 아테네를 함락시키지 못했다. 대신 신에게 기원해서 아테네에 전염병이 돌게 만들었다. 이로 인해 아테네는 황소 괴물 미노타우로스의 먹이로 소년과 소녀 7명씩을 바치게 되었다.

테세우스

자기를 사랑한 여인 대신 그 동생과 결혼한 남자

테세우스는 아리아드네의 도움으로 미노타우로스를 처치하지만
아테네로 돌아가던 중 그녀를 낙소스 섬에 두고 떠나버렸다.

황소 괴물 미노타우로스를 처치하기 위해 크레타로 향하다

앞에서 본 대로 미노스는 자기 아들의 죽음을 핑계로 아테네를 침략해서 항
복을 받고 매년 소년과 소녀를 각각 7명씩 바치라고 명령했다. 그 14명의 소년
과 소녀는 미노스의 아내 파시파에가 포세이돈의 황소와 관계를 맺어 태어난
황소 괴물 미노타우로스의 먹이였다.

아테네 사람들은 분노했지만 힘이 약한 까닭에 약자의 서글픔을 느끼며 매
년 추첨을 해서 14명의 소년과 소녀를 뽑아 미노스의 왕국이 있는 크레타로
보냈다. 따라서 매년 이때가 되면 아테네는 눈물바다가 되었다. 떠나는 사람보
다 보내는 사람의 마음이 더 아팠을 것이다.

그즈음에 아테네의 왕 아이게우스가 과거에 아들을 얻기 위해 신탁을 하러
갔다가 생긴 아들인 테세우스가 영웅이 되어 아테네에 나타났다. 아테네로 오
는 도중에 수많은 악당과 괴물을 물리쳐 그는 아테네에 도착하기도 전에 이미

〈미궁을 나오는 테세우스〉 테세우스는 미궁으로 들어가 황소 괴물 미노타우로스를 죽이고 살아 나온다. 폼페이 벽화.

유명인이 되어 있었다.

당시 아이게우스의 아내는 아버지를 배신하고 영웅 이아손을 따라나섰던 메데이아였다. 메데이아는 마법사답게 테세우스가 아이게우스의 아들임을 알아차리고 자기 아들을 왕으로 만들기 위해 테세우스를 죽이려고 했다. 그러나 테세우스가 자기 아들임을 알게 된 아이게우스의 도움으로 테세우스는 죽음을 면했고 메데이아는 고향인 콜키스로 돌아갔다.

테세우스는 매년 크레타에 소년과 소녀를 7명씩 바친다는 이야기를 듣고 분개하며 자기가 가서 황소 괴물을 죽이겠다고 나섰다. 아이게우스는 말렸지만 한창 혈기가 넘치는 테세우스는 듣지 않았다. 돌아올 때 황소 괴물을 처치하면 돛의 색깔을 바꿔 달겠다는 약속을 하고 다른 소년과 소녀와 함께 크레타로 떠났다.

이복동생을 죽이는 데 도움을 준 크레타의 공주

여자들은 낯선 남자를 좋아한다. 스킬라가 그랬듯이 크레타에 도착한 테세우스를 보고 크레타의 공주 아리아드네는 한눈에 사랑에 빠지고 말았다. 그리고 테세우스가 한 번 들어가면 다시는 나올 수 없는 미궁인 라비린토스로 들어가서 이복동생인 황소 괴물 미노타우로스에게 잡아먹힐 것에 대해 불안과 공포를 느꼈다. 그래서 그 자리에서 라비린토스를 설계한 다이달로스에게 달려가 무사히 빠져나올 수 있는 방법을 물었다. 물끄러미 아리아드네의 눈동자를 바라보던 다이달로스는 말없이 실 꾸러미를 하나 건네주었다.

아리아드네는 곧바로 테세우스에게 달려가 얼굴을 붉히며 실 꾸러미를 건네주고는 가슴을 콩닥거리며 방으로 돌아왔다. 테세우스는 그 실 꾸러미가 무엇을 뜻하는지 알았다. 아리아드네의 뜨거운 가슴이며 생존의 열쇠라는 것을.

테세우스는 단 한 명도 살아나오지 못했던 미궁인 라비린토스로 들어가 황소 괴물 미노타우로스를 죽이고 살아 나왔다. 밖에 실을 묶어 두고 실 꾸러미를 풀면서 들어갔다가 실을 따라 나왔던 것이다. 그래서 이제 더 이상 크레타에 소년과 소녀를 제물로 바치지 않아도 되었다.

그러나 라비린토스, 즉 미궁은 길이 하나이기 때문에 실 꾸러미가 필요 없다. 길은 복잡한 듯 보이지만 외길이어서 끝없이 가다 보면 중앙에 도달하게 되고 나올 때는 몸을 돌려 걸어 나오면 된다. 여기서 라비린토스의 중앙에 사는 괴물 미노타우로스는 우리가 극복해야 할 헛된 욕망, 즉 삶의 장애를 의미한다. 괴물을 죽인다는 것은 장애의 극복을 뜻하고 삶의 깨달음을 얻었다는 것을 의미한다. 따라서 깨닫기 전과 깨달은 후가 다르듯이 들어갈 때와 나올 때의 나는 다른 사람이 된다.

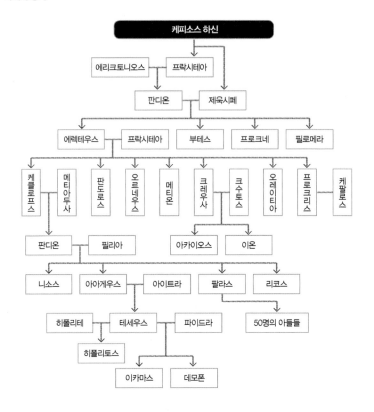

아리아드네를 잊은 것처럼 돛을 바꿔 다는 것도 잊다

테세우스는 아테네로 돌아가면서 당연히 아리아드네와 함께 배를 탔다. 행복해하는 아리아드네와 그 모습을 바라보던 테세우스는 중간에 낙소스 섬에 기항했다. 그런데 이 섬에서 이상한 일이 일어났다. 어쩌면 이상한 일이 아닐 수도 있다. 잠든 아리아드네를 버려두고 테세우스를 태운 배가 아테네로 떠났던 것이다. 테세우스는 자기뿐만 아니라 소년과 소녀의 목숨을 구해준 아리아드네를 버렸다.

한편 테세우스는 무사히 돌아가게 되면 돛을 바꾸어 달겠다고 했는데 아리아드네를 잊은 것처럼 돛을 바꾸는 일도 잊었다. 테세우스의 아버지 아이게우스는 아들이 죽었다고 생각하고 낭떠러지에서 몸을 던졌다.

아테네로 돌아온 테세우스는 얼떨결에 왕이 되었다. 그는 아버지의 장례식과 왕위 즉위식을 동시에 거행했다. 그리고 왕비를 맞이했다. 왕비는 크레타의 공주이며 아리아드네의 자매인 파이드라였다.

| 신 화 메 모 |

키프로스 섬에서 전해지는 아리아드네와 테세우스에 대한 이야기는 조금 다르다. 돌아가던 배가 표류해서 키프로스에 기항했을 때 아리아드네는 임신을 해서 섬에 상륙했는데 배가 바다로 밀려나갔다. 테세우스가 겨우 배를 추슬러 섬으로 돌아왔을 때 아리아드네는 진통으로 이미 죽었다고 한다.

파
이
드
라

의붓아들을
사랑한
비련의 여인

파이드라는 정략결혼이 낳은 공허함을 메우기 위해
어긋난 사랑을 하게 된다.

오빠의 명령에 따라 정략결혼을 하다

파이드라가 테세우스와 결혼한 것은 정치적인 목적 때문이었다. 파이드라의
오빠 데우칼리온이 아테네와 맺은 동맹을 굳건히 하기 위해 누이를 테세우스
에게 시집보냈다. 따라서 파이드라는 언니 아리아드네처럼 테세우스를 사랑하
지 않았지만 테세우스의 아내가 되어야 했다. 기묘한 운명이 아닐 수 없다. 테
세우스를 사랑했던 언니는 버림을 받고 그 자리를 동생이 대신해야 했으니 말
이다.

　파이드라는 언니 아리아드네가 테세우스를 얼마나 사랑했는지를 알고 있었
다. 물론 버림을 받았다는 것도 모를 리 없었다. 그렇지만 오빠의 명령을 따랐
다. 이렇게 시작된 결혼이 얼마나 행복할 수 있을까? 어쩌면 불행은 이미 결혼
예물처럼 함께 따라온 것일지도 모른다. 그러나 파이드라는 열정을 가슴속 깊
이 묻고 테세우스와 무리 없이 살았다.

파이드라의 마음을 사로잡은 전처의 아들

테세우스에게는 이미 히폴리토스라는 아들이 있었다. 히폴리토스의 어머니는 아마존의 여왕 히폴리테로 테세우스를 위해 싸우다가 죽었다. 그 뒤에 테세우스가 맞이한 아내가 파이드라였다.

테세우스는 자기가 태어난 나라인 트로이젠의 왕위를 아들에게 물려주기 위해 히폴리토스를 트로이젠으로 보냈다. 히폴리토스는 여자에게 관심이 없었다. 그의 가슴속에는 오직 사냥의 여신 아르테미스가 있을 뿐이었다.

그런데 트로이젠에서 히폴리토스를 본 파이드라는 언니 아리아드네가 그랬듯이 깊은 사랑에 빠지고 말았다. 가슴 깊이 묻어두었던 열정에 불이 붙었고 더 이상 참을 수 없는 기세로 타오르기 시작했다.

파이드라의 눈길은 온통 아들 히폴리토스에게 가 있었다. 파이드라는 하루 종일 히폴리토스의 뒤를 따라다니며 아들의 모습을 몰래 훔쳐보았다. 단단한 어깨, 늘씬한 허리, 미끈한 다리를 좇는 파이드라의 눈은 늘 축축했다.

아무리 자기가 낳은 아들이 아니라고 해도 법적으로는 엄연히 어머니였다. 어머니가 아들에게 따뜻하게 대하는 것이야 당연하지만 연정을 품는 것은 예전이나 지금이나 패륜이라고 불린다. 그러나 한편으로 언니의 사랑을 매몰차게 거절했던 남편에 대해 애초부터 열정이 없었던 파이드라에게 있어서 화산처럼 폭발하기 시작한 연정은 걷잡을 수 없는 것이기도 했다.

게다가 파이드라의 뒤에 애욕과 미의 여신 아프로디테가 버티고 있음에야. 정리하면 이렇다. 히폴리토스를 지켜보는 것은 파이드라이지만 그 뒤에 다시 아프로디테의 뜨거운 눈길이 있다는 말이다. 아프로디테가 자기를 거들떠보지 않고 사냥의 여신 아르테미스를 사모하는 히폴리토스에게 복수하기 위해 파이드라를 이용했다는 설도 있다.

질투의 거짓말이 부른 두 사람의 죽음

어쨌든 파이드라는 목 끝까지 차오른 '너를 좋아해.'라는 말을 히폴리토스에게 털어놓고 말았다. 히폴리토스는 이해할 수 없다는 듯이 계모인 파이드라를 흘낏 보고는 그녀의 곁을 떠났다. 이루지 못한 사랑에 대한 절망과 수치심, 아르테미스에 대한 강렬한 질투심이 한꺼번에 파이드라의 가슴에서 타올랐다.

파이드라는 곧바로 남편 테세우스를 찾아갔다. 그리고 히폴리토스가 자기에게 색 짙은 욕망을 품었다는 거짓말을 늘어놓았다. 어떤 아버지가 이런 이야기를 듣고 분노하지 않겠는가? 히폴리토스는 결백하다고 말했지만 테세우스는 이를 듣지 않고 세 가지 소원을 들어주기로 약속한 바다의 신 포세이돈에게 아들을 죽여달라고 부탁했다.

궁전에서 쫓겨난 히폴리토스는 말을 타고 해변을 달리다가 바다에서 갑자기 나타난 괴물을 보고 놀란 말에서 떨어져 말에게 밟혀 죽고 말았다. 포세이돈이 테세우스의 소원을 들어준 것이다.

그럼 파이드라는 어떻게 되었을까? 파이드라는 한동안 망연자실해 있다가 자기가 사랑하는 히폴리토스를 죽였다는 죄책감 때문에 목을 맸다. 테세우스는 아르테미스에게 진실을 들었지만 이미 히폴리토스는 이 세상 사람이 아니었다.

히폴리토스를 낳은 생모의 비극적인 운명

테세우스를 둘러싼 여인들의 운명은 비극적이다. 그것은 그가 영웅인 탓이다. 영웅은 한자리에 머무르는 사람이 아니라 끊임없이 떠도는 사람이다. 영웅이 한자리에 머물게 되면 그는 이미 영웅이 아니라 영웅이 퇴치한 괴물들처럼 부담스러운 존재가 되고 말기 때문이다.

테세우스의 첫 번째 아내는 히폴리테였다. 바로 히폴리토스의 생모이다. 다른 주장에 따르면, 테세우스의 아내는 히폴리테의 여동생 안티오페로 바뀌기도 한다. 사실 히폴리테든 안티오페든 간에 그것은 그다지 중요하지 않다. 그래도 굳이 따진다면 안티오페일 가능성이 더 높다. 유력한 근거로 그리스 최고의 영웅 헤라클레스가 자기에게 주어진 열두 가지 과업을 위해 아마존을 찾아갔을 때 만났던 아마존 족의 여왕이 바로 히폴리테였다는 점을 들 수 있다. 헤라클레스는 여왕 히폴리테의 우호적인 협조로 과업을 쉽게 해결할 수 있었으나, 헤라클레스가 태어나기 전부터 그를 싫어했던 제우스의 아내 헤라의 방해로 히폴리테를 죽이고서야 과업을 달성했다.

아테네의 영웅 테세우스의 우상은 다름 아닌 헤라클레스였다. 테세우스의 꿈은 헤라클레스처럼 모험을 하고 영웅이 되는 것이었다. 그는 헤라클레스처럼 수많은 괴물과 악당을 퇴치하고 지하세계의 여왕 페르세포네를 납치하기 위해 죽음을 무릅쓰고 하데스에도 내려갔다. 물론 여자들만 사는 아마존에도 찾아갔다.

이때 만났던 여자가 바로 안티오페였다. 앞에서 말한 대로 영웅과 관계된 여자는 대부분 불행에 빠진다. 안티오페의 언니 히폴리테가 아무 잘못 없이 헤라클레스에게 살해된 것도 그렇고 안티오페의 삶 역시 다르지 않았다.

안티오페에 대해서는 몇 가지 다른 이야기가 전해진다. 하나는 테세우스가 안티오페를 납치했다는 것이고 다른 하나는 안티오페가 사랑에 빠져 테세우스를 따라나섰는데 여왕을 빼앗긴 아마존 족이 싸움을 걸어왔고 어이없게도 안티오페는 테세우스 편이 되어 자기 종족과 싸우다가 죽었다는 것이다. 어찌되었든 간에 안티오페가 히폴리토스를 낳고 얼마 지나지 않아 세상을 뜬 것은 분명하다.

| 신 화 메 모 |

의붓아들을 사랑하게 된 파이드라의 이야기를 다룬 〈페드라〉라는 영화가 있다. 〈페드라〉의 줄거리는 신화 그대로이다. 다만 말이 스포츠카로 바뀌고 테세우스의 직업이 선박회사 사장으로 바뀌었을 뿐이다.

배신하고 배신당했지만 아름다운 마녀

메데이아는 가장 잔혹한 여인이지만
사랑을 위해 모든 것을 건 여자이기도 했다.

황금 양가죽을 찾아 콜키스에 온 멋진 남자

테세우스가 아버지를 찾아 아테네로 왔을 때 아버지 옆에는 메데이아라는 여자가 있었다. 테세우스의 계모인 셈이다. 히폴리토스가 계모의 욕망 때문에 죽음을 당했던 것과 비슷하게 메데이아는 테세우스를 죽이려고 했다. 자기가 낳은 아이가 왕이 되기를 바랐던 까닭이다. 그러나 독살이 실패로 끝나자 메데이아는 고향으로 돌아가고 테세우스는 훗날 자기가 정복한 땅에 메데이아의 이름을 따서 메디아라는 이름을 붙였다.

그럼 메데이아는 어떻게 고향을 떠나게 되었을까? 메데이아의 고향은 소아시아에 있는 콜키스였다. 서양 사람들에게 찬란한 모험을 뜻하는 황금 양털을 가진 양이 하늘을 날아 바다를 건너간 곳이 바로 콜키스였다. 메데이아가 고향을 떠난 것은 아리아드네가 그랬던 것처럼 멋진 남자 때문이었다.

콜키스에 나타난 남자는 이아손이었다. 그는 왕이 되기 위해 황금 양가죽

<이아손과 메데이아> 아르고 원정 당시의 이아손의 모습이다. 그 뒤에는 이아손을 돕기 위해 조국을 버리고 따라나선 조력자 메데이아가 있다. 귀스타브 모로 작품.

을 찾아 머나먼 모험을 해서 막 콜키스에 도착했다. 사람을 아름답게 만들어 주는 것은 훌륭한 옷이 아니라 고난과 역경이다. 모험으로 다져진 이아손의 영혼은 콜키스의 공주 메데이아의 가슴을 통째로 사로잡았다. 메데이아는 아리아드네처럼 얼굴을 붉히지 않았다. 메데이아는 주저하지 않는 당당함을 지닌 아름다운 여자였다.

동생까지 잔인하게 죽이며 이아손을 따라나선 모험

메데이아는 이아손에게 황금 양가죽을 가져갈 수 있도록 해줄 테니 자기도 함께 데리고 가달라고 부탁했다. 그날 밤 메데이아와 이아손은 복수의 여신 헤카테의 신전에서 부부가 되기로 약속했다. 메데이아는 헤카테를 섬기는 마법에 능한 마녀이기도 했다.

이아손은 메데이아가 일러준 대로 해서 목숨을 구하고 황금 양가죽을 손에 넣었다. 메데이아는 아버지를 배신하고 나라를 배신했다. 이아손은 콜키스의 왕이 내건 거의 불가능한 일을 모두 해냈다. 그러자 황금 양가죽을 내줄 수 없다고 생각한 왕은 이아손을 죽이려고 했다. 그러나 메데이아는 이 사실을 미리 알고 한밤중에 몰래 이아손과 함께 콜키스를 떠났다. 사실 이아손이 겪은 모험보다 메데이아의 이 모험이 더 놀랍다. 지금까지 누렸던 모든 것을 남김없이 버리고 남자 하나만을 믿고 따라나선 모험이었다.

메데이아가 잔혹한 여자가 된 것도 따지고 보면 사랑 때문이었다. 흔히 사랑을 위해 하지 못할 게 없다고 하는데 메데이아는 자기들을 따라오는 콜키스의 군대를 따돌리기 위해 동생을 죽이고 토막을 내서 바다에 버렸다. 콜키스의 군대는 분노로 눈물을 흘렸지만 왕자의 정중한 장례를 위해 추격을 뒤로 미룰 수밖에 없었다.

마법의 힘을 이용해 펠리아스 왕을 죽이다

이아손과 메데이아가 고향으로 돌아가는 길은 순탄하지 않았다. 그러나 메데이아가 지닌 마법의 힘은 그들의 앞길을 가로막는 장애물을 어렵지 않게 해결했다. 메데이아가 보여준 최고의 마법은 노인을 젊은이로 만드는 일이었다.

우여곡절 끝에 이아손은 황금 양가죽을 어깨에 메고 삼촌이자 왕인 펠리아스를 찾아갔다. 황금 양가죽을 가져오면 왕위를 주겠다고 했기 때문이다. 그러나 누가 순순히 왕위를 내놓겠는가. 사실 황금 양가죽을 가져오라고 했던 것은 가서 죽으라는 말과 다르지 않았다. 그런데 이아손이 멀쩡하게 살아서

〈격노한 메데이아〉 이아손이 크레우사를 새 아내로 맞이하자, 메데이아는 질투에 사로잡혀버린다. 크레우사에게 마법에 걸린 옷을 선사해 그녀를 산 채로 불태워 죽일 뿐만 아니라, 이아손이 가장 사랑하는 자식들까지 죽이기로 마음먹는다. 외젠 들라크루아 작품.

황금 양가죽과 여자까지 데리고 돌아오자 펠리아스는 크게 놀랐다.

메데이아는 펠리아스가 쉽게 왕위를 물려주지 않을 것을 알고 꾀를 쓰기로 했다. 이아손의 아버지 아이손이 펠리아스에게 왕위를 물려준 것은 그가 늙었기 때문이었다. 메데이아는 펠리아스의 딸들이 보는 앞에서 아이손의 머리를 잘라 큰 솥에 넣고 끓이다가 다시 꺼내서 몸통에 붙였다. 그러자 신기하게도 늙은이였던 아이손이 젊은이로 탈바꿈했다.

눈앞에서 마법의 힘을 확인한 펠리아스의 딸들은 자기 아버지도 젊게 만들어달라고 간절히 부탁했다. 메데이아는 짐짓 거절하다가 못 이기는 척하고 펠리아스의 머리를 잘라 솥 속에 넣었다. 그러나 머리를 꺼냈을 때는 이미 곤죽이 되고 말았다. 펠리아스는 잘 삶겨서 죽어 있었다. 그 뒤를 이어 이아손이 왕위에 올랐다. 대부분의 동화는 이쯤에서 끝이 난다. 잘 먹고 잘 살았다고 하더라, 하면서.

이아손의 신부에게 선물한 불이 붙는 옷

그러나 신화는 한 걸음 더 나아간다. 이아손은 메데이아의 힘을 빌려 황금 양가죽을 얻고 왕이 되기는 했지만 토사구팽이라고 메데이아에게 싫증이 나기 시작했다. 동생을 죽이고 숙부를 죽인 메데이아에게 두려움을 느꼈을지도 모른다. 이아손은 편안한 삶을 꿈꾸었을 것이다. 안락을 꿈꾸는 그의 눈동자는 이웃 나라의 아름다운 공주 크레우사에게로 향했다. 그 눈길을 바라보는 메데이아의 눈에는 깊은 절망이 담겨 있었을 것이다.

메데이아는 마녀답게 이아손을 떠나보냈다. 그녀는 신부가 될 크레우사에게 축하의 말과 함께 옷을 선물했다. 순진한 크레우사는 선선히 그 옷을 입었고 그 옷은 메데이아의 질투만큼 활활 불타올랐다. 사람의 체온이 닿으면 불이 붙는 옷이었다. 불을 *끄기* 위해 달려왔던 아버지가 크레우사와 함께 불에 타 죽었다. 이아손은 이리저리 떠돌다가 모험을 함께했던 아르고 호에 앉아 과거를 회상하다가 떨어지는 대들보에 맞아 죽고 말았다.

그 뒤 메데이아가 찾아간 곳이 바로 테세우스의 아버지가 왕으로 있는 아테네였다. 메데이아는 자기 운명을 스스로 헤쳐나갔지만 아쉽게도 비극이 뒤를 따랐다. 테세우스를 죽이려다 실패하고 고향으로 돌아간 메데이아는 아버지가 동생에게 왕위를 빼앗긴 것을 보고는 동생을 죽이고 아버지에게 왕위를 돌려주었다. 황금 양가죽을 찾으러 온 남자를 따라나섰던 메데이아다운 귀환이 아닐까.

| 신 화 메 모 |

메데이아는 티탄 족이며 태양신인 헬리오스의 손녀이고, 오디세우스를 사랑한 키르케는 메데이아의 숙모이다. 메데이아라는 말은 '교묘한', '빈틈없는'이란 뜻이다. 메데이아가 섬기는 헤카테는 마법에 능한 여신으로, 그림에서 보면 손에 횃불을 들고 무서운 개와 함께 있다.

전처 소생을 죽이려다 스스로 목숨을 끊은 계모

테살리아 왕과 결혼한 이노는 속임수를 써서
전처의 자식들을 죽이려고 했다.

카드모스의 후손들을 기다리고 있는 핏빛 비극

황금 양가죽은 어디서 온 것일까? 이아손이 가져온 황금 양가죽은 콜키스에 있는 전쟁의 신 아레스의 숲에 걸려 있던 것이었다. 황금 양가죽을 지키던 잠들지 않는 용은 메데이아의 마법의 약 몇 방울에 오랫동안 밀린 잠 속으로 빠져들었다. 그러나 처음부터 콜키스에 황금 양가죽이 있었던 것은 아니다. 황금 양은 멀리 테살리아에서 바다를 건너 날아왔다.

테살리아의 왕은 아타마스라는 사람이었다. 아타마스는 '구름'이라는 뜻의 님프 네펠레와 결혼을 해서 프릭소스와 헬레를 낳았다. 이 남매에게 삶의 굴절이 찾아온 것은 부모의 이혼 때문이었다. 아타마스는 네펠레와 이혼하고 테베의 공주 이노를 새로운 아내로 맞이했다.

이노는 테베를 세운 카드모스와 하르모니아의 딸이었다. 그러나 카드모스 후손들의 앞날에는 핏빛 비극이 기다리고 있었다. 이노의 여동생 세멜레는 제우스의 사랑을 받았지만 불에 타 죽었고 카드모스의 손자 펜테우스는 이노의 여동생이자 어머니인 아가베에게 몸이 찢겨 죽었다. 펜테우스가 세멜레의 아들이자 술의 신인 디오니소스를 신으로 인정하지 않았기 때문에 펜테우스를 사자로 착각한 아가베에게 죽임을 당했다. 카드모스의 다른 손자 악타이온은 사냥의 신 아르테미스의 벗은 몸을 보았다는 이유로 사슴으로 변해 자기가 기르던 사냥개에게 물려 죽었다. 이런 비극성은 이노를 비껴가지 않았다.

전처의 아들과 딸을 제물로 바쳐야 나라가 산다

이노는 동화 속에 나오는 다른 계모처럼 악랄했다. 눈엣가시라는 말이 맞을까? 앓던 이라고 해야 하나? 전처의 자식들 말이다. 이노는 눈에서 가시를 빼고 입안에서 앓던 이를 뽑기로 결심하고 방법을 연구했다.

이노는 궁리 끝에 여자들을 불렀다. 그리고 봄이 되어서 밭에 보리 씨앗을 뿌릴 때 씨앗을 삶아서 뿌리라고 명령했다. 여자들은 왕비가 시키는 대로 보리 씨앗을 삶아서 밭에 뿌렸다. 삶은 보리 씨앗에서 싹이 틀 리가 만무했다. 파릇파릇 보리가 자라야 할 때가 지났지만 땅은 싹을 틔우지 않았다. 이노는 남편에게 보리가 자라지 않는 것이 이상하다며 신탁을 통해 알아보자고 부추겼다.

그렇지 않아도 이상하게 생각하던 아타마스 왕은 이노의 말에 따라 왜 보리가 싹을 틔우지 않는지 묻기로 했다. 이노는 재빨리 신탁을 하러 가는 사신들을 매수했다. 사신들은 보리가 싹을 틔우기 위해서는 프릭소스와 헬레를 신에게 바쳐야 한다는 신탁을 왕에게 아뢰었다. 어린 것들이 무슨 죄가 있다고 죽여야 한단 말인가.

순진한 아타마스는 그 말을 곧이곧대로 믿고 프릭소스와 헬레를 제물로 바치기로 결정했다. 이 상황에서 가장 고통스럽고 애가 탄 것은 당연히 남매의 어머니 네펠레였다. 네펠레는 간절한 마음으로 손을 모으고 아이들을 살려달라고 신에게 기원했다. 그녀의 기원을 들은 것은 전령의 신 헤르메스였다. 사건의 전후를 알고 있던 헤르메스는 네펠레의 처지를 딱하게 여겨 도와주기로 했다.

전령의 신 헤르메스가 보내준 황금 양

아타마스의 칼날이 막 프릭소스의 목에 닿으려는 순간 갑자기 하늘이 어두워졌다. 조금 뒤 원래의 상태가 되었을 때 남매는 어디론가 사라지고 없었다.

남매를 구한 것은 말을 할 줄 알며 하늘을 나는 황금 양이었다. 물론 헤르메스가 남매를 위해 보낸 양이었다. 남매는 나란히 황금 양의 등에 걸터앉아 하늘을 날며 계모의 갈퀴 같은 손아귀에서 벗어났다는 해방감을 만끽했다. 그러나 방심은 금물이라고 바다를 건너가는 도중에 동생 헬레가 그만 아래로 떨어져 죽고 말았다. 그래서 그곳은 '헬레의 바다'라는 뜻인 헬레스폰토스라고 불렸다. 지금은 다르다넬스 해협이라고 불린다.

프릭소스를 태운 황금 양이 도착한 곳이 바로 콜키스였다. 콜키스의 왕은 하늘에서 황금 양을 타고 날아온 젊은이를 크게 환영했다. 왜 아니겠는가. 콜키스의 왕은 재빨리 프릭소스를 자기 딸과 결혼시켜 사위로 삼았다. 프릭소스는 자기를 구해준 황금 양을 잡아서 신에게 제사를 지내고 양가죽은 전쟁의 신 아레스의 숲에 걸어놓았다. 이것이 황금 양가죽에 얽힌 이야기이다.

한편 못된 계모 이노와 그의 남편 아타마스는 신들의 여왕 헤라에게 미움을 사서 미치고 말았다. 아타마스는 큰아들을 활로 쏘아 죽였고 이노는 작은 아들을 품에 안고 바다로 뛰어들었다. 이 집안에서 살아남은 것은 아버지 아타마스와 콜키스로 도망친 프릭소스뿐이었다. 4명이 죽고 2명이 살아남았다.

| 신 화 메 모 |

이노가 미친 것은 이노가 어린 디오니소스를 키웠기 때문이다. 이노는 디오니소스에게 여자 옷을 입혀 헤라에게서 보호했다. 그러나 곧 헤라는 이노의 속임수를 알아차렸다.

정부를 사랑해 남편을 살해한 여인

클리타임네스트라

클리타임네스트라의 이야기에는 외로움, 긴 세월,
세월의 깊이를 닮은 증오와 절망, 그리고 그 속에서 자란 욕망이 있다.

백조의 알에서 태어난 스파르타의 공주

애증이 누구보다 치열했던 한 여자의 피로 얼룩진 서글픈 이야기가 있다. 이 속에는 외로움으로 인한 긴 한숨, 그 한숨만큼이나 긴 세월, 세월의 깊이만큼 뿌리 깊은 증오와 절망, 그 속에서 피어나는 욕망이 담겨 있다.

클리타임네스트라는 스파르타의 공주로 태어났다. 그런데 이 탄생에는 비밀이 숨어 있다. 클리타임네스트라는 남자 둘, 여자 둘인 네쌍둥이 가운데 하나였다. 그리고 남자 둘과 여자 둘은 각각 하나의 백조 알에서 나왔다.

제우스가 호수에서 목욕을 하고 있는 스파르타의 왕비 레다를 보고 백조로 변신해 옆으로 다가갔다. 레다가 예쁜 백조에게 눈길을 빼앗겼을 때 제우스는 레다와 관계를 맺었다. 그래서 네쌍둥이 중 남자 하나와 여자 하나는 제우스의 신성을 타고났고 둘은 순수한 인간이었다. 클리타임네스트라는 인간의 딸이었다. 신성을 타고난 그녀의 자매는 트로이 전쟁과 연관된 헬레네이다.

그리고 클리타임네스트라의 비극 역시 트로이 전쟁과 연관이 있다.

남편에 의해 제물로 바쳐진 딸

클리타임네스트라의 첫 번째 남편은 탄탈로스였다. 그런데 트로이 전쟁 때 그리스 군대의 대장이었던 아가멤논이 탄탈로스와 아들을 죽이고 클리타임네스트라를 아내로 삼았다. 클리타임네스트라가 순순히 아가멤논의 아내가 되어 살다가 남편에게 증오를 품게 된 것은 딸 이피게네이아 때문이었다.

트로이 전쟁은 20년에 걸친 긴 전쟁이었다. 그리스 군대가 트로이의 땅을 밟은 것은 전쟁을 선포하고 나서 10년이 지난 뒤였다. 아가멤논은 트로이로 가는 길을 알기 위해 이피게네이아를 그리스 최고의 영웅 아킬레우스와 결혼시키겠다는 거짓말로 클리타임네스트라를 속이고 신에게 제물로 바쳤다.

아내는 남편을 죽이고 아들은 어머니를 죽이고

10년 뒤에 전쟁이 끝나고 남편 아가멤논이 돌아왔다. 그리고 클리타임네스트라는 승리 축하 파티를 열기 전에 남편을 죽였다. 어떻게 여자 혼자서 덩치 큰 남자를 죽였을까? 클리타임네스트라에게는 협력자가 있었다. 바로 아이기스토스였다. 펠롭스 가문에 내려진 저주의 한가운데에 있는 아이기스토스는 복수를 위해 클리타임네스트라를 유혹했고, 딸을 잃은 절망으로 밤을 지새던 클리타임네스트라는 순순히 응했다. 그러나 아이기스토스는 아가멤논의 아들 오레스테스의 손에 죽임을 당했다. 오레스테스는 어머니 클리타임네스트라도 죽였는데, 이로써 비극의 그림자는 더욱 짙어졌다.

| 신 화 메 모 |

클리타임네스트라는 아가멤논과의 사이에서 모두 4명의 아이를 낳았다. 이피게네이아, 엘렉트라, 크리소테미스, 오레스테스가 그렇다. 이 가운데 이피게네이아는 트로이 전쟁을 위해 제물로 희생되었고 오레스테스는 어머니 클리타임네스트라를 살해했다.

제3장
•

신의
탄생과
인간의
죽음

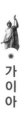

가이아

혼돈 속에서
세상에 처음 태어난
여신

태초의 혼돈 속에서 대지의 여신 가이아가 태어났고
비로소 신들의 이야기가 시작된다.

태초에 혼돈이 있었다

세계의 대부분 신화는 태초의 혼란에 대해 말한다. 혼란의 형태는 대체로 두 가지로 나뉘는데 하나는 물이고 다른 하나는 혼돈이다. 물은 빙하기가 끝나고 지구를 덮친 혼란스러운 상황을 설명하는 것으로 세상에는 오직 물만 찰랑거리고 있었다는 내용이다. 혼돈은 체계를 갖춘 신화에서 볼 수 있는 혼란의 형태이다.

그리스 신화는 후자를 따랐다. 태초의 혼돈 속에서 대지의 여신 가이아가 태어났다. 가이아의 부모가 누구냐고 캐묻는 것은 그리스도교에서 하나님의 부모가 누구냐고 묻는 것과 크게 다르지 않다. 또한 가이아가 여신이라면 남성으로서의 성질은 아예 없는지 묻는 것도 의미가 없다. 굳이 남녀라는 두 가지 성이 필요한 것이 아니기 때문이다. 여러 신화에 등장하는 태초의 신 가운데 두 성을 모두 갖춘 양성구유(兩性具有)도 많다.

162

최초의 신으로 등장한 대지의 여신

그리스 신화에 가이아 이전에 대한 이야기가 없는 것은 아니지만 여기서는 가이아를 첫 번째 신으로 보고 이야기를 풀어가려고 한다. 먼저 첫 번째 신이 대지의 여신이라는 것은 매우 중요한 모티프이다.

대지의 여신이라는 위상은 다른 지역의 신화에서도 볼 수 있는데 먼저 생각해볼 수 있는 것이 땅이 지닌 생산성이다. 세상을 길러내는 땅은 나무와 풀을 자라게 하고 곡식을 키우며 꽃망울을 터뜨린다. 인간 역시 죽으면 흙으로 돌아간다. 이렇게 보면 대지는 만물의 근원이다. 세계 여러 곳의 신화에서 대지의 여신이 최초의 신으로 등장하는 것은 이런 이유 때문이 아닐까?

또 하나 생각해야 할 것이 여신에 관한 것이다. 딱히 남신이 우선되어야 한다고 말하는 것은 아니다. 그런데 왜 여신일까? 대지가 만물을 키우는 것처럼 아이를 낳은 것 역시 여자이기 때문이 아닐까?

처음에 하늘과 땅은 붙어 있었다

어쨌든 가이아가 세상에 모습을 드러냄으로써 세상에는 땅이 생겼다. 동양의 음양 사상처럼 땅이 홀로 존재할 수는 없는 노릇이어서 가이아는 스스로 하늘을 낳았다. 하늘의 이름은 우라노스였다. 이로써 세상에는 하늘과 땅이 생겼다. 그렇다고 지금처럼 멀리 떨어져 있었던 것은 아니다. 남태평양이나 이집트 신화에 나오는 것처럼 당시 그리스의 세계는 하늘과 땅이 맞붙어 있었다. 그렇다고 갑갑하게 생각할 것은 없다. 당시 세계에는 이들 이외에 아무도 없었으니까. 그럼 하늘과 땅이 언제부터 지금처럼 떨어져 지내게 되었을까? 다음 이야기에서 살펴보자.

| 신 화 메 모 |

헤시오도스의 《신통기》에 따르면 혼돈으로부터 가이아가 맨 먼저 태어난 뒤에 지하세계인 타르타로스, 밤인 닉스, 암흑인 에레보스 등이 동시에 태어났다고 한다.

신들은 어떻게 태어났는가

신과 인간의 차이는 죽음이다

신들은 죽지 않는다. 다만 태어날 뿐이다. 신은 죽었다고 신의 비밀(?)을 밝힌 독일의 철학자 니체가 있기는 하지만 어쨌든 신은 죽지 않는다. 특히 그리스 신화에서 신과 인간의 차이는 죽음에 달려 있다고 해도 지나치지 않다. 죽으면 인간이고 죽지 않으면 신이라는 말이다. 신이나 인간이나 하는 행동은 거의 다르지 않기 때문이다. 사랑하고 싸우고 죽이고 그리고 자식을 낳는다.

그렇다면 신과 인간은 큰 차이가 없다는 말인가? 그렇지 않다. 죽음이야말로 하늘과 땅만큼 큰 차이가 난다. 한번 생각해보자. 내가 영원히 죽지 않는다고 한다면 지금 당장 해야 할 일을 지금 바로 해야 할 이유는 없다. 내일 해도 되고 100년 뒤에 해도 된다. 어차피 시간은 나에게 아무런 의미가 없으니까. 그만큼 절박함이나 그 순간이 아니면 느낄 수 없는 감정을 가질 수 없다는 말이기도 하다. 이해가 안 된다면 생명이 3개월밖에 남지 않은 환자를 생각해보라. 3개월 동안 무엇을 할지도 말이다.

영원히 사는 신은 순간이 주는 쾌감을 느낄 수 없다

뱀파이어를 다룬 영화를 보면 그들 역시 죽지 않는다. 어떤 뱀파이어는 죽음이 얼마나 달콤하고 깊은 잠인지를 말하며 죽고 싶어한다. 그런데 인간들은 죽지 않기를 간절히 바란다. 잘 아는 것처럼 불로초를 찾아다녔던 진시황도 그랬고 지금 책을 읽는 여러분도 그럴지 모른다.

그리스 신화에 시빌레라는 무녀가 나온다. 태양의 신 아폴론이 그녀를 좋아해 시빌레가 집어 든 모래만큼이나 오래 살게 해주었다. 그러나 시빌레가 아폴론의 사랑을 거부했기 때문에 아폴론은 그녀의 젊음을 앗아갔다. 시빌레는 다른 사람처럼 늙었지만 늙은 몸을 이끌고 모래알만큼이나 오래 살아야 했다. 과연 행복했을까?

한편 신들은 인간들의 삶이 궁금했다. 죽을 수밖에 없는 유한성을 지닌 인간의 삶을 알고 싶었던 신들은 인간의 모습을 하고 땅으로 내려온다. 이것이 바로 '변신 이야기'이다. 신들은 인간으로 변해 사랑도 하고 싸우기도 한다. 그러나 죽음이 예정되어 있지 않은 신들은 순간이 주는 쾌감을 절대로 느낄 수 없다. 그 절박감, 그 성취감, 그리고 그 행복감을 말이다. 죽음을 무릅쓰고 해야 할 일을 하지 못하니까.

신도 태어나지만 죽지는 않는다

처음 이야기로 돌아가자. 신들도 태어났다. 신화는 신과 인간의 이야기이지만 기록은 인간들이 했기 때문에 태초에 일어났던 일에 대해서는 사실 아무도 모른다. 다만 신들이 인간들에게 해주었거나 호메로스와 같은 사람이 오랜 세월 고민해서 쓴 것이 남아 있다. 이를 바탕으로 신의 계보가 만들어졌다.

  신의 계보를 보면 신들끼리의 결혼으로 신들의 수가 자꾸 늘어났고 신들이 인간으로 변신해 인간과 관계를 맺어 신이나 영웅이 태어났다. 이렇게 보면 신이나 인간이나 탄생에는 큰 차이가 없는 듯하다. 다만 앞에서 본 것처럼 죽음에서 큰 차이를 보인다. 헤라클레스처럼 영웅이 죽어 신이 된 경우는 있지만, 신이 죽는 이야기는 신화 어디에도 나오지 않는다.

암흑 속에서
태어난
어둠의 자식들

크로노스가 청동 낫으로 아버지 우라노스를 거세하자,
하늘과 땅이 떨어지고 빛이 들어왔다.

50개의 머리와 100개의 팔다리를 가진 헤카톤케이레스 삼형제

먼저 태어난 대지의 여신 가이아와 나중에 태어난 하늘의 신 우라노스는 서
로 붙어 있었다. 서로의 몸을 붙이고 있으니 자연스레 생식 활동이 생기고 아
이들이 태어났다. 가장 먼저 태어난 것은 헤카톤케이레스라고 불리는 거인이
었다. 모두 삼형제였는데 인간과 다른 점이 하나 있었다. 그것은 50명의 사람
을 하나로 모아놓은 몸을 지니고 있었다는 점이다. 다시 말해서 머리가 50개,
팔과 다리가 각각 100개씩이었다.

　헤카톤케이레스 삼형제는 엄청나게 힘이 셌다. 이들은 신화에 거의 등장하
지 않지만 놀라운 힘을 과시한 적이 한 번 있다. 그것은 바다의 신 포세이돈과
태양의 신 아폴론, 여기에 제우스의 아내 헤라가 공모해서 제우스에게 반란을
일으킨 때였다. 아무리 강한 제우스지만 올림포스 최고의 신 셋이 덤벼들자 속
수무책이었다. 제우스를 도운 것은 어머니 없이 태어난 지혜의 여신 아테나였

▼ 티탄 족의 계보

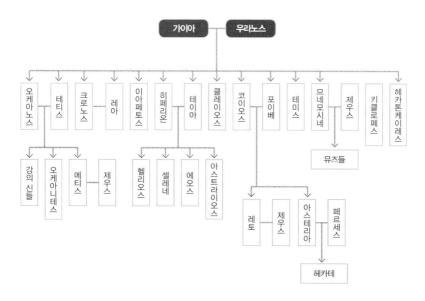

다. 그렇다고 아테나가 직접 싸운 것은 아니고 지하 깊은 곳에 있는 타르타로스로 내려가 헤카톤케이레스를 데리고 왔다. 그리스 신화에서 이름깨나 난 신들도 헤카톤케이레스의 힘에 꼼짝 못하고 제우스를 풀어줄 수밖에 없었다.

타르타로스에 갇힌 외눈박이 거인들

그다음에 태어난 것이 역시 삼형제인 키클로페스였다. 그런데 이들은 눈이 하나 모자랐다. 모자라다는 것은 우리 인간과 비교해서 그렇다는 것이다. 아버지 우라노스는 키클로페스를 보고 자기도 이상했던지 지하세계에서도 가장 깊은 곳에 있는 타르타로스에 가두었다. 불쌍한 외눈박이 거인들!

그 뒤에 태어난 것이 티탄 족이라고 불리는 거인들이었다. 티탄 족은 일단 수가 많았다. 올림포스의 주신들이 관할하지 못하는 세세한 곳까지 맡아야 했기 때문에 자연히 수가 많을 수밖에 없었다. 그런데 여기서 큰 문제가 생겼다. 덩치가 큰 티탄 족이 활개를 펴고 살 곳이 없었던 것이다. 앞에서 하늘과 땅이 붙어 있었다는 말을 했다. 빛도 없는 어둡고 좁은 곳에서 수많은 티탄 족이 태어났으니 큰일이 아닐 수 없었다.

아버지의 남근을 자르자 하늘과 땅이 떨어졌다

티탄 족의 불만이 점점 커졌다. 여기에 어머니 가이아 역시 불민이 많았다. 가이아의 가장 큰 불만은 키클로페스를 타르타로스에 가둔 것이었다. 열 손가락 깨물어 아프지 않은 손가락 없다고, 아무리 생긴 것이 다르다 해도 자식은 자식이었다. 여기에 티탄 족에 대한 마음 역시 가볍지 않았다.

얼마나 고민을 했을지는 모른다. 신들에게는 시간 개념이 없으니까. 가이아는 우라노스를 쫓아내기로 결정하고 티탄 족을 불러 모았다. 그리고 아버지를 몰아낼 용기를 가진 자식이 있는지 물었다. 티탄 족은 서로 눈치를 보며 아무도 나서지 않았다. 그때 막내 크로노스가 앞으로 나왔다. 하룻강아지 범 무서운 줄 모른다고 했다. 가이아는 크로노스에게 청동으로 만든 낫을 주었다. 어머니와 아들의 무서운 공모가 시작된 것이다.

크로노스는 땅에 깊이 박혀 있는 아버지 우라노스의 남근을 낫으로 잘랐다. 이른바 거세를 한 것이다. 그 순간 피가 튀면서 하늘과 땅이 서로 떨어졌다. 이렇게 해서 흔히 우리가 세상이라고 부르는 곳이 생겼다. 빛이 흘러들고 나무가 자라고 '하늘만큼 높다.'라는 말이 생겼다. 암흑 속에서 태어난 티탄 족은 비로소 빛 속에서 살게 되었다.

| 신 화 메 모 |

'거인'을 뜻하는 타이탄(Titan)은 티탄에서 유래했다. 토성의 위성 가운데 가장 큰 위성이 타이탄이다. 토성의 주인은 역시 티탄 족이자 제우스의 아버지인 크로노스이다.

바다 거품에서
태어난
여신

**거세된 우라노스의 성기에서
마지막 절규처럼 미의 여신이 태어났다.**

아버지의 거세에서 생겨난 원죄 의식

아버지의 성기를 잘라 하늘과 땅을 떼어놓은 일은 매우 중요한 사건이었다. 다른 신화에서는 머리나 발을 땅에 깊이 디디고 하늘을 밀어 올리는 것으로 하늘과 땅의 분리를 설명하는데 그리스 신화는 거세라는 엄청난 모티프를 담고 있다. 이는 앞으로 권력의 이동이 폭력을 수반할 것임을 상징한다. 또한 비록 어머니의 도움을 받기는 했지만 아버지에게 해를 가했다는 원죄 의식이 생겨나는 사건이기도 하다.

우라노스의 성기가 바다에 떨어져 태어난 미의 여신

그리고 새로운 신의 탄생이 있었다. 크로노스가 청동 낫을 휘둘러 우라노스의 성기를 잘라 바다로 던졌는데 성기 주위에 거품이 일면서 태어난 것이 사랑과 미의 여신 아프로디테였다. 보티첼리의 그림 〈아프로디테의 탄생〉을 보면 큰

〈아들을 먹어치우는 사투르누스〉 크로노스는 자신의 자리를 빼앗길까 봐 두려워 자식을 잡아먹는다. 사투르누스는 고대 로마의 농경 신으로 그리스에서는 크로노스라고 부른다. 프란시스코 데 고야 작품.

조개껍데기에서 아프로디테가 걸어 나오는 모습이 묘사되어 있다. 한편 아프로디테가 제우스의 딸이라는 주장도 있다.

그러나 아프로디테는 원래 아시아의 강력한 여신이 그리스로 편입된 신상이다. 새롭게 받아들인 신을 그리스 신화에 맞추기 위해 위의 이야기가 만들

지역	신	특징
그리스	제우스	폭풍과 벼락의 신
이집트	레 → 오시리스	죽음의 신
인도	인드라	폭풍의 신으로 코끼리를 타고 다님.
북유럽	오딘	애꾸눈
일본	아마테라스	여신으로 태양신
메소포타미아	티아마트 → 마르두크	세계의 질서를 창조
아스텍	케찰코아틀	깃털 달린 뱀의 모습

어졌다는 말이다. 생각해보면 사랑만큼 세상에서 강한 힘이 또 어디 있겠는 가? 그렇다면 최고신의 자리를 차지해야 하지만 그리스 신화 내에서는 이방 신인 탓에 신들과 인간들을 전전하면서 바람이나 피우고 질투하는 여신으로 그려졌다.

아버지의 저주 때문에 아이를 삼키는 아버지

어쨌든 크로노스의 힘찬 낫질은 아프로디테를 태어나게 했고 크로노스를 신 들의 왕으로 만들어주었다. 또한 그 밖의 다른 중요한 지위는 티탄 족의 몫이 되었다. 그러나 아직 세계가 완비되지 않은 탓에 어수선했다. 왕이 된 크로노 스는 폭력으로 자리를 쟁취한 신답게 독재를 휘둘렀다. 그가 행한 가장 잔인 한 행위는 태어나는 아이를 삼키는 일이었다.

아들에게 거세를 당하고 저 높이 쫓겨 간 우라노스는 눈물을 흘리며 그를 떠나지 않았다. 크로노스를 향해 너 역시 아들에게 크게 당할 것이라는 저주 에 가까운 말을 던졌다. 이 때문에 크로노스는 아이가 태어나면 그대로 삼켰 다. 우라노스의 말처럼 아들에게 왕좌를 빼앗기지 않으려면 그 방법밖에 없다 고 생각했던 까닭이다.

아들 제우스 대신 삼킨 돌덩어리

크로노스는 누나 레아와 결혼을 해서 모두 6명의 자식을 얻었다. 순서대로 보면 가정에 있는 불의 신 헤스티아, 곡물의 여신 데메테르, 훗날 신들의 여왕이된 헤라, 지하세계를 다스리게 된 하데스, 바다의 신 포세이돈, 그리고 최고신제우스였다. 이 가운데 헤스티아는 그리스 신화보다 로마 신화에서 중요하게부각되는데 로마에서는 베스타라고 부르며 그를 숭배했다.

크로노스는 헤스티아부터 차례로 삼켰다. 여섯 번째 제우스가 태어났을 때레아는 더 이상 참을 수가 없었다. 어머니 가이아가 겪었던 고통이 그대로 반복된 셈이다. 자식에 대한 깊은 애정과 남편에 대한 깊은 절망이 그것이다. 레아는 가이아처럼 고민 끝에 갓 태어난 제우스 대신 돌덩어리를 강보에 싸서남편 크로노스에게 삼키라고 주었다. 크로노스는 아무 의심 없이 돌덩어리를삼켰고 갓난아이인 제우스는 크레타로 보내져 어른이 될 때까지 그곳에서 자랐다. 이제 새로운 시대의 여명이 세상을 밝히기 시작했다.

| 신 화 메 모 |

태양신 헬리오스는 아프로디테의 미움을 사서 수많은 여자들을 전전했는데 그 가운데 클리티에라는 여자가 있었다. 그녀는 헬리오스가 다른 여자를 좋아하자 질투심 때문에 몸이 쇠약해지다가 결국 해바라기가 되고 말았다. 클리티에는 여전히 헬리오스를 좋아한다.

제
우
스

삼
형
제

새롭게 태어난 올림포스의 신들

새 술은 새 부대에, 새로운 세상은
새로운 신들에 의해 창조된다.

아버지에게 구토 약을 먹여 아이들을 토해내게 하다

제우스는 아버지의 배 속으로 들어가지 않고 크레타 섬에서 양의 젖을 먹고 멋진 신으로 자랐다. 그리고 아버지 몰래 숙모이자 티탄 족인 메티스와 결혼을 했다. 메티스는 아주 현명한 티탄 족 여신이었다.

제우스는 아내 메티스를 시켜 아버지에게 구토 약을 먹게 했다. 구토 약을 먹은 크로노스는 그동안 삼켰던 아이들을 모두 토해냈다. 앞에서 신들은 태어 날 뿐이지 죽지 않는다고 말했다. 어두컴컴한 아버지의 배 속에 들어 있던 5명 의 신들은 당연히 죽지 않았다.

제우스의 생각은 크로노스가 그랬던 것처럼 아버지 배 속에 갇혀 있던 형 제자매와 함께 폭력적인 아버지를 몰아내고 새로운 세상을 만드는 일이었다. 그러나 쉽지만은 않았다. 크로노스는 아버지 우라노스만 몰아내면 되었지만 제우스는 크로노스의 형제자매인 티탄 족과 싸워야 했기 때문이다.

▼ 올림포스 신들의 계보

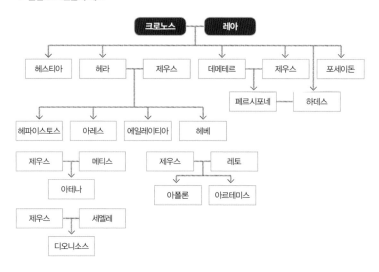

제우스의 승리에 결정적인 기여를 한 키클로페스 삼형제

물론 모든 티탄 족이 크로노스 편을 든 것은 아니다. 앞날을 예측할 수 있는 프로메테우스 등을 비롯한 많은 티탄 족이 제우스 편을 들었다. 그러나 싸움은 쉽게 끝이 나지 않았다. 그때 대지의 여신 가이아가 제우스에게 이길 수 있는 방법을 일러주었다. 가이아는 자식보다 손자 편에 가담한 것이다. 훗날 가이아는 이때의 선택을 후회했다.

외눈박이로 태어나 곧바로 지하 가장 깊은 곳에 갇힌 거인 키클로페스를 잊지 않았을 것이다. 우라노스에게 버림받았던 키클로페스는 크로노스에게도 외면을 당했다. 키클로페스 삼형제는 어둡고 축축한 곳에 갇혀서 무슨 생각을 했을까? 어떤 대가를 치르더라도 밖으로 나가 밝은 곳에서 살 수만 있다면 얼마나 좋을까, 뭐 이런 것이 아니었을까?

가이아는 제우스에게 키클로페스 삼형제를 자기편으로 끌어들이면 싸움에서 이길 수 있다고 알려주었다. 제우스는 곧바로 타르타로스로 내려가 키클로페스 삼형제를 데리고 지상으로 올라왔다.

174

키클로페스 삼형제는 자기들을 구해준 대가로 제우스에게는 벼락을, 포세이돈에게는 삼지창을, 하데스에게는 머리에 쓰면 모습을 감춰주는 모자를 주었다. 키클로페스 삼형제의 가세는 결정적이었다. 제우스는 삼촌과 숙모인 티탄 족을 제압해 타르타로스에 가두고 머리가 50개에 팔과 다리가 각각 100개인 헤카톤케이레스 삼형제에게 지키게 했다.

민주적인 권력 분할과 새로운 신들의 질서 창조

크로노스가 그랬던 것처럼 권력은 싸움을 주도한 사람의 것이다. 그러나 제우스는 민주적인 방법을 선택했다. 제우스는 형제인 포세이돈과 하데스와 권력을 나누기로 했다. 제비뽑기에 따라 제우스는 하늘을, 포세이돈은 바다를, 하데스는 지하세계를 맡기로 하고 올림포스와 대지는 공동 영역으로 삼았다. 물론 최고의 자리인 신들의 왕은 제우스가 맡았다.

이렇게 제우스와 아버지 배 속에 갇혀 있다가 나온, 다르게 표현하면 새로 태어난 하데스와 포세이돈은 새로운 신들의 질서를 만들기 위해 노력했다. 사실 그리스 신화는 이때부터 비로소 제 모습과 질서를 갖추기 시작한다. 여기에는 제우스의 보이지 않는 숨은 노력이 담겨 있다.

제우스는 오랫동안 생각한 끝에 주도면밀하게 세상을 이끈다. 그래서 그리스 신화는 얼핏 보면 제각각 다른 이야기들처럼 보이지만 무엇 하나 홀로 떨어져 존재하는 이야기가 없다. 그것은 이런 식으로 표현할 수 있다. 제우스는 크로노스가 그랬던 것처럼 세상을 삼켰다가 다시 꺼내놓았다. 그런데 제우스의 배 속에 들어갔다가 새로 나온 세상은 보이지 않는 그물에 싸여 있었다.

| 신 화 메 모 |

제우스, 포세이돈, 하데스 가운데 누가 형일까? 하데스와 포세이돈은 세상에 나오자마자 바로 아버지 배 속으로 들어갔고 제우스만이 이데 산에서 정상적으로 자랐다. 하지만 세상에 먼저 태어난 것은 하데스, 포세이돈, 제우스 순이다.

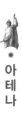

아버지의
머리에서 태어난
여신

아테나가 아들이었다면 제우스를 몰아내고
신들의 왕이 되었을 것이다.

왕위를 지키기 위해 아내를 통째로 삼킨 제우스

제우스는 공식적으로 결혼을 두 번 했다. 첫 번째는 앞에서 본 것처럼 티탄 족인 메티스와의 결혼이었다. 그런데 제우스가 티탄 족을 몰아내고 신들의 왕이 되었을 때 아주 무서운 이야기를 들었다. 대지의 여신 가이아는 손자에게 메티스가 낳은 아들이 크로노스와 제우스가 그랬던 것처럼 아버지를 몰아내고 왕이 될 거라는 예언을 했다.

제우스는 자기가 아버지를 몰아냈기 때문에 이 예언을 듣자 등골이 오싹해졌다. 어떻게 해야 할까? 제우스는 잠깐 고민을 하다가 아버지를 생각해냈다. 그리고 가만히 메티스에게 다가가 그녀를 통째로 삼켰다. 크로노스는 아이들을 삼켰지만 제우스는 아내까지 삼킨 것이다. 그런데 그때 이미 메티스는 임신을 하고 있었다. 이 사실을 모르는 제우스는 안심하고 누나인 헤라와 두 번째 결혼식을 올렸다.

제우스		주요 상징은 독수리이지만, 황소와 뱀의 이미지도 함께 지니고 있다.
아테나		"미네르바의 올빼미는 황혼이 되어서야 비로소 날기 시작한다."라는 헤겔의 말처럼 아테나의 상징 동물은 올빼미이다. 미네르바는 아테나의 로마 이름이다.
아스클레피오스		의술의 신으로 상징은 뱀이다. 뱀이 삶과 죽음의 경계를 넘나든다고 생각했기 때문이다.
토트		이집트의 지혜 신으로, 따오기 머리가 상징이다.
아누비스		이집트의 장례 신으로, 자칼 머리가 상징이다.

어느 날 제우스는 편안한 자세로 의자에 앉아 있었다. 그런데 그날따라 신들도 그렇고 올림포스 산의 분위기도 평소와 영 달랐다. 모두 알고 있는 것을 제우스만 모르고 있다는 표정이었다.

자기 혼자 힘으로 태어난 지혜의 여신

얼마 뒤 올림포스 산 위에 출산의 여신이 나타나 가만히 제우스를 바라보았다. 제우스가 영문을 모른 채 주위를 두리번거리고 있을 때 제우스와 헤라 사이에서 태어난 대장장이 신 헤파이스토스가 예의 발을 절면서 나타났다. 절름발이 헤파이스토스는 연신 제우스의 눈치를 살피면서 슬금슬금 그를 향해 걸어왔다. 손에는 도끼가 하나 들려 있었다. 헤파이스토스는 그러다가 갑자기 달려들어 제우스의 머리를 도끼로 힘껏 내리쳤다. 헤파이스토스가 아버지를 몰아내기 위해 반역을 꾀한 것은 물론 아니다.

제우스는 그 순간 뭔가 머리를 빠져나가 위로 휙 날아오르는 것을 느꼈다. 곧이어 벌거벗은 한 여신이 사뿐히 바닥에 내려앉았다. 그러자 시녀들이 나타나 누군가가 벌거벗은 몸을 볼세라 여신의 몸을 물샐틈없이 가렸다. 그리고 그 여신은 곧바로 트리톤 강으로 날아가 몸을 씻고 완전무장을 했다. 어머니

없이 자기 혼자 힘으로 태어난 여신이 바로 지혜의 여신 아테나였다.

아테나는 제우스에게 매우 중요한 딸이다. 가이아의 말처럼 메티스가 제우스의 아들을 낳았다면 제우스의 운명은 크게 바뀔 수도 있었다. 그러나 아테나는 두 가지 점에서 제우스를 안심시켰다. 하나는 메티스가 낳지 않았다는 것이고 다른 하나는 아들이 아니라는 점이다. 또한 다른 누군가와 바람을 피워 얻은 딸이 아니기 때문에 질투심 강한 헤라의 핍박을 받지 않아도 되었다. 따라서 아테나를 바라보는 제우스의 눈길은 따스할 수밖에 없었다.

그림에 묘사되어 있는 아테나는 늘 완전무장을 하고 있다. 머리에는 투구를 쓰고 손에는 창과 방패를 들고 있다. 아이기스라고 불리는 이 방패 중앙에는 보기만 해도 돌로 변하게 만드는 무서운 메두사의 머리가 달려 있다.

헤파이스토스에게 처녀성을 잃을 뻔하다

아테나는 지혜의 여신으로 사냥의 신 아르테미스와 함께 처녀 신이다. 누구나 자기 신념에 대해 위기가 있는 법인데 아테나 역시 처녀성을 잃을 뻔한 일이 있었다. 아이로니컬하게도 그 상대는 아테나의 산파 역할을 했던 헤파이스토스였다.

아테나의 처녀성을 침범하지 못하고 땅에 떨어진 헤파이스토스의 정액을 대지의 여신 가이아가 받았다. 이때 에리크토니오스라는 아이가 태어났는데 훗날 아테나가 차지한 아테네의 왕이 되었다. 이렇게 신화는 서로 물고 물린다.

| 신 화 메 모

아테나는 전쟁에 능해서 전쟁의 신 아레스와의 2차전을 모두 승리했다. 트로이 전쟁에서 아테나는 그리스 편이었고 아레스는 아프로디테와 함께 트로이 편이었다. 아레스가 아테나를 향해 창을 던졌지만 맞지 않았고 오히려 아테나가 던진 돌에 맞아 상처를 입었다. 그를 도우려던 아프로디테 역시 아테나의 주먹을 맞았다.

아폴론과 아르테미스

떠도는 섬 위에서 태어난 남매 신

제우스의 사랑을 거부하고 섬이 된 여자와
그 섬에서 제우스의 아이를 낳은 여자 이야기이다.

제우스를 거부하고 섬이 된 티탄 족 여신 아스테리아

제우스는 수많은 여신과 인간 여자와 관계를 맺었다. 이를 보고 중세의 신부들은 그리스 신화를 음란하다고 비난했다. 만약 제우스를 비롯한 신들이 그렇게 하지 않았다면 수많은 신들과 영웅들은 어디서 나타난단 말인가. 신화가 황당한 부분이 있기는 하지만 그래도 논리와 질서는 필요하다. 이렇게 보면 오히려 제우스가 피해자이다.

이런 전제를 두고 제우스와 연관된 두 티탄 족 여신을 만나보려 한다. 제우스는 많은 애정 행각을 벌였고 대개 쉽게 목적을 이루었다. 그런데 아스테리아라는 티탄 족은 제우스의 뜨거운 손길을 외면했다. 그뿐만 아니라 제우스를 피해 메추라기로 변신해 바다로 뛰어들었다. 그리고 얼마 뒤 그곳에 섬이 하나 생겼다. 처음에는 섬 이름을 아스테리아 또는 '메추라기'의 그리스어에서 파생된 오르티기아 섬이라고 불렀다.

아이를 낳을 곳을 찾아 헤매는 레토

두 번째 티탄 족은 레토이다. 레토는 제우스의 뜨거운 손길을 거부하지 않았다. 뜨거운 눈길과 손길이 오고 가면 결과물이 생기기 마련이다. 그런데 이 사실을 제우스의 아내 헤라가 알아채고 말았다. 헤라는 레토가 낳을 자식이 자기가 낳은 자식보다 훌륭해질 것을 알고 있었기 때문에 아이를 낳지 못하게 방해했다.

레토는 아이를 낳을 수 있는 곳을 찾아 세계를 떠돌았다. 헤라는 모든 나라에서 레토를 받아들이지 못하게 만들고 해가 비치는 곳에서는 아이를 낳을 수 없다고 말했다. 하늘 아래 해가 비치지 않는 곳이 어디 있단 말인가.

그런데 만삭이 된 레토를 받아준 곳이 바로 아스테리아 섬이었다. 이 섬은 고정되어 있지 않기 때문에 바다 위를 떠다녔다. 그렇기 때문에 어디에도 속하지 않았다. 또한 제우스의 부탁을 받은 포세이돈이 파도를 높게 쳐서 섬에 해가 비치지 않게 만들었다. 레토는 이 섬의 감람나무 아래에서 비로소 쉴 수 있었다.

올림포스 최고의 신이 된 레토의 아들과 딸

먼저 나온 것은 사냥의 여신 아르테미스였다. 아르테미스는 태어나자마자 어머니를 도와 동생을 받는 산파 역할을 했다. 이렇게 태어난 것이 태양신 아폴론이다. 이들 남매가 처음 한 일은 어머니를 박대했던 큰 뱀 피톤을 죽이는 것이었다. 역시 제우스의 아들로 배다른 형제인 전령의 신 헤르메스가 처음 한 일이 도둑질이었던 것과는 큰 차이가 난다.

레토는 자식에 대한 자부심이 대단했다. 테베의 여왕 니오베가 자기 자식이 12명이 된다고 말하면서 레토를 섬기지 말고 자기를 섬기라고 한 말에 크게 분노해서 아폴론과 아르테미스를 시켜 무려 10명의 자식을 활로 쏘아 죽인 것에서 레토의 성격과 자부심을 읽을 수 있다.

아폴론과 아르테미스는 그리스의 신전이 젊은 신들로 채워졌다는 것을 상징하는 신들이다. 먼저 태어난 아르테미스는 아테나처럼 처녀성을 지키겠다고 선언했다. 이는 더 이상 결혼을 통해 신들의 수를 늘리지 않아도 될 만큼 올림포스에 신들이 가득 찼음을 의미한다.

나중에 태어난 아폴론은 여기서 한 걸음 더 나아가 피톤을 비롯해 괴물을 살해하기 시작한다. 이와 같은 아폴론의 괴물 퇴치는 훗날 세상에 등장하는 영웅들에게 삶의 모범이 되었다. 그리스 신화에서 영웅은 괴물을 퇴치하는 사람들이기 때문이다. 또한 영웅들은 사람들에게 어떻게 살아야 하는지 삶의 모범을 보여주었다.

| 신 화 메 모 |

아르테미스는 숲과 순수한 처녀를 상징하는 여신이다. 그리고 초승달이 아르테미스가 들고 다니는 활의 곡선과 닮아 있다는 것도 그냥 지나칠 수 없는 특징이다. 아폴론이 태양신인 데 반하여 아르테미스는 달의 여신으로 생각되기 때문이다.

신들과 인간을
이어주기 위해
태어난 신

전령의 신 헤르메스가 있는 곳에는
제우스의 숨은 의도가 담겨 있다.

태어나자마자 아폴론의 소 50마리를 훔친 아이

제우스와 티탄 족 사이에서 또 다른 신이 하나 태어났다. 헤르메스라는 이름
이 붙은 이 아이의 어머니는 아틀라스의 딸 마이아였다. 옛사람들은 하늘이
무너져내리지 않을까 걱정을 했던 모양이다. 중국에서도 하늘이 무너져 내릴
까 걱정했다는 고사에서 생긴 기우라는 말이 있지만 그리스 역시 다르지 않
았던 듯하다. 그래서 거인 아틀라스로 하여금 하늘을 떠받치게 만들었다.

헤르메스가 태어나서 처음 한 일은 이복형 아폴론의 소를 훔치는 것이었다.
헤르메스는 소를 훔쳐 그 꼬리를 틀어쥐고서 뒤로 걷게 한 다음 발자국을 지
우고 소 창자와 거북의 등을 이용해 비파를 만들었다. 그리고 소 두 마리를 잡
아서 신들에게 제사까지 지냈다. 그런 다음 무슨 일이 있었느냐는 듯이 시치
미를 떼고 동굴로 돌아와 강보에 누웠다.

소를 50마리나 도둑맞은 아폴론은 소도둑을 잡으려고 했지만 흔적이 없었

〈헤르메스〉 날개 달린 모자와 신발, 아폴론에게서 얻은 지팡이 케리케이온은 헤르메스의 상징이다. 바티스타 티에폴로 작품.

다. 아폴론은 점을 쳐서 헤르메스가 도둑임을 알아차리고 범인을 잡기 위해 동굴로 갔지만 그곳에는 갓난아이 하나가 깊은 잠에 빠져 있을 뿐이었다.

아폴론은 자는 아이를 깨워 소를 내놓으라고 했지만 헤르메스는 자기가 태어난 지 하루밖에 되지 않아 소가 뭔지도 모른다고 잡아뗐다. 화가 난 아폴론은 헤르메스를 데리고 올림포스로 올라가 제우스에게 판결을 내려달라고 했다. 모든 것을 다 알고 있던 제우스는 헤르메스의 행동이 기특했지만 소를 돌려주라고 명령했다.

▼ 행성과 신의 대응

행성＼신	그리스의 신	로마식 표기	영어식 표기
수성	헤르메스	메르쿠리우스	머큐리
금성	아프로디테	베누스	비너스
화성	아레스	마르스	마아스
목성	제우스	유피테르	주피터
토성	크로노스	사투르누스	새턴
천왕성	우라노스	우라누스	유러너스
해왕성	포세이돈	넵투누스	넵튠
명왕성	하데스	플루토	플루토
달	아르테미스	디아나	다이애나
은하수	헤라	유노	주노(밀키웨이)
지구	가이아	가에아	지어

　헤르메스는 소를 숨겨놓은 곳으로 아폴론을 데리고 가면서 아까 만들었던 비파를 꺼내 불었다. 아폴론은 태양의 신이기도 하지만 음악의 신이기도 했다. 처음 보는 악기에 정신이 팔린 아폴론은 비파와 소를 맞바꾸자고 제안했다. 순순히 이 제안에 응할 헤르메스가 아니었다. 헤르메스는 자기가 소도둑임을 알아낸 점치는 방법과 훗날 헤르메스의 상징이 된 케리케이온이라는 지팡이까지 끼워주면 생각해볼 용의가 있다고 말했다. 아폴론은 꼼짝없이 불평등한 거래를 하고 말았다.

헤라의 자식이 아닌데도 헤라의 젖을 먹고 자라다
아폴론과 아르테미스에게 그랬던 것처럼 헤라는 제우스가 다른 여자에게서 얻은 아이들을 무척이나 싫어했다. 하기는 누군들 좋아하겠는가. 그런데 유독 헤르메스만은 그렇지 않았다. 그의 능청이 헤라의 마음을 움직였기 때문이다. 그래서 헤르메스는 헤라의 젖을 먹고 컸다고 한다.

헤르메스에서 유래한 해석학

위의 이야기 때문에 헤르메스는 도둑의 신, 상업의 신으로 불린다. 그러나 헤르메스의 중요한 역할은 신과 인간에게 제우스의 뜻을 전하는 전령이었다. 그냥 중간에서 심부름을 하는 신으로 보이겠지만 헤르메스의 역할은 매우 중요했다. 해석학이라는 말이 헤르메스에게서 나왔다는 것에서 알 수 있듯이 제우스의 뜻을 읽고 이를 해석해서 신과 인간에게 설명해주어야 했기 때문이다.

헤르메스와 아프로디테가 관계를 가져 낳은 자식이 있는데 이름이 헤르마프로디토스로 남녀 두 성을 모두 가지고 있었다. 이것 역시 헤르메스의 성격과 관계가 있다.

헤르메스는 자기 역할 때문에 그리스 신화 곳곳에 얼굴을 비친다. 또한 그가 있는 곳에 제우스의 의도가 담겨 있다. 헤르메스는 제우스를 비추는 거울과 같기 때문이다.

| 신 화 메 모 |

헤르메스가 아폴론의 소를 훔치는 중에 바토스라는 노인을 만났다. 노인은 자기 입이 돌처럼 무겁다면서 비밀을 지키는 대가로 소 한 마리를 받았다. 그러나 바토스는 아폴론에게 자기가 본 것을 그대로 일러바쳤다. 화가 난 헤르메스는 바토스를 무거운 돌로 만들었다.

살아서 죽은 자의 세계로 간 여신

페르세포네가 지상으로 돌아오면 봄이 오고
그녀가 지하로 돌아가면 겨울이 된다.

지하세계를 왕래하기 위해 누이와 성관계를 맺은 제우스

제우스의 전령 헤르메스가 가지 못할 곳은 없었다. 단 한 곳을 빼놓고 말이다. 그곳은 바로 하데스가 다스리는 지하세계였다. 하데스는 지하세계의 지배자 이름이기도 하지만 지하세계를 가리킬 때도 하데스라고 불렀다. 하데스는 지하에서 너무 오래 살아서인지 성격도 음울해서 땅 위로 나오는 일이 거의 없었다.

이쯤에서 제우스의 고민이 시작되었다. 명색이 신들의 왕인데 지하세계를 왕래할 수가 없었다. 왜냐하면 지하세계는 죽어서나 갈 수 있는 곳이기 때문이다. 그렇다고 지하세계로 가기 위해 죽을 수도 없었고, 더욱이 신은 죽지 않는 존재였다.

제우스는 마음을 정하고 누이인 데메테르를 찾아 나섰다. 데메테르는 제우스의 눈길을 보고 그의 의도를 알아차리고는 얼른 몸을 피했다. 그러나 제우

▼ 고대인들의 지하세계 이미지

스가 더 빨라서 데메테르를 붙잡았다. 그러자 데메테르는 뱀으로 변신해 도망치려 했고 제우스 역시 재빨리 뱀으로 변해 데메테르와 성관계를 맺었다. 이렇게 해서 태어난 것이 페르세포네라는 여신이었다.

헤르메스가 아폴론에게서 얻은 케리케이온이라는 지팡이에는 뱀 두 마리가 서로 몸을 꼬아 감고 있는데 그 뱀은 데메테르와 제우스가 변신한 모습이라고 한다. 뱀은 잘 아는 것처럼 땅 위와 땅속을 다닌다. 또한 봄이 오면 허물을 벗는 까닭에 영원히 사는 동물로 여겨졌다. 왜 뱀 이야기를 하는지는 뒷이야기를 보면 알 수 있다.

외로운 하데스를 사로잡은 여신

하데스는 지상에서 신들이 자유롭게 신들끼리 혹은 인간과 연애를 한다는 이야기를 듣고 있었다. 하데스만이 유일하게 아내도 없이 어두컴컴하고 음침한 지하에 앉아 있을 뿐이었다. 그렇지만 하데스는 쉽사리 움직이지 않았다. 그렇다고 세상일을 모른 척하고 지낼 수만도 없는 노릇이었다.

어느 날 오랜 고민 끝에 몸을 일으킨 하데스는 마차를 준비시켰다. 잠시 지하세계를 떠나 제우스를 만나기 위해서였다. 아마 참한 아내를 하나 구해달라고 부탁하러 가려던 것은 아니었을까? 하데스의 마차가 막 지하세계를 빠져나가 햇살이 눈부신 땅 위로 모습을 드러냈을 때 하데스의 눈길을 잡아끄는 여자가 있었다.

▼ 지하세계의 여왕들

북유럽	헬	악신 로키의 딸
그리스	페르세포네	하데스에게 납치되어 지하세계의 여왕이 됨.
메소포타미아	에레슈키갈	네르갈이라는 신을 납치해 남편으로 삼음.

그 여자는 수선화를 따기 위해 고개를 숙인 페르세포네였다. 하데스는 올림포스로 가던 마차를 돌려 그대로 페르세포네에게로 돌진했다. 그리고 그녀와 함께 지하세계로 다시 들어갔다. 눈 깜짝할 사이에 일어난 일이었다. 또한 하데스다운 외출이기도 했다.

딸이 없어지자 시름에 잠긴 곡물의 여신

한편 페르세포네가 어디론가 증발하자 어머니 데메테르는 거의 실성한 사람(신이라고 해야겠지만)처럼 세상을 떠돌아다니며 딸의 행방을 탐문했다. 그러나 페르세포네를 보았다는 신이나 사람은 아무도 없었다. 더러는 알고 있었지만 하데스가 무서워 입을 다물었기 때문에 데메테르는 깊은 절망의 나락에 빠졌다.

데메테르는 곡물의 신이다. 데메테르가 깊은 절망과 시름에 잠기자 곡물 역시 싹을 틔우지 않았고 세상의 초목이 시들었다. 세상에는 비탄의 소리가 가득했다. 결국 데메테르를 딱하게 여긴 태양의 신이며 티탄 족인 헬리오스가 페르세포네가 어디에 있는지를 알려주었다.

데메테르는 한달음에 달려가고 싶었지만 하데스는 죽어야만 갈 수 있는 곳이었다. 그녀는 대신 올림포스로 제우스를 만나러 갔다. 페르세포네는 데메테르의 딸이기도 했지만 제우스의 딸이기도 했다. 제우스는 마지못해 하데스에게 페르세포네를 돌려달라고 했다. 그러나 하데스는 자기가 권하는 대로 이미 페르세포네가 지하세계의 음식인 석류를 먹었기 때문에 돌려줄 수 없다고 대답했다.

페르세포네 때문에 살아서도 갈 수 있게 된 하데스

마침내 협상이 이루어져 페르세포네는 1년 가운데 3분의 2는 어머니 데메테르와 지상에서 보내고 3분의 1은 지하세계에서 남편 하데스와 보내기로 결정되었다. 사람들은 페르세포네가 지하세계로 가면 어머니 데메테르의 시름 때문에 초목이 시드는 겨울이 오고 그녀가 지상으로 돌아오면 기쁨으로 만물이 소생하는 봄이 온다고 믿었다.

또 하나 중요한 사실은 이제 지하세계에 살아 있는 자의 따뜻한 숨결이 존재하게 되었다는 것이다. 그 뒤 신과 인간들은 살아 있는 채로 지하세계에 들어갈 수 있게 되었다. 페르세포네의 따뜻한 숨결을 타고서 말이다. 아내를 찾으러 내려간 오르페우스, 자기에게 주어진 과업을 수행하기 위해 지하세계를 지키는 개를 잡으러 간 헤라클레스, 페르세포네를 납치하기 위해 지하세계를 찾아간 테세우스, 어머니를 찾으러 간 술의 신 디오니소스 등이 모두 그렇다.

그런데 왜 하필이면 뱀이었을까? 뱀은 페르세포네처럼 땅 위와 땅속을 모두 다닐 수 있다. 그리고 페르세포네가 돌아오는 봄이 되면 허물을 벗고 새로 태어난다. 뱀과 페르세포네는 이렇게 만난다.

| 신 화 메 모 |

하데스에게 민타라는 애인이 있었는데 그 사실을 알게 된 페르세포네는 질투심 때문에 민타를 밟아 죽이려고 했다. 목숨이 위태로워진 민타는 향기로운 식물인 박하로 변했다. 지금도 박하는 밟을수록 그것이 하데스에 대한 사랑이기라도 하다는 듯이 향기가 짙어진다. 어쩌면 페르세포네에 대한 강한 질투심일지도 모른다.

그리스 신화에 나오는 뱀의 이미지

뱀에 의한 창조는 메소포타미아 신화가 원형

그리스 신화에서 수소와 함께 중요한 상징적 역할을 하는 동물이 뱀이다. 이 뱀에 의한 창조는 원래 그리스 신화의 특징이 아니다. 그 원형은 메소포타미아 신화에서 찾아볼 수 있다.

메소포타미아 신화에서 신들을 낳은 것은 흔히 악룡이라고 불리는 티아마트(Tiamat)였다. 고대 신화에서 용은 뱀과 거의 동일시된다. 티아마트는 모든 신의 어머니였다. 그러나 그리스 신화에서 우라노스와 크로노스가 권좌에서 물러난 것처럼 새로운 신들에 의해 티아마트 역시 권좌에서 쫓겨나고 살해되어 새로운 세계를 만드는 재료가 되고 말았다.

제우스도 뱀의 이미지를 지니고 있다. 그는 신의 왕이 된 다음 자기의 누이인 데메테르에게 욕정을 품고 겁탈하려고 했다. 곡물의 여신 데메테르는 제우스를 피해 뱀으로 변신했지만 역시 뱀으로 변신한 제우스는 자기의 욕망을 실현시켰다. 이렇게 해서 태어난 것이 훗날 지하세계의 여왕이 되는 페르세포네이다.

뱀이 뒤얽혀 관계를 맺는 것을 형상화한 것이 케리케이온이라고 불리는 헤르메스의 황금 지팡이이다. 헤르메스의 지팡이에는 뱀 두 마리가 지팡이에 몸을 감고 서로 마주보고 있다.

영원한 생명력을 상징하는 뱀

그렇다면 왜 뱀이었을까? 뱀은 이중적인 상징을 지니고 있다. 먼저 《성서》의 〈창세기〉에서 보듯이 인류를 타락의 늪으로 인도한 사악한 존재로 인식된다. 이는 뱀이 지니고 있는 외면적인 모습에서 기인한 것으로 다리가 없이 비늘 덮인 몸으로 땅 위를 미끄러지듯 기어 다니고 다른 동물과 떨어진 곳에서 사는 생물학적 속성이 여기에 첨가되었다.

그러나 한편으로 봄이 되면 허물을 벗고 재생 또는 부활한다는 이미지가 작용해 영원한 생명력을 상징하기도 한다. 봄이 되면 초목이 푸르러지고 꽃이 피며 만물이 소생한다는 것은 뱀의 이미지와 그대로 결부된다. 그래서 페르세포네가 지하세계에서 귀환하는 봄이 되면 만물이 소생했다가 그녀가 지하세계로 돌아가는 겨울이 되면 초목은 시들고 만물은 황폐해진다는 신화가 생겨난 것이다. 곡물의 여신 데메테르가 딸 페르세포네의 귀환과 지하세계로의 복귀에 따라 기뻐하고 슬퍼하기 때문에 만물이 소생했다가 시들게 된다. 그리고 뱀은 생김새가 남성의 성기를 연상시키는데 이 역시 생산력과 생명력을 상징한다.

지상과 지하의 교류를 위한 제우스의 계획

제우스는 데메테르에 이어 페르세포네와도 뱀으로 변신해서 관계를 맺어 디오니소스를 낳았다(널리 알려지기로는 세멜레가 디오니소스의 어머니이지만, 이탈리아 남부에서는 페르세포네를 디오니소스와 연관시키기도 함). 제우스는 왜 이와 같은 근친상간을 자행했을까? 그저 욕망에 휩싸여 어머니와 딸을 겁탈한 것은 아니다. 그 이유는 신들의 왕국과 세계의 질서를 위한 것이었다. 하데스가 조카딸인 페르세포네를 납치하기 위해 제우스에게 허락을 구하러 왔을 때 제우스는 흔쾌히 응락했다.

그것은 지상과 지하의 교류가 시작될 수 있는 계기였기 때문이다. 지하세계에 생명의 숨을 쉬는 페르세포네가 자리 잡게 되면서 페르세포네라는 매개를 통해 지상과 지하가 서로 교통할 수 있게 되었기 때문이다. 새로운 질서의 탄생이다.

이후 아내를 찾으려는 오르페우스, 어머니 세멜레를 구해내려는 디오니소스, 주어진 과업을 수행하려는 헤라클레스, 페르세포네를 납치하려는 테세우스 등이 지하세계로 들어갈 수 있게 되었던 것이다.

영웅의 시대를 마감하기 위한 제우스의 행보

이러한 바탕을 둔 제우스의 행보는 복수의 여신 네메시스에게도 이어진다. 제우스를 피해 온갖 동물로 변신하고 지구 끝까지 도망치는 네메시스를 제우스는 끝까지 쫓아가 관계를 맺고 헬레네를 잉태시켰던 것이다.

헬레네의 탄생은 지상에 엄청난 변동을 초래했다. 제우스의 입장에서 보면 그 역시 필연성에 따른 새로운 질서의 확립이었지만 인간, 특히 영웅의 입장에서 보면 대파멸이었다. 그 계기는 헬레네였고 트로이 전쟁으로 그 모습을 드러냈다. 트로이 성벽 아래에서 수많은 영웅들이 숨을 거두었고 이로써 영웅의 시대가 마감되었다.

아버지의 질투로
죽은 어머니의 몸속에서
태어난 신

아

스

클

레

피

오

스

의술의 신 아스클레피오스는
죽음을 통해 신의 삶을 얻었다.

다른 남자와 사랑에 빠진 아폴론의 애인

이제 죽음과 삶이라는 서로 이질적인 빛이 하나로 비쳐드는 두 이야기를 살펴
보자. 굳이 말하자면 죽음을 통해 삶을 얻은 두 신의 이야기이다. 먼저 볼 것
이 인간으로 태어나 훗날 의술의 신이 된 아스클레피오스이다.

생각해보자. 여름날 강한 햇살이 내리쬐는 한낮을 말이다. 밝은 햇살 아래
무엇을 숨길 수 있을까? 세상의 모든 일은 다 드러난다. 그래서 태양신은 세상
에서 일어나는 일들을 속속들이 알고 있다. 페르세포네가 어디로 납치되었는
지를 데메테르에게 알려준 것도 태양신이었다.

그런데 이런 속성 때문에 태양신 아폴론은 대개 사랑에 실패했다. 사랑이란
것이 좀 덮여 있는 부분도 있고 숨겨진 곳도 있어야 신비롭고 또한 열정이라는
것도 밖으로 드러나는 부분은 빙산의 일각인데 태양 아래 감출 것이 없다면
그 사랑이 제대로 될 까닭이 있겠는가.

《아스클레피오스》 죽은 사람까지 살려내는 의술을 지닌 아스클레피오스의 모습이다. 뱀이 타고 올라가는 아스클레피오스의 지팡이는 의료·의술의 상징으로 사용되고 있다. 페르가몬 미술관 소장.

아폴론이 한번은 코로니스라는 인간 여자와 사랑에 빠졌다. 아폴론은 당시는 흰색이었던 까마귀를 통해 사랑의 밀어를 전하기도 하고 감시도 시켰다. 그런데 코로니스는 아폴론을 배신하고 이스키스라는 남자와 깊게 사귀었다.

원래 하얀 까마귀가 검게 변한 이유

어느 날 까마귀에게 애인의 배신 이야기를 전해 들은 아폴론은 분노로 활활 타올랐다. 분노의 불길은 먼저 까마귀로 향했다. 지금처럼 까마귀가 검게 변한 것도 이때였다. 아폴론이 까마귀의 몸을 흰색에서 검은색으로 바꾸었기 때문이다. 그런 다음 남매인 사냥의 여신 아르테미스에게 코로니스를 죽여달라고 부탁했다.

냉정한 사냥꾼인 아르테미스는 아폴론의 부탁을 받고 활을 쏘아 코로니스를 살해했다. 그런데 행복 뒤에 늘 불행이 뒤따라오듯이 세상일에는 늘 후회가 따라다니게 마련이다. 아폴론은 코로니스가 죽고 난 뒤 그녀가 자기 아이를 임신하고 있었다는 것을 알게 되었다. 아폴론은 땅을 치며 후회했지만 이미 엎질러진 물이었다. 아무리 시간과 무관한 신이라 해도 자기 자식에게는 끔찍했다.

코로니스의 화장이 끝나고 아폴론은 재 속에서 자기 아들을 꺼냈다. 코로니스는 인간이었기 때문에 재로 돌아갔지만 아이는 반쯤 신성을 지니고 있었기 때문에 죽지 않았다. 아폴론은 어머니가 죽은 뒤에 태어난 불쌍한 자식의

교육을 켄타우로스인 케이론에게 맡겼다. 케이론은 당시 최고의 스승이었다. 그리스 최고의 영웅들인 헤라클레스, 이아손 등이 모두 케이론의 제자였다.

아폴론의 아들 아스클레피오스는 어머니 없이 잘 자랐다. 그리고 의술에 탁월한 재능을 발휘했다. 그런데 과유불급이라고 했다. 지나친 것은 모자람보다 못하다. 아스클레피오스의 의술은 신의 경지에 이르러 죽은 사람까지 살려낼 정도였다. 인간들이야 고맙지만 신들은 불평을 늘어놓았다. 특히 목소리를 높인 것은 지하세계의 지배자 하데스였다. 아스클레피오스의 의술 때문에 사람이 죽지 않게 된다면 죽은 사람의 왕국 하데스는 그야말로 무용지물이 될 터였다.

불사에 도전하다 제우스에게 죽임을 당하다

제우스가 보기에도 아스클레피오스는 위험한 존재였다. 신들의 고유 영역인 불사에 도전하는 인간을 그냥 둘 수는 없는 노릇이었다. 제우스는 아스클레피오스를 향해 벼락을 던졌다. 다른 사람은 치료할 수 있지만 스스로는 구할 수 없는 법이어서 천하의 명의 아스클레피오스는 벼락에 맞아 타 죽었다. 죽은 뒤 헤라클레스처럼 신이 되어 하늘로 올라갔다.

이 사건으로 가장 화를 낸 것은 당연히 아버지인 아폴론이었다. 그렇다고 아들을 죽인 제우스에게 덤빌 수는 없는 노릇이어서 벼락을 처음 만들어 제 우스에게 준 외눈박이 거인 키클로페스를 죽여버렸다. 불똥이 엉뚱한 곳으로 튄 셈이다. 이 일로 아폴론은 1년 동안 인간의 노예가 되어 봉사하는 벌을 받 았다. 사회봉사 명령을 받은 셈이다.

아스클레피오스의 두 아들 역시 의술에 뛰어났다. 이들은 훗날 트로이 전쟁 에 참가해 부상당한 병사들을 치료했다고 한다.

| 신 화 메 모 |

아스클레피오스를 상징하는 동물은 뱀이다. 기원전 3세기 아스클레피오스의 숭배가 로마로 전해졌 을 때 아스클레피오스는 뱀의 모습을 하고 있었다.

불에 타 죽은 어머니의 재 속에서 태어난 신

디오니소스

사랑에 빠진 아름다운 세멜레는
깊은 호기심의 늪에 빠져 결국 파멸을 초래한다.

낮을 상징하는 아폴론과 밤을 상징하는 디오니소스

삶과 죽음이 교차하는 두 번째 이야기의 주인공은 술의 신 디오니소스이다. 아폴론이 낮을 상징한다면 디오니소스는 밤을 상징한다. 밤은 술과 함께하는 내밀함이 있다. 옛날 사람들은 낮에 신화를 이야기하지 않고 밤이 되어서야 낮은 목소리로 신들에 대해 이야기했다. 어릴 때 별이 빛나는 밤에 할아버지와 할머니에게 옛날이야기를 들어본 사람이라면 고개를 끄덕일 것이다. 아스클레피오스처럼 디오니소스의 어머니 역시 인간이고 불에 타 죽었다. 사연은 이렇다.

제우스의 허벅지 속에서 열 달을 채우고 태어나다

제우스는 올림포스 산 정상에서 땅 위를 내려다보다가 아름다운 인간 여자 하나를 발견했다. 이 여자는 테베의 공주 세멜레였다. 제우스가 예전에 무척이나 좋아했던 에우로페와 아주 많이 닮은 여자였다. 그도 그럴 것이 에우로페는 세멜레의 고모였다. 세멜레의 아버지 카드모스는 제우스에게 납치된 에우로페를 찾기 위해 페니키아를 떠나 먼 그리스까지 왔다가 신탁에 따라 테베라는 도시를 건설하고 왕이 되었다.

그날 밤 제우스는 세멜레의 방문을 두드렸다. 세멜레 역시 제우스의 사랑을 거부할 까닭이 없었다. 제우스는 밤마다 세멜레의 방에 나타났다. 그런데 이 사실을 헤라가 알고 말았다. 헤라는 궁리 끝에 세멜레의 유모로 변신해서 세멜레의 호기심을 부추겼다. 제우스의 진짜 모습을 본 적이 있느냐고. 네가 만난다는 제우스가 가짜면 어떡하느냐고. 헤라의 농간에 처녀의 마음은 심하게 흔들렸다.

이윽고 밤이 되자 세멜레는 제우스에게 소원 하나를 들어달라고 부탁했다. 제우스는 무엇이든 들어주겠다며 고개를 끄덕였다. 사랑스러운 연인을 위해 신들의 왕 제우스가 무슨 부탁인들 못 들어주겠는가. 그런데 막상 소원을 듣자 제우스의 얼굴빛이 변했다. 제우스에게 변신한 모습이 아닌 본래의 모습을 보여달라고 세멜레가 조르기 시작했던 것이다.

제우스는 아폴론이 파에톤에게 했던 것처럼 간절한 얼굴로 그것만은 청하지 말아달라고 말했다. 안 된다고 하면 꼭 해보고 싶은 게 사람이다. 세멜레는 제우스에게 약속을 상기시켰다. 어쩔 수 없이 제우스는 제 모습을 드러냈다. 그러자 몸에서 뿜어 나오는 빛 때문에 세멜레의 몸에 불이 붙었다. 그리고 손 쓸 겨를도 없이 재가 되고 말았다.

제우스는 재 속에서 태아를 꺼냈다. 그리고 자기 허벅지를 베어 그 속에 넣고 꿰맨 다음 열 달이 지나 아기를 꺼냈다. 디오니소스가 자궁이 아닌 허벅지에서 태어나자 제우스는 아버지가 아이를 낳았지만 키우는 건 어머니라며 아이를 세멜레의 자매인 이노에게 맡겨 양육을 시켰다. 이노는 앞에서 보았듯이 전처 자식을 죽이려고 했던 마음씨 나쁜 계모였지만 이때는 결혼하기 전이었다.

디오니소스를 신으로 인정하지 않은 자의 최후

사람들은 디오니소스를 신으로 인정하지 않으려고 했다. 이노조차 디오니소스를 신으로 여기지 않았으니 다른 사람은 더 말할 필요가 없다. 디오니소스를 믿지 않아 일어난 가장 큰 비극은 펜테우스의 처참한 죽음이다. 펜테우스는 디오니소스의 사촌으로 당시 테베를 다스리는 왕이었다.

펜테우스는 디오니소스를 믿지 않았을뿐더러 사람들을 현혹한다는 이유로 감옥에 가두었다. 그러나 감옥 문은 저절로 열렸고 디오니소스는 펜테우스에게 산에 가면 멋진 여자들의 춤을 구경할 수 있을 거라고 말했다. 펜테우스는 반쯤은 호기심 때문에 여자로 변신해 산으로 몰래 올라갔다. 그런데 펜테우스의 어머니 아가베를 비롯한 많은 여자들이 그를 사자로 오인하고 한꺼번에 달려들어 그의 몸을 갈기갈기 찢었다. 펜테우스가 디오니소스를 믿지 않았기 때문에 일어난 일이었다.

| 신 화 메 모 |

디오니소스는 풍요를 지키는 산과 들의 요정인 실레노스와 사티로스와 함께 다녔다. 디오니소스를 숭배하는 사람들은 티르소스라고 불리는 지팡이를 갖고 다녔다. 티르소스는 포도 덩굴을 감은 지팡이에 솔방울을 단 것이다.

제우스에게
도전하기 위해
태어난 거인족

가이아의 도전에 맞서기 위해
제우스는 헤라클레스를 이용했다.

커져가는 티탄 족의 불만

제우스는 크로노스처럼 독재자는 아니었지만 모두가 제우스를 사랑한 것도
아니었다. 특히 과거에 권력을 쥐고 흔들었던 티탄 족은 불만이 많을 수밖에
없었고 그 불만은 티탄 족의 어머니인 가이아에게도 전염되었다. 물론 앞에서
본 대로 제우스 형제들은 가이아의 도움을 받아 티탄 족을 물리쳤다. 그런데
제우스가 티탄 족을 하데스보다도 더 밑에 있는 지하감옥인 타르타로스에 가
두자 가이아는 어머니로서 손자 제우스에게 크게 화를 냈다. 그렇게까지 할
이유는 없다는 것이 가이아의 생각이었다.

거인족 기간테스를 앞세워 손자에게 도전한 할머니

이 때문에 가이아는 두 번에 걸쳐 제우스의 권력을 빼앗기 위해 도전했다. 첫
번째는 거인을 통해서이고 두 번째는 괴물을 통해서였다. 먼저 거인의 이야기

부터 살펴보자.

　이 거인의 이름은 기간테스(Gigantes)로 '땅에서 태어난 자들'이라는 뜻이며 영어로 '거인'을 뜻하는 자이언트(Giant)라는 말이 여기에서 유래했다. 기간테스는 순전히 제우스에게 도전하기 위해 태어난 거인족이었다. 그들은 보는 것만으로도 공포를 느끼기에 충분했고 머리와 턱에는 머리털과 수염이 무성했으며 발은 용의 비늘로 덮여 있었다.

기간테스 퇴치를 위해 준비된 영웅 헤라클레스

물론 제우스도 기간테스의 탄생을 알았다. 그리고 기간테스가 신에 의해서는 멸망당하지 않을 것이라는 사실을 알았다. 그렇다고 불사라는 의미는 아니다. 기간테스를 세상에서 몰아내기 위해서는 인간 영웅의 힘이 필요했다. 제우스가 준비한 영웅은 그리스 신화 최고의 영웅 헤라클레스였다.

　가이아는 제우스의 의도를 알고 기간테스가 인간 영웅에게 죽임을 당하지 않게 하기 위해 영원한 생명을 줄 약초를 낳았다. 바야흐로 신들과 기간테스 사이에 전쟁이 벌어지려고 하는 순간이었다. 신들과 기간테스의 전쟁을 '기간토마키아'라고 부른다.

　제우스는 선수를 쳐서 기선을 제압했다. 태양의 신 헬리오스, 달의 여신 셀레네, 새벽의 여신 에오스에게 자기가 불사의 약초를 찾아 뽑아낼 때까지 세상에 모습을 드러내지 말라고 명령했다. 그리고 기간테스보다 먼저 불사의 약초를 찾아 없앤 뒤, 황금 양가죽을 찾기 위해 아르고 원정대에 참가하고 있던 헤라클레스를 전쟁터로 불러들였다.

헤라클레스의 독화살에 쓰러진 거인족

기간토마키아는 기간테스가 살고 있는 '불타는 들판'이라는 뜻의 플레그라에서 벌어졌다. 기간테스 가운데 최고의 전사는 알키오네우스와 포르피리온이었다. 이들은 산을 들어 올려 던지거나 거대한 떡갈나무를 신들에게 휘두르며 달려들었다.

헤라클레스는 알키오네우스를 향해 독화살을 쏘았다. 화살에 맞은 알키오네우스는 털썩 소리를 내며 그 자리에서 쓰러졌지만 곧 벌떡 일어났다. 기간테스는 자기들이 살고 있는 곳에서는 죽지 않는 존재였다. 그래서 헤라클레스는 아테나의 말을 듣고 알키오네우스를 밖으로 유인해서 독화살을 쏘아 죽였다.

포르피리온을 상대한 것은 헤라였다. 그런데 포르피리온은 자기 힘을 믿었던 것인지 헤라를 만만하게 보고 겁탈을 하려고 달려들었다. 제우스는 이 모습을 보고 눈에 불똥을 튀기면서 벼락을 던졌다. 그리고 헤라클레스가 독화살을 쏘아 마무리를 했다.

이 밖에도 수없이 많은 기간테스가 처참하게 살해되었다. 팔라스라는 기간테스는 아테나에게 쫓기다가 몸의 가죽이 벗겨졌다. 아테나는 그 가죽을 자기의 방패에 감았다. 엔켈라도스는 싸우다가 패하자 도망을 쳤는데 아테나가 던진 시칠리아 섬에 맞아 밑에 깔렸다. 전하는 말에 따르면 아직 죽지 않고 에트나 화산에서 열기를 뿜어내고 있다고 한다.

신과 영웅의 새로운 관계가 형성되다

신들이 기간테스를 쓰러뜨리면 헤라클레스가 독화살을 쏘아 마무리를 했다. 헤라클레스의 화살에는 히드라라고 하는 괴물의 몸에서 나온 치명적인 독이 발라져 있었다. 처음에 말한 대로 기간테스를 없애기 위해서는 인간 영웅이 필요했고 헤라클레스는 자기에게 주어진 일을 충실히 해냈다. 이로부터 신과 영웅은 새로운 관계를 맺게 된다.

| 신 화 메 모 |

헤라클레스의 독화살은 물뱀 히드라의 담즙에서 나온 독을 바른 것이다. 이 독화살은 그의 스승인 케이론을 죽음에 몰아넣었다. 케이론은 헤라클레스의 독화살에 맞은 켄타우로스를 치료하다가 우연히 찔렸다. 케이론은 제우스의 아들로 불사신이었는데 독의 고통이 너무 심해 죽음을 택했다고 한다.

가이아의 분노로
태어난 괴물과
그의 후손들

그리스 사람들이 상상해낸 최고의 괴물이자
최초의 괴물이 티폰이다.

가이아가 타르타로스와 관계를 맺어 낳은 괴물

가이아의 첫 번째 도전은 헤라클레스를 끌어들인 제우스의 승리로 끝이 났다. 싸움이라는 것이 그렇듯이 이긴 쪽은 기분이 좋지만 패한 쪽은 두고두고 원한이 남게 마련이다. 당시 신들의 어머니인 가이아는 기간테스가 처참하게 패하자 크게 분노했다.

가이아는 더 이상 힘으로 밀어붙여서는 안 된다고 생각한 듯하다. 그래서 이번에는 땅에서 하늘만큼의 거리로 땅속으로 들어간 지하에 있는 타르타로스와 관계를 맺어 무시무시한 괴물을 낳았다. 힘에 심리적인 공포를 더한 것이다.

이 괴물의 이름은 티폰(Typhon)이었고 여기에서 '태풍'을 뜻하는 타이푼(Typhoon)이란 말이 유래했다. 티폰은 100개에 이르는 뱀의 머리를 가졌고 100개의 혓바닥에서 듣기만 해도 섬뜩한 소리가 새어 나왔는데 각각의 소리가 모두 달랐다. 또 눈에서는 불이 튀어나왔다.

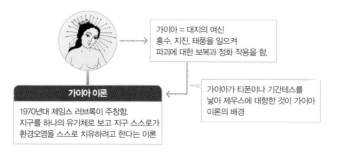

가이아 = 대지의 여신
홍수, 지진, 태풍을 일으켜
파괴에 대한 보복과 정화 작용을 함.

가이아 이론

1970년대 제임스 러브록이 주창함.
지구를 하나의 유기체로 보고 지구 스스로가
환경오염을 스스로 치유하려고 한다는 이론

가이아가 티폰이나 기간테스를
낳아 제우스에 대항한 것이 가이아
이론의 배경

티폰의 생김새를 보면 몸통은 인간과 다르지 않았다. 그 크기는 땅 위에 있는 모든 산보다 높고 가끔 머리가 별에 스칠 정도였다. 그가 한쪽 팔을 뻗으면 서쪽 끝이 닿았고 다른 쪽 팔을 뻗으면 동쪽 끝이 닿았다. 허벅지 아래는 거대한 독사가 똬리를 튼 모습으로 그것을 풀면 머리까지 닿았는데 매우 큰 소리를 냈다. 또한 온몸에는 날개가 달려 있었고 머리와 턱에 나 있는 무성한 털은 바람에 휘날렸다. 티폰은 당시 그리스 사람들이 상상해낸 최고의 괴물이었다.

제우스의 힘줄을 빼앗다

티폰은 강력한 태풍처럼 신들을 덮쳤다. 신들은 티폰이 내지르는 소리에 놀라 전의를 상실하고 도망치기에 바빴다. 전하는 말에 따르면 이때 그리스의 신들이 동물로 모습을 바꿔 이집트로 많이 도망쳤다고 한다. 이런 까닭에 이집트에 유난히 동물 신이 많아졌다고 한다.

어쨌든 신들의 왕 제우스는 체면 때문에라도 도망치지 못하고 맞서 싸웠다. 잘 알다시피 제우스의 최고 무기는 키클로페스가 선물한 벼락이었다. 그러나 그리 만만하게 무너질 티폰이 아니었다. 그랬다면 애초에 가이아가 낳지도 않았을 테니까.

티폰은 오히려 제우스에게 반격해서 금강석으로 만든 낫을 빼앗고 제우스를 사로잡았다. 그런 다음 제우스의 팔과 다리에서 힘줄을 빼고는 곰 가죽에

싸서 뱀의 모습을 한 괴물인 델피네에게 지키게 했다. 힘줄을 빼앗긴 제우스
는 꼼짝없이 동굴 속에 갇히고 말았다. 여기까지는 가이아의 의도가 성공하
는 듯이 보였다.

여러 신의 도움으로 승리한 제우스

그러나 가이아가 제우스를 싫어하는 만큼 제우스를 따르는 신들도 있었다. 먼
저 헤르메스가 델피네의 주의를 다른 곳으로 돌렸다. 이때 아테나가 곰 가죽
에 싸여 있는 힘줄을 빼내 제우스에게 돌려주었다. 겨우 동굴을 빠져나온 제
우스는 힘을 되찾고 티폰과 맞서기 위해 날개 달린 마차를 타고 새로 벼락을
가지고 티폰에게 도전했다.

　이미 한번 티폰과 맞서본 제우스는 심리적으로 위축되지 않고 맹공격을 가
했다. 티폰이 아무리 강한 괴물이라고 해도 신들의 왕 제우스를 당해낼 수는
없는 노릇이었다. 티폰은 일단 소나기를 피하겠다는 마음으로 몸을 피했다. 그
때 복수의 여신들인 에리니에스를 만났다. 복수의 여신들은 티폰에게 더 강한
힘을 얻고 싶다면 인간의 음식을 먹으라고 충고했다. 순진한 티폰은 시키는 대
로 했지만 오히려 힘이 약해졌다. 복수의 여신들이 티폰을 속였던 것이다.

　티폰은 마지막으로 힘을 모아 제우스와 맞섰다. 그러나 역부족이었다. 티폰
은 다시 몸을 돌려 도망치려고 했다. 이탈리아 앞바다에서 제우스는 섬 하나
를 들어 티폰을 향해 던졌다. 이렇게 해서 생긴 섬이 현재 이탈리아의 시칠리
아 섬이다. 티폰은 시칠리아 섬 밑에 깔려 있다.

| 신 화 메 모 |

티폰은 '뱀'이라는 뜻의 에키드나라는 괴물과 정을 통해 그리스 신화에 나오는 수많은 괴물을 낳았다
고 한다. 벨레로폰에게 죽임을 당한 키마이라, 헤라클레스에게 죽임을 당한 히드라, 지옥을 지키는 괴
물 개 케르베로스, 오이디푸스에게 수수께끼를 낸 스핑크스 등이 그렇다.

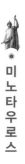

미노타우로스

신의 분노와
이상 성욕에 의해
태어난 괴물

**신과 인간이 서로 주고받은
속임수 사이에서 괴물이 태어나다.**

괴물의 시조가 된 티폰

제우스에 의해 패퇴한 티폰 이후 괴물 퇴치는 신들의 몫이 아니었다. 그것은 영웅들이 해야 할 일이 되었고 반대로 괴물을 퇴치해야 영웅이 될 수 있었다. 그리고 괴물을 퇴치하는 모습은 이미 제우스와 아폴론을 비롯한 신들이 그 전형을 보여주었다.

한편 티폰 이후 세상에는 괴물이 많이 등장했다. 그것은 신들이 급속도로 불어났던 것처럼 티폰이 괴물의 시조가 되어 괴물의 수를 늘렸기 때문이다. 또한 인간의 욕망, 특히 성적 욕망에 의해 괴물이 세상에 나타나기도 했다. 이 제부터 인간의 욕망과 연관된 괴물 둘을 만나보자.

파시파에를 이용한 포세이돈의 복수

첫 번째는 앞에서 본 대로 영웅 테세우스에게 살해된 미노타우로스이다. 미노

〈미노타우로스〉 미노타우로스는 미노스 왕의 아내 파시파에와 황소 사이에서 태어난다. 머리는 소이고 몸은 인간인 황소 괴물은 곧 미궁에 갇히게 된다. 조지 프레데릭 워츠 작품.

타우로스는 머리는 황소이고 나머지는 인간인 황소 괴물이었다. 머리가 사람의 중심임을 생각하면 미노타우로스의 아버지는 황소임을 알 수 있다. 미노타우로스가 태어난 사연은 이렇다.

▼ 괴물을 퇴치한 영웅들

페르세우스 ➡	**메두사** 머리카락은 살아 있는 뱀이고, 이빨은 사자보다 예리하며 보는 사람은 모두 돌이 되는 괴물이다.
헤라클레스 ➡	**식인 사자, 독뱀 히드라** 사자는 달의 여신 셀레네의 젖을 먹고 자라 불사신이며, 히드라는 머리가 9개로 하나를 자르면 2개의 머리가 생겼다.
테세우스 ➡	**미노타우로스** 머리가 황소인 이 괴물은 미궁에 갇혀서 매년 아테네의 소년과 소녀 14명을 먹고 살았다.
벨레로폰 ➡	**키마이라** 머리는 사자, 몸은 산양, 하체는 뱀인 괴물로 입에서 불을 뿜었다.
오이디푸스 ➡	**스핑크스** 수수께끼를 내서 풀지 못하면 사람을 잡아먹는 괴물로, 여자의 머리에 사자의 몸을 가졌고 날개가 있다.

미노스가 크레타의 왕이 되기 위해 형제들과 다툴 때 포세이돈에게 신의 권능을 보여달라고 부탁했다. 포세이돈은 멋진 황소를 보내 미노스의 부탁에 응했고 그로써 미노스는 크레타의 왕이 될 수 있었다. 그런데 미노스는 약속을 어겼다. 포세이돈이 보낸 황소를 제물로 바치기로 했지만 황소의 아름다움에 반한 미노스는 다른 소로 바꿔 제사를 지냈다. 성미가 불같은 포세이돈이 화가 난 것은 당연했다.

포세이돈은 미노스에게 교묘한 방법으로 복수를 했다. 그것은 미노스의 아내 파시파에를 이용하는 것이었다. 어느 날부터인가 파시파에는 포세이돈이 보낸 황소가 있는 외양간에 자주 모습을 나타냈다.

파시파에는 어쩐 일인지 황소에게 끌렸다. 그것도 강한 성적 욕망을 수반한 이상한 감정이었다. 그녀는 크레타의 공주 아리아드네가 아테네의 왕자 테세우스를 구하기 위해 다이달로스를 찾아간 것처럼 오랜 고민 끝에 사촌을 죽이고 도망쳐 온 그리스 최고의 기술자 다이달로스를 찾아갔다. 그리고 자기가 느끼는 이상한 감정에 대해 털어놓고 어떻게 하면 좋을지 물었다.

다이달로스는 왕비 파시파에의 감정이 거짓이 아님을 알고 암소의 모형을 만들어 암소 가죽을 씌웠다. 그러고는 파시파에를 그 안에 들어가게 한 다음 포세이돈의 황소가 있는 곳으로 끌고 갔다.

예쁜 암소를 본 황소 역시 욕망을 느꼈고 깊은 사랑을 나누었다. 시간이 흘러 파시파에는 머리가 황소인 이상한 아이를 낳았다. 처음에는 모두 놀랐지만 곧 미노스에 대한 포세이돈의 응징임을 알게 되었다. 미노스는 속이 쓰렸지만 어쩔 수 없는 노릇이었다. 미노스는 아리아드네와 파시파에가 그랬던 것처럼 다이달로스를 찾아갔다.

테세우스가 황소 괴물을 죽이다

미노스와 다이달로스는 한 번 들어가면 다시 나올 수 없는 미궁을 짓고 미노타우로스를 가두기로 했다. 물론 미궁인 라비린토스를 지은 것은 다이달로스였다. 그리고 그 속에 미노타우로스를 가두고 아테네에서 조공으로 바치는 소년과 소녀 각각 7명씩을 먹이로 넣어주었다.

이 일은 아테네의 영웅 테세우스가 미노타우로스를 죽일 때까지 계속되었다. 그러나 다이달로스는 이로 인해 죽은 미노타우로스 대신 미궁 속에 갇히게 되고 아들 이카로스와 함께 탈출을 시도한다. 이렇게 신화는 끝이 없다.

───

| 신 화 메 모 |

테세우스가 미노타우로스가 사는 크레타로 가게 된 사연에 대해서는 여러 주장이 있다. 크레타의 왕 미노스가 테세우스를 14명 가운데 포함시키라고 명령했다는 주장, 왕의 아들을 제물에서 제외한 것에 대해 아테네 사람들이 분노했다는 주장, 테세우스가 제비뽑기로 뽑혔다는 주장 등이다.

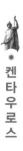

일그러진
욕망에서
태어난 존재

익시온의 음란한 욕망으로 태어난 켄타우로스지만
정확히 45도 각도로 활을 쏠 줄 알았다고 한다.

친족을 살해해 죄 씻김을 받지 못한 익시온

인간의 욕망으로 태어난 두 번째 괴물은 상체는 사람이고 하체는 말인 켄타
우로스이다. 유럽 사람들이 신대륙으로 건너갔을 때 인디언들이 말을 탄 모습
을 보고 괴물이라고 놀랐다는 이야기가 있는데 아마 그 모습이 그리스 신화
에 나오는 켄타우로스와 닮았을 것이다.

켄타우로스의 조상은 익시온이라는 테살리아의 왕이었다. 익시온은 켄타우
로스의 조상으로도 유명하지만 그리스 신화에서 친족을 살해한 첫 번째 사람
으로도 유명하다. 당시 그리스 사회는 죄를 짓고 고향에서 쫓겨나면 다른 나
라로 가서 죄 씻김을 받을 수 있었다. 그리고 대개 죄 씻김을 부탁하면 들어주
었다. 그런데 익시온이 저지른 친족 살해는 너무나 큰 죄였기 때문에 아무도
씻어주지 않았다.

익시온은 자기 친족인 데이오네우스의 딸 디아와 결혼해서 페이리토스라

는 아이를 낳았다. 그런데 데이오네우스에게 약속한 돈을 주겠다고 그를 초청
하고는 숯이 가득 타고 있는 구덩이에 빠뜨려 죽이고 말았다. 이것이 익시온의
친족 살해였다.

구름으로 만든 헤라와 익시온 사이에서 태어난 괴물

죄 씻김을 받지 못한 익시온을 아무도 상대해주지 않았다. 이를 보던 제우스
는 딱한 마음이 들어 익시온을 올림포스로 초대했다. 올림포스로 올라간 익
시온은 자기가 저지른 죄는 까맣게 잊고 헤라에게 음란한 욕망을 품고 은밀하

게 유혹했다. 물론 헤라가 익시온에게 넘어갈 이유는 없었다.

이 이야기를 들은 제우스는 익시온을 시험하기 위해 구름으로 헤라와 똑같은 여자를 만들었다. 익시온은 당연히 헤라로 알고 잠자리를 같이했다. 화가 머리끝까지 난 제우스는 익시온을 붙잡아 타르타로스에 가두고 불이 붙은 네 바퀴 수레를 영원히 끌어야 하는 무서운 형벌을 내렸다.

한편 익시온과 잠자리를 같이한 구름인 네펠레는 괴물 켄타우로스를 낳았고 이 켄타우로스가 펠리온 산에 사는 야생마와 관계를 맺어 켄타우로스 족이 생겨났다. 이런 이유 때문인지 켄타우로스는 술을 좋아하고 음란했으며 싸우기를 좋아했다.

켄타우로스 족과 관련된 가장 유명한 이야기는 익시온의 또 다른 인간 후예인 라피테스 족과의 싸움이다. 파르테논 신전에 이때의 광경이 묘사되어 있다. 라피테스 족의 왕이자 익시온의 아들인 페이리토스가 결혼식을 하면서 배다른 형제간인 켄타우로스 족을 초대했다. 그런데 켄타우로스는 자기도 익시온의 아들이라며 왕위를 넘기라고 소란을 피우기 시작했다. 게다가 술이 몸으로 들어가자 라피테스 족의 여자들을 납치해서 범하려고 했다. 이 때문에 라피테스 족과 켄타우로스 족 사이에 큰 싸움이 벌어졌다.

싸움은 켄타우로스 족의 대패로 끝났고 그들은 테살리아에서 추방되었다. 그렇다고 켄타우로스 족이 모두 나쁜 것은 아니다. 특히 케이론은 제우스의 아들로 많은 영웅들을 교육시킨 훌륭한 켄타우로스 족이었다. 또한 켄타우로스 족은 정확히 45도 각도로 활을 쏠 줄 알았는데, 이는 그리스 사람들이 켄타우로스 족을 싫어하지 않았다는 증거이기도 하다. 왜냐하면 정확한 45도는 기하학에만 존재하고 기하학은 그리스에서 유래했기 때문이다.

| 신 화 메 모 |

옛 궁수자리 그림을 보면 반인반마인 켄타우로스가 전갈자리를 향해 활을 겨누고 있는 모습이 묘사되어 있다. 켄타우로스가 겨누고 있는 화살의 방향을 따라가면 은하계의 중심이 나온다고 한다.

너 자신을 알라는 말을 하기 위해 태어난 괴물

**같은 이름을 가지고 네 발, 두 발, 세 발로 걷는데
네 발로 걸을 때 가장 느린 것은 무엇인가.**

수수께끼를 내는 괴물

인간의 욕망은 어디에서 왔을까? 아니, 인간이란 무엇일까? 그리스 철학자 소크라테스는 "너 자신을 알라."라고 즐겨 말했다. 동양의 손자는 《손자병법》에서 "나를 알고 적을 알면 백전백승이다."라고 말했다.

자기 스스로를 안다는 것은 세상을 이해하기 위한 첫걸음이다. 그럼 그리스 신화에서 인간에 대한 이해는 어떻게 시작되었을까? 밖으로 향해 있던 눈길을 내부로 돌리게 만든 것은 의외로 어느 괴물이었다.

테베의 왕 라이오스가 미남 청년을 유혹한 데 대해 결혼의 신 헤라는 화가 나서 '목 졸라 죽이는 자'라는 뜻을 가진 스핑크스를 테베로 보냈다. 스핑크스는 티폰의 딸로 여자의 머리와 사자의 몸에 날개가 달린 괴물이었다.

스핑크스는 테베 성 밑 인적이 드문 곳에 숨어 있다가 젊은 사람이 지나가면 느닷없이 나타나 수수께끼를 내고 풀지 못하면 잡아먹었다. 이 때문에 테베 시민들은 공포에 떨었고 라이오스 왕은 어떻게 해야 스핑크스를 테베에서 몰아낼 수 있을지 신탁을 하러 가다가 도중에 오이디푸스에게 죽임을 당했다.

새로 테베를 다스리게 된 크레온은 스핑크스를 퇴치하는 사람을 테베의 왕으로 삼겠다고 선포했다. 그러나 아무도 스핑크스의 수수께끼를 풀지 못했다. 수수께끼는 이렇다.

"땅 위에서 걷거나 하늘을 날거나 바다에서 헤엄치는 것 가운데 같은 이름을 가지고 네 발, 두 발, 세 발로 걷는데 네 발로 걸을 때가 가장 느린 것이 무엇인가?"라는 것이었다.

지금이야 수수께끼의 답을 모르는 사람이 거의 없지만 당시에는 딱 한 사람만 빼고 아무도 몰랐다.

스스로 장님이 된 오이디푸스

그 수수께끼를 푼 사람은 다름 아닌 테베의 왕 라이오스를 살해한 오이디푸스였다. 오이디푸스는 수수께끼의 답이 인간이라고 대답했고 스핑크스는 예언대로 높은 벽에서 떨어져 자살했다. 누군가 문제를 풀면 스스로 죽어야 하는 것이 스핑크스의 운명이었다.

오이디푸스는 크레온의 말대로 수수께끼를 풀었기 때문에 테베의 왕이 되었다. 그리고 라이오스 왕의 왕비를 아내로 맞아들였다. 그런데 라이오스 왕은 오이디푸스의 아버지였고 왕비는 그의 어머니였다. 앞에서 보았듯이, 오이디푸스는 훗날 아버지를 살해할 것이라는 예언 때문에 태어나자마자 버려져 외국에서 자랐다.

얼마 뒤 오이디푸스는 이 모든 사실을 알게 되었다. 왕비는 목을 매서 자살을 했고 오이디푸스는 눈을 파내고 스스로 장님이 되었다. 그리고 세상을 떠돌아다녔다. 아마 그때 그는 스핑크스의 수수께끼를 생각하고 있지 않았을까? 그리고 도대체 인간이란 무엇인가에 대해 고민하지 않았을까?

아버지를 죽이고 어머니를 아내로 맞이해 아이를 낳은 패륜을 저지른 자기를 비롯한 인간에 대한 고민이 왜 없었겠는가. 대개 괴물을 퇴치한 영웅들은 일찍 죽었다. 그러나 오이디푸스는 일찍 죽지 못했다. 인간이란 무엇인가에 대한 해답을 얻어야 했기 때문이다.

사실 스핑크스는 앞에서 말한 수수께끼를 낸 것이 아니다. 스핑크스가 정작 묻고 싶었던 것은 오이디푸스가 대답한 인간이 무엇이냐는 것이었다. 물론 오이디푸스가 인간에 대한 정의를 내리지는 않았다. 그러나 이 생각은 훗날 그리스 철학으로 이어졌고 여전히 사람들은 그 물음에 대한 해답을 찾기 위해 고민하고 있다.

| 신 화 메 모 |

높은 곳에서 떨어져 스스로 목숨을 끊었던 스핑크스는 이집트에서 환생해 왕의 권위를 나타내거나 주로 왕궁과 왕의 무덤을 지키는 지킴이의 역할을 맡았다.

절망의 피가
응고되어 태어난
순수의 말

아테나의 분노와 메두사의 절망 속에서 태어난
이 말은 순수한 영혼을 지니고 있다.

아테나의 도움으로 메두사를 처단한 페르세우스

그리스 신화에서 가장 힘이 센 괴물은 티폰이었다. 그럼 가장 보기 흉하고 끔찍한 괴물은 무엇일까? 사람마다 생각이 다르겠지만 대체적으로 메두사를 꼽는다. 하기는 메두사는 보기만 해도 몸이 돌로 굳어버리는 살벌한 힘도 지니고 있으니 어쩌면 당연하다.

여왕이라는 의미의 메두사는 끔찍한 괴물로 머리카락이 살아 있는 뱀이고 이빨은 사자보다 예리하며 손은 강철로 만들어졌고 황금 날개를 가지고 있다. 그러나 메두사의 머리를 본 사람은 모두 돌이 되었으니 메두사의 살아 있는 모습에 대한 묘사는 그저 전해지는 말에 따를 뿐이다. 이는 세이렌의 노랫소리와 다를 것이 없다.

메두사를 퇴치한 것은 페르세우스였다. 페르세우스는 왕의 요구에 따라 메두사의 목을 얻기 위해 모험을 떠났다. 언제나 그렇듯이 영웅의 모험에는 그를 도와주는 누군가가 있다. 페르세우스를 도운 것은 아테나 여신이었다. 사실 메두사는 아테나 신전의 무녀로 매우 아름다운 여자였다. 그런데 신전 안에서 포세이돈과 땀 냄새 풍기는 격렬한 정사를 한 탓에 화가 난 아테나가 괴물로 만들었다. 여기서 아테나가 처녀 신임을 염두에 두면 아테나의 처사를 이해할 수 있을 것이다.

메두사의 피에서 태어난 불사신

페르세우스는 메두사가 어디에 사는지도 몰랐다. 아테나는 페르세우스에게 청동 방패를 주고 아프리카에 가면 그라이아이 세 자매가 있는데 이들이 메두사의 거처를 알고 있다고 알려주었다. 그라이아이 자매는 태어날 때부터 노파로 셋이 합쳐서 눈과 이가 하나씩밖에 없었다. 밥을 먹거나 어딘가를 볼 때면 서로 돌려서 눈과 이를 사용했다.

페르세우스는 이들에게서 보물과도 같은 눈과 이를 빼앗아 메두사의 거처를 알아내고는 아테나의 도움으로 메두사의 목을 벴다. 이때 메두사의 머리에서 흘러내린 피에서 페가소스라는 말이 태어났다. 메두사가 포세이돈과 관계를 가졌을 때 생긴 아이였다. 페가소스는 불사신에 날개가 달린 멋진 말이었다.

메두사는 흉측한 괴물로 변한 다음 아무도 모르는 곳에서 숨어 살았다. 아름다운 여자가 흉측한 괴물로 변해 자신을 직접 보는 사람은 피가 얼어붙어 결국에는 돌이 되고 말 정도였다고 하니 그 스트레스가 얼마나 컸을까?

그런데 왜 하필이면 메두사가 죽은 뒤에 흘러내린 피에서 페가소스라는 말이 태어났을까? 이렇게 태어난 페가소스는 한동안 땅 위를 뛰어다니고 하늘을 날아다녔다. 또한 누군가가 다가오면 재빨리 하늘로 날아올라 도망쳤기 때문에 아무도 페가소스의 주인이 되지 못했다.

페가소스에게는 메두사의 열망이 담겨 있다. 자유롭게 돌아다니고 싶다는 열망 말이다. 흉한 모습 때문에 자기를 보는 사람들이 돌로 변해버리는 상황에서 한 여자의 깊은 분노가 페가소스에게 투영된 것은 아닐까 생각한다. 그리하여 페가소스를 통해 자기를 흉하게 만든 아테나와 화해를 시도한다.

페가소스를 통해 이루어진 메두사와 아테나의 화해

페가소스를 손에 넣은 것은 벨레로폰이라는 영웅이었다. 벨레로폰은 아주 오랫동안 간절히 페가소스를 자기의 말로 만들고 싶어했다. 그리고 그 꿈은 아테나 신전에서 이루어졌다. 벨레로폰은 예언자의 충고대로 아테나 신전에서 하룻밤을 보냈는데 꿈속에 여신이 나타나 황금 재갈을 주면서 포세이돈에게 소를 잡아 제사를 지내면 페가소스를 얻을 수 있다고 알려주었다.

벨레로폰은 여신의 말대로 포세이돈에게 제물을 바쳤다. 이렇게 아테나 여신의 신전에서 일어났던 메두사와 포세이돈의 정사와 이로 인한 아테나의 분노와 메두사의 절망은 순수한 영혼을 지닌 페가소스라는 말을 통해 화해가 이루어진다.

| 신 화 메 모 |

세이렌의 노래를 들으면 누구나 세이렌의 주위로 가서 영원히 노랫소리에 귀를 기울였다. 그래서 세이렌 주위에는 노래를 듣다 죽은 이들의 해골이 즐비했다. 이런 이유로 세이렌의 노래는 '알 수 없음'을 가리키는 말이 되었다.

인류의 새로운 탄생

데우칼리온과 피라는 그리스 신화에서 홍수로
세상이 멸망한 뒤 새로운 세계를 만들어갔다.

프로메테우스가 인간을 처음 만들었다

앞에서 신들의 삶, 거인족과 괴물의 삶과 죽음을 살펴보았다. 그렇다면 우리 인간은 어떨까? 그리스 사람들은 인류가 어디에서 왔다고 생각했는지부터 살펴보자.

그리스 사람들은 첫 번째 인류의 조상을 많은 신을 제쳐두고 티탄 족인 프로메테우스에서 찾았다. 프로메테우스는 잘 아는 것처럼 인간을 위해 불을 주었고 그 때문에 생살이 찢겨나가는 고통을 감내한 티탄 족이었다. 또한 제사를 지낼 때 제우스를 속여 신들에게는 맛없는 기름을 주고 맛있는 살코기를 인간이 먹게 만든 것도 프로메테우스였다.

인간을 처음 만든 것은 프로메테우스였다. 진흙으로 형상을 빚고 아테나에게 생명을 얻어 인류를 창조했다. 처음에는 황금시대였다. 사람들은 일을 하지 않아도 되었고 죽지도 않았다. 그 뒤 은의 시대와 청동시대가 지나갔고 철의

〈대홍수〉 구약시대의 대홍수를 표현한 그림이다. 미켈란젤로 작품.

시대에 이르자 인간들은 사악해졌다. 걸핏하면 서로 싸우고 죽였다.

판도라의 상자와 대홍수

제우스는 더 이상 두고 볼 수가 없다고 생각했다. 그래서 제우스는 판도라라는 이름을 가진 여자를 만들었다. 대장장이의 신 헤파이스토스가 진흙으로 형상을 빚고 아테나가 생명과 옷을 주었으며 아프로디테는 아름다움을, 헤르메스는 교활함과 배신을 주었다. 그런 다음 상자 하나를 들려서 프로메테우스의 동생인 에피메테우스에게 주었다. 판도라는 '모든 선물'이라는 뜻이다.

에피메테우스는 형 프로메테우스의 강력한 경고에도 불구하고 신이 준 선물을 덥석 받았다. 에피메테우스는 '나중에 생각한다'라는 뜻으로 형과 반대였다. 프로메테우스는 재차 판도라에게 절대로 신이 준 상자를 열어서는 안 된다고 충고했다. 그러나 잘 아는 것처럼 판도라는 '판도라의 상자'를 열었다. 상자 속에 들어 있던 인류에게 해가 될 모든 죄악과 재앙은 세상으로 널리 퍼졌다.

제우스는 죄악과 재앙으로 물든 세상을 대홍수로 멸하기로 마음먹었다. 프로메테우스는 이를 미리 알고 아들 데우칼리온에게 큰 배를 만들라고 지시했다. 이윽고 제우스가 대홍수를 일으켰을 때 데우칼리온과 에피메테우스와 판도라 사이에서 태어난 피라는 미리 만든 배를 타고 홍수를 피했다.

세상은 온통 물로 가득 찼다. 하늘에서 쏟아지는 비와 아래에서 올라오는 물은 세상 모든 것들의 생명을 앗아갔다. 인간 가운데 살아남은 것은 데우칼리온과 피라를 비롯한 극히 소수에 불과했다.

홍수가 그치자 데우칼리온과 피라는 파르나소스 산에서 신들에게 제물을 바치고 제사를 지냈다. 세상이 파괴되는 것을 보면서 인간에 대한 연민을 느끼던 신들은 데우칼리온과 피라에게 소원을 하나 들어주겠다고 했다.

데우칼리온과 피라는 다시 인류가 번창하게 해달라고 빌었다. 그러자 신들은 베일을 쓰고 돌아서서 어머니의 뼈를 뒤로 던지라고 대답했다. 고민 끝에

▼ 그리스의 네 시대

황금시대	계절은 늘 봄이고 대지가 먹을 것을 주었기 때문에 노동이 필요 없는 시대. 또한 죽음이 없는 시대. 잠을 너무 많이 자서 멸망함.
은의 시대	인간은 노동을 통해 식량을 얻었음. 수명은 길었지만 나약한 성격 때문에 멸망함.
청동시대	사계절이 생겼음. 생존을 위한 기술이 개발되고 다툼이 생겼음. 전쟁으로 멸망함.
철의 시대	신들이 떠나간 시대로, 현재가 철의 시대에 해당함.

〈데우칼리온과 피라〉 데우칼리온이 던진 돌은 남자, 피라가 던진 돌은 여자가 되었다. 조반니 마리아 보탈라 작품.

어머니가 대지의 여신이며 어머니의 뼈는 돌이라는 걸 알고 뒤로 돌아 돌을 던졌다. 데우칼리온이 던진 돌은 남자가 되었고 피라가 던진 돌은 여자가 되었다. 따라서 그리스 사람들은 모두 데우칼리온과 피라의 후손이다.

| 신 화 메 모 |

데우칼리온과 피라 사이에서 처음으로 태어난 자식의 이름이 헬렌이다. 이 때문에 그리스 사람들은 스스로를 부를 때 헬레네스라고 불렀고 흔히 서양 문명의 한 축이라고 말하는 헬레니즘이란 말도 헬렌에서 유래했다.

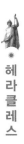

기간테스를 물리치기 위해 태어난 영웅

헤라클레스

헤라클레스는 '헤라의 영광'이란 뜻이지만
제우스의 영광을 위해 태어난 영웅이다.

제우스가 헤라클레스를 낳기 위해 선택한 여자

앞에서 가이아가 제우스를 공격하기 위해 기간테스를 낳았지만 결국 실패하고
말았음을 보았다. 기간토마키아라고 불리는 이 전쟁에서 가장 큰 역할을 한 것
은 인간 영웅 헤라클레스였다. 제우스가 인간의 도움 없이 기간토마키아에서
이길 수 없음을 알고 미리 헤라클레스를 준비했다. 사람을 준비한다는 것이 좀
이상할지 모르지만 제우스가 기간토마키아를 위해 헤라클레스를 세상에 나오
게 한 것은 사실이다. 그렇지만 헤라클레스의 탄생은 그리 순탄하지 않았다.

　제우스가 헤라클레스를 낳기 위해 선택한 여자는 알크메네였다. 알크메네
에게는 암피트리온이라는 구혼자가 있었다. 그러나 알크메네는 아버지의 원수
를 갚기 전에는 결혼할 수가 없다고 말했다. 암피트리온은 알크메네와 결혼하
기 위해 타포스 섬에 사는 프테렐라오스와 싸워야 했다. 그런데 프테렐라오스
는 황금 머리카락이 있어서 불사신이었고 그가 다스리는 왕국은 절대로 싸움

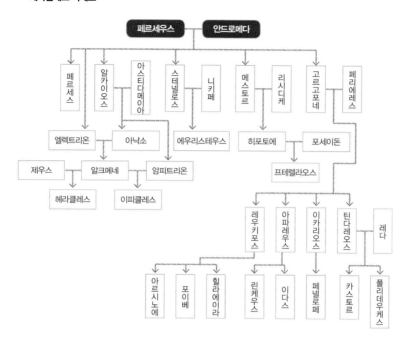

에서 패하지 않았다. 암피트리온은 힘겨운 싸움을 해야 했다.

　프테렐라오스에게는 코마이토라는 딸이 있었다. 그런데 안타깝게도 아버지의 적인 암피트리온을 사랑하게 되었고, 암피트리온을 위해 잠든 아버지의 황금 머리카락을 싹둑 잘랐다. 결국 프테렐라오스는 그 자리에서 죽고 말았다. 그렇다고 코마이토가 사랑을 얻은 것은 아니다. 암피트리온의 가슴에는 알크메네라는 여자가 들어 있었기 때문에 다른 여자에게는 관심이 있을 까닭이 없었다. 오히려 암피트리온은 아버지를 배반한 여자라며 코마이토를 사형에 처하고 말았다. 코마이토는 낯선 남자를 위해 아버지를 배신했지만 사랑은커녕 죽임만 당하고 말았다.

암피트리온의 모습으로 알크메네 앞에 나타난 제우스

암피트리온은 발길을 재촉해서 알크메네에게 돌아왔다. 그런데 알크메네는 전혀 반가운 기색 없이 그를 맞이했다.

이상한 생각이 든 암피트리온이 까닭을 묻자 알크메네는 어제 돌아와 이미 잠자리를 같이하지 않았느냐고 되물었다. 놀란 암피트리온은 당대의 최고 예언가인 테이레시아스에게 물었다.

테이레시아스는 어젯밤에 제우스가 그의 모습을 하고 알크메네와 잠자리를 같이했다고 알려주었다. 또한 훌륭한 영웅을 낳기 위해 밤의 길이를 세 배나 늘렸다는 말도 해주었다. 암피트리온은 입맛이 썼지만 어쩔 수 없는 노릇이었다.

헤라의 방해로 태어날 수 없었던 헤라클레스

한편 제우스는 앞으로 태어나게 될 영웅에 대해 신들에게 자랑을 늘어놓았다. 영웅이기도 하지만 자기의 자랑스러운 아들이기도 했기 때문에 아들 자랑을 겸한 것이었다. 그러나 제우스의 아내 헤라는 크게 화를 냈다. 그래서 출산의 여신을 불러 헤라클레스가 태어나지 못하게 하라고 명령했다.

이런 이유로 산달이 지났지만 자궁이 막혀 있었기 때문에 헤라클레스는 밖으로 나오지 못했다. 그때 알크메네의 시녀가 출산의 여신을 속였다. 이미 헤라클레스가 태어난 것처럼 호들갑을 떨자 자궁을 막고 있던 출산의 여신이 놀라 밖으로 나오는 바람에 헤라클레스가 세상에 나올 수 있었다.

이렇게 태어난 헤라클레스는 기간토마키아에서 신들에게 승리를 안겨주었을 뿐만 아니라 후세의 영웅들에게 영웅이 가야 할 길을 보여주었다. 훗날 스스로 죽음을 선택한 헤라클레스는 신이 되었고 헤라와 화해를 했을 뿐만 아니라 헤라의 사위가 되었다. 헤라클레스라는 말은 '헤라의 영광'이란 뜻이다.

| 신 화 메 모 |

헤라클레스의 출산을 도운 하녀의 이름은 갈란티아스였다. 출산의 여신이 자궁을 막아 알크메네의 목숨이 위태로웠으나 갈란티아스가 출산의 여신을 속이는 바람에 헤라클레스가 나올 수 있었다. 그러나 갈란티아스는 헤라의 분노로 족제비가 되고 말았다.

제우스와 가장 비슷한 성격을 지니고 태어난 인간

제우스는 트로이 전쟁에서 테티스의 아들 아킬레우스에게 영광을 안겨주기 위해 노력했다.

제우스의 왕좌를 위협할 아들은 누구인가

제우스의 할아버지이자 우라노스와 아버지인 크로노스가 그랬던 것처럼 제우스 역시 자기 아들에게 왕좌를 빼앗길 것이라는 예언이 있었다. 한번은 첫 번째 아내 메티스가 낳을 아들이 제우스를 몰아낼 것이라는 예언이 있었지만 제우스가 메티스를 삼켰고 나중에 아테나가 제우스의 머리를 뚫고 태어나면서 걱정이 사라졌다.

그러나 그 후에도 누군지 밝혀지지 않은 어떤 여신과 관계를 맺어 낳은 아이가 제우스의 자리를 위협할 것이라는 예언이 있었다. 그 여신이 누구인지를 아는 것은 프로메테우스뿐이었다. 사실 프로메테우스가 끝까지 제우스에게 저항할 수 있었던 것은 이 때문이었다. 러시안 룰렛처럼 언젠가 제우스가 그 여신과 관계를 맺으면 왕좌에서 쫓겨날 것임을 알고 있었으니까. 그렇다면 제우스는 꼼짝 없이 왕좌를 빼앗기고 말 것인가.

〈아킬레우스를 찾아간 오디세우스〉 아킬레우스가 아가멤논과의 불화로 트로이 전쟁에서 빠지자 그리스 연합군은 크게 패배한다. 이에 아가멤논은 아킬레우스를 설득하기 위해 사절단을 보낸다. 왼쪽에 하프를 든 사람이 아킬레우스이고, 오른쪽에 아가멤논의 사절로 파견된 오디세우스가 보인다. 장 오귀스트 도미니크 앵그르 작품.

테티스와 펠리우스의 결혼으로 사라진 불안

그러나 프로메테우스와 제우스가 화해를 함으로써 그 신이 바다의 여신 테티스임이 밝혀졌다. 제우스는 서둘러 테티스를 인간 펠레우스에게 시집을 보냈다. 제우스는 테티스의 결혼으로 안도를 했지만 세상은 폭풍 속에 휘말리게 된다.

테티스의 결혼식에는 불화의 여신을 제외하고 모든 신들이 참석했다. 화가 난 불화의 여신은 결혼식장에 나타나 황금 사과를 하나 던지고 떠났다. 사과에는 '세상에서 가장 아름다운 여신에게'라는 글귀가 적혀 있었다. 신들에게 황금 사과는 그다지 중요하지 않다. 그렇지만 가장 아름다운 여신이 되는 것은 기쁜 일이었다.

황금 사과의 주인이 되겠다고 나선 것은 모두 세 명이었다. 그 세 여신은 신들의 여왕 헤라, 아름다움의 신 아프로디테, 지혜의 여신 아테나였다. 생각 같아서야 모든 여신이 나서고 싶었겠지만 누가 세 여신을 당해낸단 말인가.

이 사과의 주인을 가리기 위해 제우스는 트로이의 왕자 파리스에게 선택을 하라고 했고 파리스는 세상에서 가장 아름다운 여인을 주겠다는 아프로디테의 손을 들어주었다. 세상에서 가장 아름다운 여인 헬레네는 이미 기혼자였지만 아프로디테는 파리스의 품에 그녀를 안겨주었고 헬레네를 빼앗긴 그리스는 트로이로 군대를 보냈다. 이것이 그 유명한 트로이 전쟁이다.

제우스의 각본 아래 진행된 트로이 전쟁

헬레네를 되찾아오기 위해 일어난 트로이 전쟁의 최고 영웅은 엉뚱하게도 아킬레우스이다. 그것은 제우스의 뜻이기도 했다. 아킬레우스는 바로 테티스의 아들이었다. 앞의 예언에서 보았듯이 테티스의 아들은 제우스에게 각별한 존재였다. 제우스가 보기에 이미 테티스가 인간 남자와 결혼을 해서 위험은 사라졌지만 자기가 신들의 왕인 것처럼 아킬레우스 역시 최고의 인간이 될 운명을 타고난 영웅이었다.

따라서 트로이 전쟁은 아킬레우스의 영광을 위해 진행된다. 제우스는 신들에게 트로이 전쟁에 참전하지 말 것을 명령하고 아킬레우스가 빠진 그리스 군대를 대패시킨다. 그리고 결정적인 순간에 나타난 아킬레우스는 절망적인 상황을 뒤집고 그리스 군대에게 승리를 안겨준다.

아킬레우스는 트로이 목마를 이용한 그리스의 마지막 승리를 보지 못하고 활에 맞아 죽지만 그리스의 승리는 아킬레우스의 힘에서 왔음을 아무도 부정하지 못한다. 그것은 제우스의 의지였으며 제우스가 발벗고 나선 것은 아킬레우스가 자기와 닮은 인간이었기 때문이다.

| 신 화 메 모 |

테티스는 아킬레우스를 불사신으로 만들기 위해 낮에는 신들의 음식인 암브로시아를 몸에 발라주고 밤에는 불 속에 묻어두었다. 그러나 테티스의 남편이자 인간인 펠레우스가 밤에 아이를 불에 넣는 것을 보고 깜짝 놀라 테티스를 말렸다. 화가 난 테티스는 남편과 아이를 버려두고 바다로 돌아갔다.

영웅들을
죽이기 위해
태어난 여인

**트로이 전쟁은 파리스의 헬레네 납치로 일어난 사건이다.
과연 그럴까?**

헬레네를 낳기 위해 네메시스를 겁탈하다

그럼 트로이 전쟁은 어떤 의미가 있을까? 모든 전쟁이 그렇듯이 트로이 성벽 아래에서 수많은 사람들이 죽어갔다. 단지 황금 사과를 차지하기 위해 벌인 신들의 치기 어린 장난 때문에 이렇게 수많은 사람이 죽은 것은 아니다.

사람들은 트로이 전쟁의 원인을 헬레네라고 생각한다. 틀린 말은 아니다. 헬레네를 트로이의 왕자 파리스가 아프로디테의 도움을 받아 유혹해서 트로이로 데리고 갔기 때문에 헬레네를 되찾기 위한 그리스 동맹군이 결성되었고 멀리 트로이까지 가서 전쟁을 벌였으므로 겉으로 보기에 헬레네는 트로이 전쟁을 유발시킨 사람이다.

헬레네는 스파르타에서 태어났다. 스파르타의 왕비 레다는 두 개의 알을 낳았다. 각각의 알에서 남녀 쌍둥이가 태어났다. 이상한 것은 남자 하나와 여자 하나는 반인반신의 성격을 지녔고 다른 남녀는 순수하게 인간이었다. 신이 개

입했다는 뜻이다. 그 신은 다름 아닌 제우스였다.

어느 날 제우스는 복수의 여신 네메시스를 겁탈하려고 했다. 그러나 네메시스는 순순히 응하지 않고 달아났다. 둘은 숨바꼭질이라도 하듯이 여러 모습으로 변신해가며 세계 곳곳에서 쫓고 쫓겼다. 네메시스가 잠시 백조로 변해 쉬고 있을 때 멀리서 독수리가 보였다. 잘 아는 것처럼 독수리는 제우스를 상징하는 새이다. 그때 백조 한 마리가 독수리에 쫓겨 네메시스에게 도망쳐 왔다. 네메시스는 자기의 처지를 생각하며 그 백조를 감싸주었다. 그러나 그 백조는 제우스였고 독수리는 아프로디테였다. 네메시스가 속은 것이다.

제우스는 그런 다음 스파르타의 왕비 레다가 목욕을 하고 있을 때 백조의 모습으로 접근했다. 레다는 별 생각 없이 백조를 감싸 안았고 그로부터 열 달 뒤에 알을 두 개 낳았던 것이다. 남자 쌍둥이는 카스토르와 폴리데우케스로 카스토르는 불사의 몸을 타고났다. 여자 쌍둥이는 헬레네와 클리타임네스트라였다.

전쟁을 일으키고자 한 제우스의 의도

헬레네가 시집갈 나이가 되자 사방에서 청혼이 들어왔다. 헬레네의 아버지 틴다레오스는 고민 끝에 오디세우스의 도움을 받아 청혼자들로 하여금 헬레네에게 무슨 일이 생기면 함께 돕는다는 서약을 하게 한 뒤 메넬라오스를 사위로 정했다. 수많은 청혼자 가운데 하나를 선택하면 나머지는 모두 적이 될 수도 있는 상황이었다. 이런 이유 때문에 헬레네가 트로이로 가자 그리스 동맹군이 결성되었던 것이다.

그럼 왜 제우스는 싫다고 도망치는 네메시스를 겁탈해서 헬레네를 낳은 것일까? 이미 세상에는 신과 인간의 결합으로 태어난 영웅이 너무 많았다. 제우스는 이들을 한꺼번에 없앨 방법을 생각했던 듯하다. 그건 바로 전쟁이었다.

이렇게 생각하면 황금 사과의 주인을 가리는 선택을 왜 파리스에게 맡겼는지도 이해가 된다. 제우스가 스스로 선택할 수도 있었지만 굳이 젊은 남자를 택한 것은 헬레네 때문이 아니었을까? 파리스가 세상의 왕이 되게 해주겠다는 헤라와 모든 싸움에서 승리하게 해주겠다는 아테나의 제안을 뿌리치고 가장 아름다운 미녀를 주겠다는 아프로디테를 선택한 것은 젊었기 때문이다. 제우스의 생각대로 파리스는 아프로디테에게 황금 사과를 주었고 트로이 벌판에서 수많은 영웅들이 죽어갔다. 그리고 그리스 신화는 서서히 막을 내리기 시작한다.

| 신 화 메 모 |

네메시스는 밤의 신 닉스의 딸로 악한 행동을 벌주는 복수의 여신이다. 복수의 여신들인 에리니에스가 근친 살해자에 대해 엄격한 처벌을 한 것에 비해 네메시스는 무정한 애인을 벌주는 신으로 유명하다.

외할아버지를
살해한다는 신탁을 받고
태어난 남자

페르세우스에게 내려진 신탁은 우연히 참가한
5종 경기가 벌어지던 경기장에서 실현된다.

황금 비로 변신한 제우스에 의해 태어나다

아르고스 왕국의 공주 다나에가 아이를 낳으면 그 아이가 외할아버지를 죽일
것이라는 예언이 있었다. 그래서 다나에의 아버지 아크리시오스는 다나에를
청동으로 만든 탑에 가두고 남자들의 출입을 엄격하게 금했다.

그러나 예언은 엉뚱한 곳에서 실현되게 마련이다. 외롭게 갇혀 밖으로 난 창
이 유일한 통로였던 다나에를 제우스가 발견했다. 그리고 어느 날 청동 탑으로
황금 비가 쏟아져 내렸다. 황금 비는 제우스였고 다나에는 아버지의 우려대로
임신을 했다.

아크리시오스는 차마 딸과 외손자를 죽일 수는 없어서 바구니에 담아 강에
띄워 보냈다. 강에서 우연히 이들 모자를 발견한 것은 세리포스의 어부 딕티스
였다. 다나에와 페르세우스는 딕티스의 도움으로 그곳에서 살게 되었다.

그리고 페르세우스는 다나에에게 욕망을 품고 있던 세리포스의 왕 때문에

〈다나에〉 다나에는 황금 비를 맞고 페르세우스를 임신한다. 베첼리오 티치아노 작품.

당시 공포의 대상이었던 메두사의 목을 베어 그리스 최고의 영웅이 되었다.

드디어 예언이 이루어지다

아크리시오스는 자기의 생명과 관계가 있었기 때문에 페르세우스에 대한 모든 소문을 듣고 있었다. 페르세우스가 에티오피아의 공주 안드로메다를 괴물에게서 구출해 그녀와 결혼을 했고 다나에를 넘보던 세리포스의 왕을 돌로 만들었다는 이야기도 들었다. 물론 아크리시오스는 자기가 돌로 변할지도 모른다고 생각한 적도 있었지만 페르세우스가 메두사의 머리를 아테나 여신에게 바쳤기 때문에 최소한 그 위험은 사라졌다.

한편 페르세우스는 강을 따라 흘러가던 자기와 어머니를 구해주고 키워준 딕티스가 세리포스의 왕이 되어 어머니 다나에와 결혼을 하자 고향인 아르고스에 가보고 싶어졌다. 다나에는 페르세우스의 발길을 붙잡고 싶었지만 그에 얽힌 예언에 대해서는 말하지 않았다.

페르세우스는 아내 안드로메다와 함께 아르고스를 찾았다. 그가 온다는 말을 들은 아크리시오스는 변장을 하고 몸을 피했다.

페르세우스는 아르고스를 여행하다가 어느 도시에서 열린 5종 경기에 참가해서 원반을 던졌다. 그런데 그날 따라 손이 미끄러웠는지 원반은 엉뚱하게 관중석으로 날아가 어느 노인을 맞혔다.

모두가 술렁이는 가운데 원반에 맞은 노인이 숨을 거두었다. 그리고 그 노인이 아크리시오스 왕임이 밝혀졌다. 페르세우스는 그제야 비로소 자기에게 드리워진 예언에 대해 알게 되었다. 예언이 이루어진 셈이었다.

머리와 깊은 인연이 있는 아르고스 집안

페르세우스는 티린스와 왕국을 바꾸어 티린스의 왕이 되었다. 그리고 영웅으로서는 드물게 많은 아이를 낳고 불행한 죽음을 당하지 않았다. 에티오피아에서 그와 안드로메다 사이에서 태어난 페르세스가 훗날 페르시아를 세웠다고 한다. 그리고 페르세우스의 또 다른 아들 엘렉트리온은 알크메네라는 딸을 낳았는데, 훗날 제우스가 기간테스와의 전투, 즉 기간토마키아를 위해 알크메네와 관계를 맺어 그리스 최고의 영웅 헤라클레스를 세상에 태어나게 했다.

아르고스 집안은 머리와 관계가 깊다. 페르세우스가 메두사의 머리를 벤 것처럼 외가의 전통을 따른 것인지, 헤라클레스는 머리가 9개인 괴물 히드라를 퇴치한다. 그리고 앞으로 보게 될 다나이스 자매는 결혼 첫날밤 49개의 머리를 죽인다.

| 신 화 메 모 |

페르세우스는 페르세스를 에티오피아에 남겨두고 떠났는데 훗날 페르세스가 페르시아를 세웠다고 한다. 페르시아는 페르세스의 이름을 딴 것이다.

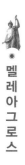

멜레아그로스

장작이
다 타면
죽는 남자

멜레아그로스의 어머니는 아들이 자신의 형제들을 죽이자
절망감에 싸여 운명의 장작을 불태워버렸다.

운명의 여신들이 한 예언

그리스 신화에서 인간과 신의 차이는 죽음에 있다. 신은 죽지 않고 인간은 죽는데 언제 죽을지는 모른다. 인간은 무한히 살 수 없을뿐더러 자기의 수명이 언제까지인지도 전혀 모른다. 다만 분명한 것은 언젠가 죽는다는 사실뿐이다.

그런데 인간 멜레아그로스는 영원히 살 수 있는 사람이었다. 최소한 죽을 시기를 선택할 수 있었다. 그러나 실제로는 그렇지 못했다. 사연은 이렇다.

멜레아그로스는 칼리돈의 왕자였다. 멜레아그로스가 태어난 지 7일째 되던 날 운명의 여신들인 모이라이가 그의 어머니 알타이아를 찾아왔다. 세 여신 가운데 두 신은 멜레아그로스의 용기와 영광에 대해 찬양했다. 나머지 한 여신이 말하기를 지금 난로에서 타고 있는 장작이 모두 타서 재가 되면 멜레아그로스가 죽을 것이라고 예언했다. 알타이아는 이 말이 떨어지기 무섭게 얼른 장작에 붙은 불을 끄고 상자 속에 넣어 소중하게 보관했다. 아들의 삶과 죽음

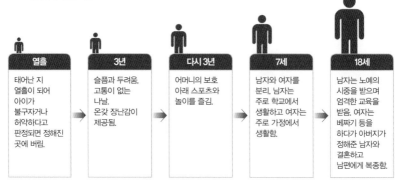

▼ 그리스인의 성장 과정

열흘	3년	다시 3년	7세	18세
태어난 지 열흘이 되어 아이가 불구거나 허약하다고 판정되면 정해진 곳에 버림.	슬픔과 두려움, 고통이 없는 나날. 온갖 장난감이 제공됨.	어머니의 보호 아래 스포츠와 놀이를 즐김.	남자와 여자를 분리, 남자는 주로 학교에서 생활하고 여자는 주로 가정에서 생활함.	남자는 노예의 시중을 받으며 엄격한 교육을 받음. 여자는 베짜기 등을 하다가 아버지가 정해준 남자와 결혼하고 남편에게 복종함.

이 달린 소중한 장작이었다.

외가와 친가의 충돌

멜레아그로스는 운명의 여신들이 예언한 대로 용기를 지닌 젊은이로 성장했다. 그러나 칼리돈에서 벌어진 멧돼지 사냥에서 죽은 멧돼지 가죽의 행방을 놓고 싸우다가 그만 외삼촌을 죽이고 말았다.

이 때문에 멜레아그로스의 외가와 친가는 적으로 변해 싸움을 벌였다. 그러나 그는 어머니가 자기 형제를 죽였다고 그를 저주했기 때문에 싸움에 참가하지 않고 집에 처박혀 있었다. 그럼에도 외가 사람들이 성벽까지 와서 불을 지르고 약탈을 자행하자 칼리돈 사람들은 왕자에게 싸움에 나설 것을 요구했다.

그래도 멜레아그로스는 못 들은 척 집에만 있었다. 이번에는 그의 아내 클레오파트라가 싸움에 나가서 남자의 명예를 보여달라고 요구했다. 그는 더 이상 견딜 수가 없었다. 그래서 칼을 뽑아 들고 싸움에 참가해 패배가 확실하던 싸움을 뒤집고 승리했다. 그러나 이 과정에서 다시 외삼촌을 몇 명 더 살해하고 말았다.

아들을 죽이고 목을 맨 어머니

알타이아는 아들이 자기 형제들을 살해한 것에 큰 분노와 깊은 절망을 느꼈다. 분노와 절망 가운데 하나가 다른 하나를 눌렀다면 행동으로 이어지지 않았을 것이다. 그러나 알타이아의 마음속에서 분노와 절망은 거의 동일한 힘으로 작용을 했고 충돌이 일어났다. 충돌은 무엇인가를 지향하며 밖으로 터져 나오게 마련이다.

알타이아는 자기도 모르게 고이 넣어둔 장작을 꺼내 불을 붙였다. 장작은 천천히 불이 붙었고 용기와 영예로운 삶처럼 기세 좋게 활활 타올랐다. 마지막에 절규라도 하듯 불길이 일어났다가 이내 잦아들며 재가 되었다.

장작이 재가 되자 밖에서 승리의 환호를 올리던 멜레아그로스는 장작개비가 쓰러지듯 갑자기 쓰러져 죽었다. 그 죽음의 비밀을 알고 있는 것은 어머니 알타이아뿐이었다. 모두들 돌연한 죽음에 당황했다.

다른 사람들에게서 아들의 죽음을 확인한 알타이아는 자기가 모든 것을 잃었음을 깨달았다. 형제가 죽었고 아들까지 죽었다. 더군다나 아들은 자기 손으로 죽였다. 알타이아는 허공에 줄을 묶고 목을 맸다. 그녀의 깊은 후회는 불 꺼진 장작처럼 그녀의 가슴을 검게 만들었고 사그라진 불꽃처럼 그녀의 생명도 꺼졌다.

| 신 화 메 모 |

모이라이는 세 명으로 운명의 여신이다. '실을 잣는다'는 의미의 클로토와 '운명의 그림을 그린다'는 뜻의 라케시스, '불가피하다'는 뜻의 아트로포스가 그들이다. 훗날 이 가운데 클로토의 이미지가 강조되어 '운명의 실을 짠다'는 의미로 발전했다.

그리스 문명의 두 축인 아폴론과 디오니소스

그리스의 힘은 이성과 감성의 조화에서 비롯되었다

그리스 신화에서 인간의 이야기를 살펴보기 전에 먼저 신들의 이야기를 볼 필요가 있다. 인간의 이야기는 신의 그것을 모방하거나 신의 행위가 인간세계에 반복되어 드러나기 때문이다.

그리스의 신들은 각자 고유한 영역을 지니고 있다. 그 가운데에서 아폴론과 디오니소스는 극과 극이라고 할 정도로 서로 다르다. 그리스 문명의 본질을 가장 잘 파악한 사람으로 니체가 꼽힌다. 그는 《비극의 탄생》이라는 책에서 아폴론적인 것과 디오니소스적인 것의 조화를 그리스 문명의 본질로 이해했다.

아폴론과 디오니소스가 공통적으로 지니고 있는 것이 있었는데 그것은 들림, 즉 무엇인가에 홀린 상태 또는 신들림이었다. 아폴론은 시와 음악을, 디오니소스는 포도주를 이용했다. 이들은 들림을 통해 힘을 과시했다.

감성적 들림 상태를 잃어버린 인간들

단적으로 말해서 아폴론적인 것은 이성, 디오니소스적인 것은 감성이라고 할 수 있다. 시대가 지나면서 철학의 득세와 함께 아폴론적인 것이 세상을 지배하게 되면서 세계는 어두운 감성적 본성을 뜻하는 디오니소스적인 힘을 잃게 되었다.

니체는 아폴론적인 힘을 정오로 표현했다. 환하게 빛나지만 햇살 아래에서는 아무것도 숨길 수 없다. 그리스 신화에 따르면 이 밝음은 어둠에서 태어났다. 그리고 세상을 지배하는 애욕, 다툼, 살인, 비탄, 꿈 등 디오니소스적 요소는 모두 어둠의 후예들이다.

고대에 흔히 행해졌던 디오니소스적인 축제는 이제 존재하지 않는다. 모든 경계가 무너지고 구별이 존재하지 않는 그런 축제 속에서 인간은 야수와도 같은 본질적인 힘을 회복했던 것이다. 그러나 디오니소스적인 힘의 쇠락으로 비극이 시작되고 인간은 본성적인 힘을 잃었다. 감성적 들림 상태를 잃은 것이다.

Column

이 들림 상태에는 성(性)이 내재되어 있다. 에우로페, 아리아드네, 파이드라, 메데이아 등 그리스 신화에 등장하는 수많은 여인들이 이 들림 상태에서 모든 것을 포기하고 남자를 따라나섰고 그 남자를 영웅으로 만들었다. 들림 상태에서 수많은 변형과 변신 이야기가 샘솟아 나왔다.

여자가 들리고 사랑에 빠지면 자기의 조국과 가족, 심지어는 자기의 성까지도 배신한다. 아마존의 여왕 안티오페는 테세우스로 인해 들림 상태가 되었는데 그 때문에 자기를 구하러 온 아마존의 전사들과 싸우다가 죽고 만다.

동전의 양면 같은 존재

아폴론의 들림 상태는 시와 음악을 비롯한 예술의 법칙이었기 때문인지 아폴론은 언제나 사랑에 실패한다. 사랑은 아폴론적인 것이 아니라 디오니소스적인 것이기 때문일까? 한편 디오니소스의 들림 상태는 자기 파괴적인 성향을 지니고 있다. 테베의 왕 펜테우스가 이 들림 상태에 빠진 어머니에게 사지가 찢겨 살해당한 것도 그 때문이다. 사실 아폴론과 디오니소스는 서로 상반된 존재이다. 그러나 인간이 모두 삶과 죽음을 함께 지니고 있는 것처럼, 앞뒤로 나뉘지만 몸체가 하나인 동전처럼 아폴론과 디오니소스는 서로 다르지 않다.

제4장

·

영웅들의
모험과
방랑

납치된 동생을 찾아 방랑을 하는 사람

카드모스는 황소에게 납치된 동생을 찾으러 떠났다가
달무늬가 있는 황소를 쫓아 테베를 건국했다.

동생 대신 달무늬가 있는 황소를 찾아라

페니키아에 있는 시돈의 바닷가에서 공주 에우로페는 제우스에게 납치되었다.
페니키아의 왕 아게노르는 아내와 아들들을 모아놓고 에우로페를 찾을 때까
지 돌아오지 말라고 엄명을 내렸다.

장남 카드모스는 어머니 텔레파사와 함께 페니키아를 떠났다. 그러나 얼마
지나지 않아 어머니가 죽자 카드모스는 장례를 치르고 에우로페의 행방에 대
해 신탁을 했다. 신탁은 에우로페를 찾아다니지 말라고 대답했다. 대신 배에
달무늬가 있는 황소를 따라가다가 그 황소가 눕는 곳에 도시를 세우라고 했
다. 신탁을 들은 카드모스는 에우로페가 신에게 납치되었을 것으로 생각했다.

카드모스는 이제 여동생 에우로페가 아닌 배에 달무늬가 있는 황소를 찾아
다니기 시작했다. 얼마 뒤 포키스에서 찾고 있던 황소를 만났다. 그 황소는 오
랫동안 여행을 한 뒤에 훗날 테베가 건설된 곳인 아소포스 강가에 이르러 길

▼ **카드모스의 행적**

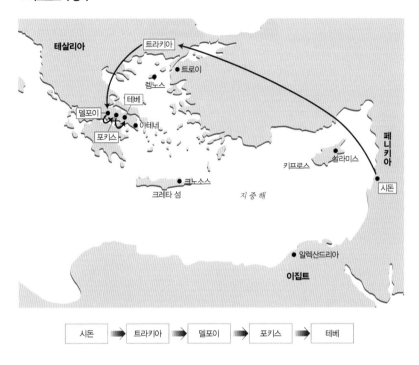

시돈 ➡ 트라키아 ➡ 델포이 ➡ 포키스 ➡ 테베

게 누웠다. 카드모스는 황소를 잡아 지혜의 여신 아테나에게 제사를 지내고 어떻게 도시를 건설할지를 고민했다. 그사이 함께 간 부하들에게 전쟁의 신 아레스의 샘에 가서 물을 떠 오라고 시켰다.

아테나의 도움으로 도시국가 테베 건설

그런데 이 샘에는 용이 살면서 샘을 지키고 있었다. 용은 물을 뜨러 온 카드모스의 부하들을 죽였다. 화가 난 카드모스가 용을 죽이고 아테나의 말에 따라 용의 이빨을 땅에 뿌리자 무장을 한 스파르토이라고 불리는 남자들이 이빨을 뿌린 곳에서 튀어나왔다. 카드모스는 아테나가 시킨 대로 이빨들 사이로 돌을 하나 던졌다.

대지에 돌을 던진 것은 이번이 두 번째이다. 인류를 절멸시키기 위해 제우

▼ **테베의 가계도**

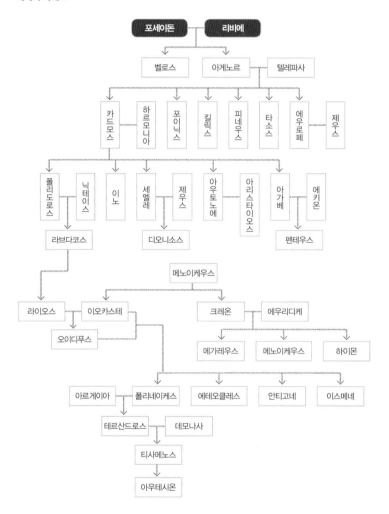

스가 대홍수를 일으켰을 때 유일하게 살아남은 데우칼리온과 피라는 신들의 말대로 등 뒤로 돌을 던졌고 돌은 사람이 되었다.

　그러나 카드모스가 던진 돌은 정반대의 의미를 지녔다. 돌을 던지자 용의 이빨을 뿌린 곳에서 튀어나온 용사들은 자기들끼리 싸우기 시작했다. 서로 죽이고 마지막까지 살아남은 것은 겨우 5명뿐이었다. 카드모스는 이 5명과 함께

용을 죽인 대가로 아레스에게 8년 동안 봉사를 했다.

그 뒤 카드모스는 아테나의 도움을 받아 배에 달무늬가 그려져 있는 황소가 누웠던 곳에 테베라는 도시국가를 건설했다. 또한 카드모스의 여동생 에우로페를 납치했던 제우스는 처남에 해당하는 카드모스에게 아레스와 아프로디테 사이에서 태어난 딸인 하르모니아를 주어 결혼하게 했다.

테베를 떠나 다시 시작된 방랑

카드모스와 하르모니아의 결혼식은 신들이 모두 참석한 가운데 성대하게 치러졌다. 신들이 인간의 결혼식에 참석한 것은 바다의 여신 테티스와 펠레우스의 결혼식을 포함해 두 번뿐이다. 이때 불화의 여신이 던진 황금 사과가 결국 트로이 전쟁으로 이어졌듯이 대장장이 신 헤파이스토스가 하르모니아에게 선물한 목걸이는 훗날 여러 사람의 목숨을 앗아갔다.

카드모스는 테베를 평화롭게 통치했지만 후손들의 불행 때문에 결국 늘그막에 테베를 다시 떠나야 하는 운명이 되었다. 카드모스는 손자인 술의 신 디오니소스의 말을 따라 마지막 삶의 안식을 위해 자기 손으로 일군 테베를 떠났다.

| 신 화 메 모 |

'씨를 뿌려 나온 남자들'이라는 의미인 스파르토이는 모두 5명이다. 원래는 용의 이빨을 뿌린 사람을 공격하는 것으로 알려져 있다. 스파르토이는 용의 이빨을 뿌린 카드모스와 화해를 하고 함께 테베를 건설했고 이들은 테베 귀족의 조상이 되었다.

왕에게 바칠
메두사의 머리를
찾아 떠나다

외할아버지를 죽일 것이라는 불길한 예언 때문에 페르세우스는
태어나자마자 버림받지만 메두사를 처치해 영웅이 되었다.

어머니에게 흑심을 품은 왕의 음모

그리스 신화에는 카드모스처럼 자기 의지와 관계없이 집을 떠나게 되고 방랑
과 모험을 통해 영웅이 되는 사람이 많다. 또한 이미 태어날 때부터 불길한 예
언 때문에 집을 떠나야 하는 영웅도 있다.

　페르세우스는 외할아버지를 살해할 것이라는 예언 때문에 집을 떠나야 한
경우이다. 그의 외할아버지 아크리시오스는 자기가 살자고 페르세우스를 죽
일 수는 없었던지 아이가 태어나자 어머니 다나에와 그를 바구니에 넣어 강
에 띄워 보냈다. 이렇게 태어나자마자 유랑을 시작한 영웅은 이들을 발견한 세
리포스에 사는 딕티스라는 어부의 도움을 받아 자랐다. 그러나 그들이 평온하
게 잘 살았다면 우리는 페르세우스를 기억하지 못할 것이다.

　세리포스의 왕은 딕티스의 형이었는데 다나에를 좋아했다. 제우스도 다나
에의 아름다움에 반해 황금 비로 변신했을 정도였으니 왕이 보기에 얼마나

〈페르세우스와 안드로메다〉 페르세우스는 메두사를 물리치고 돌아오는 길에 괴물한테 잡아먹힐 위기에 처한 안드로메다를 구한다. 페테르 파울 루벤스 작품.

아름다웠겠는가. 그러나 눈엣가시가 하나 있었다. 바로 페르세우스였다. 그는 왕을 싫어했고 다나에 옆을 떠나지 않았다.

세리포스의 왕은 궁리 끝에 다른 여자와 결혼식을 올렸다. 페르세우스는 다른 사람들처럼 말을 선물로 바쳤다. 그러나 왕은 페르세우스에게 특별한 것을 원했다. 그것은 바로 고르곤 자매의 하나이며 얼굴을 보기만 해도 돌이 된다는 무서운 괴물 메두사의 머리였다.

메두사도 해치우고 결혼도 하고

페르세우스는 어쩔 수 없이 메두사의 머리를 얻기 위해 어머니 곁을 떠났다. 영웅의 이런 모험에는 대개 그를 도와주는 힘이 있다. 페르세우스를 도운 것은 지혜의 여신 아테나였다.

페르세우스가 메두사의 거처에 이르렀을 때 무수히 많은 돌들이 사방에 널려 있었다. 메두사를 해치우겠다며 찾아왔다가 스스로 석상이 된 얼치기 영웅들의 모습이었다. 메두사의 목을 벤 페르세우스는 도중에 바위에 묶여 괴물의 먹이가 될 위기에 처해 있던 안드로메다를 구하고 결혼을 했다. 그러나 안드로메다에게는 약혼자가 있었다.

막 결혼식이 거행되려고 할 때 안드로메다의 약혼자가 많은 부하들을 이끌고 결혼식장에 나타났다. 왕인 케페우스는 안드로메다가 괴물 앞에서 떨고 있을 때 너는 어디에 있었느냐고 꾸짖었지만 약혼자는 코웃음을 치며 안드로메다를 내놓으라고 크게 소리를 쳤다. 페르세우스는 그들과 맞서 싸웠지만 수적으로 너무 불리했다. 그래서 그는 "적이 아닌 사람은 고개를 돌려라."라고 말하며 메두사의 머리를 높이 쳐들었다. 약혼자와 그의 부하들은 페르세우스를 비웃으며 칼을 쳐들고 그에게 달려들었다. 그 순간 그들은 모두 돌이 되고 말았다. 돌이 되기 전 바로 그 모습으로 말이다. 연회장은 정교하게 조각된 석상을 모아둔 박물관처럼 변했다.

돌이 되어버린 세리포스의 왕

페르세우스가 세리포스로 돌아갔을 때 왕은 그가 없는 틈을 이용해 다나에를 신전에 가두고 자기 것으로 만들 기회를 엿보고 있었다. 화가 난 페르세우스는 왕에게 원하던 메두사의 머리를 가져왔다고 말하며 왕의 눈앞에 선물을 내밀었다. 놀라서 동그랗게 눈을 뜬 채로 왕은 돌이 되었다.

고대의 석상을 찾아다니는 고고학자처럼 페르세우스 앞에는 돌로 된 석상이 즐비했다. 그는 자기를 도와준 아테나 여신에게 메두사의 머리를 바쳤고 여신은 방패 한가운데에 메두사의 머리를 달았다.

| 신 화 메 모 |

아테나 여신은 아이기스라고 불리는 유명한 방패를 갖고 있다. 그 방패는 불을 토하던 아이기스라는 괴물의 가죽으로 만든 것이다. 원래 제우스의 것이었는데 제우스가 아테나에게 선물로 준 것이다. 여기에 페르세우스가 준 메두사의 목을 달았다.

황금빛 찬란한
모험을 떠난
사람들

아르고 원정대는 길고 먼, 그러나 낭만과
사랑이 있는 모험의 은유로 사용된다.

여자들만 있는 섬 렘노스에서의 1년

그리스 신화에서 가장 뛰어난 모험담은 단연 아르고 원정대의 이야기이다. 테살리아의 왕인 이아손의 숙부는 이아손에게 왕위를 물려주지 않으려고 황금 양가죽을 가지고 오면 왕위를 물려주겠다고 약속했다. 황금 양가죽을 찾는 것은 거의 불가능에 가까운 일이었다. 그렇지만 모험을 즐기는 그리스의 젊은 이들이 각지에서 모여들어 아르고 원정대를 구성하고 땀과 열정이 뿜어 나오는 모험을 시작했다.

이들이 가장 먼저 들른 곳은 대장장이 신 헤파이스토스의 섬이기도 한 렘노스였다. 렘노스에는 남자가 하나도 없었다. 아름다움의 신 아프로디테가 섬에 저주를 내려 여자들에게서 나쁜 냄새가 나게 만들었고 이 때문에 남자들이 여자들을 멀리하자 화가 난 여자들이 남자를 모두 죽였던 것이다.

그런데 아르고 원정대가 도착했을 때 아프로디테는 남편 헤파이스토스를 기

〈아르고 호〉 사자 가죽을 두르고 곤봉을 든 채 뱃머리에 서 있는 인물이 헤라클레스이다. 헤라클레스가 님프들에게 납치당한 힐라스를 찾아 나선 사이, 일행은 이 사실을 모른 채 출항을 하고 만다. 로렌조 코스타 작품.

쁘게 해주기 위해 여자들의 몸에서 나는 냄새를 없앴다. 아르고 원정대가 남자가 없는 렘노스 섬에서 어떤 환대를 받았는지는 말하지 않아도 알 것이다. 아르고 원정대는 렘노스 섬에서 1년 동안 기항했다. 그리고 아이들이 태어났다.

폭풍 때문에 되돌아온 키지코스에서의 습격

원정대는 황금 양을 타고 가다가 떨어져 죽은 헬렌의 이름을 딴 헬레스폰토스 해협을 지나 키지코스의 섬에 도착해 뜨거운 환대를 받았다. 일행들이 모두 왕이 베푼 연회에 참석하고 있는 동안 혼자 배를 지키던 헤라클레스는 팔이 6개인 거인들의 습격을 받았다. 일행들이 연회를 끝내고 돌아왔을 때 해안가에는 거인들의 시체가 즐비했다. 헤라클레스 혼자서 모두 처치했던 것이다.

원정대는 밤에 바다로 나갔다가 폭풍에 휘말려 어느 섬에 표류를 했는데 그곳 주민들의 습격을 받았다. 그러나 격퇴를 하고 아침에 보니 그들은 키지코스의 주민들이었다. 시체 중에는 키지코스 왕도 있었다. 어처구니없는 일이었

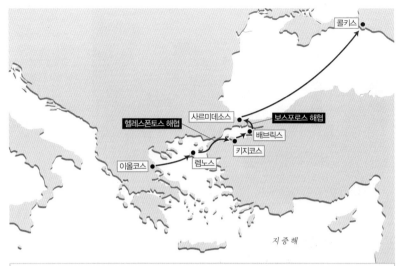

콜키스

헬레스폰토스 해협   사르미데소스   보스포로스 해협

배브리케

키지코스

이올코스   렘노스

지중해

이올코스 → 렘노스(여자들의 환대) → 헬레스폰토스 해협 → 키지코스(왕의 환대를 받았지만 불행히 이들을 살해) → 비티니아 해안(헤라클레스 낙오) → 베브리케(권투 시합으로 폴리데우케스가 아미코스 왕을 살해) → 사르미데소스(트라키아, 피네우스 왕과 만남. 괴물 새 하르피아 퇴치) → 심플레가데스(움직이는 바위) → 아레스의 섬(새로 참가한 아르고스가 콜키스에서 기다리고 있는 일에 대해 알려줌) → 보스포로스 해협 → 콜키스 도착

다. 폭풍 때문에 그들은 되돌아왔던 것이다.

12가지 과업 때문에 홀로 남은 헤라클레스

다음에 기항한 곳은 비티니아 해안이었다. 노를 부러뜨린 헤라클레스는 해안에 상륙해 노를 만들었는데 그사이 시종인 힐라스가 님프들에게 납치를 당했다. 헤라클레스가 힐라스를 찾고 있는 동안에 그가 없어진 줄 몰랐던 원정대는 바다로 나갔다. 그때 바다의 신 글라우코스가 나타나 헤라클레스는 12가지 과업을 해야 되기 때문에 남았다고 전해주었다.

원정대가 다음에 도착한 곳은 베브리케인의 나라였다. 이곳의 왕인 아미코스는 그곳을 여행하는 사람에게 강제로 권투 시합을 신청해서 죽이는 악명 높은 사람이었다. 원정대 가운데 권투의 명수인 폴리데우케스가 나서서 아미코스의 머리를 때려 두 동강 냈다.

피네우스의 도움으로 통과한 마지막 위험

다음 기항지는 제우스의 벌을 받아 하르피아이라는 괴물에게 시달리는 피네우스 왕이 다스리는 트라키아였다. 장님인 피네우스가 식사를 하려고 식탁에 음식을 차리면 얼굴은 사람이지만 몸은 새인 하르피아이 자매가 나타나 음식을 모두 먹어치웠다. 딱하다고 생각한 원정대는 하르피아이를 쫓아냈다. 피네우스는 고마움의 표시로 앞으로 나타날 위험에 대해 경고하고 그 대처 방법을 일러주었다.

위험이 도사리고 있는 곳은 '부딪치는 바위'라는 뜻인 심플레가데스였다. 무엇인가가 지나가면 양쪽의 두 바위가 서로 다가와 지나가는 것을 부수는 무서운 곳이었다. 피네우스는 이곳을 무사히 통과하면 황금 양가죽이 있는 콜키스까지는 별다른 어려움이 없을 것이라고 예언했다. 아르고 원정대는 심플레가데스에 도착하자 바다 위를 걸을 수 있는 포세이돈의 아들 에우페모스에게 바위 가까이로 가서 비둘기 한 마리를 날려 보내게 했다. 그러자 두 바위가 비둘기를 향해 다가왔다. 비둘기는 아슬아슬하게 바위 사이를 통과했다. 원정대는 두 바위가 뒤로 물러나기 시작하자 있는 힘을 다해 노를 저었다. 바위는 일단 뒤로 물러났다가 아르고 원정대를 태운 배를 부수기 위해 서서히 다가왔다. 원정대의 배 역시 비둘기처럼 아슬아슬하게 바위에 부딪치지 않고 빠져나갔다.

이렇게 여러 모험을 거치고 콜키스에 도착한 아르고 원정대는 모험의 목적인 황금 양가죽을 얻어 귀국했다. 당시 그리스에서 내로라 하는 영웅들이 모두 모인 아르고 원정대는 그 이후 서양 사람들에게 모험의 대명사로 불렸다. 그래서 '나의 황금 양가죽을 찾고 싶다.'라는 말은 모험을 하고 싶다는 관용어가 되었다.

| 신 화 메 모 |

헤라는 아르고 원정대, 특히 이아손에게 많은 도움을 주었다. 그것은 이아손에게 황금 양가죽을 가져오라고 명령한 펠리아스 왕에 대한 반감 때문이었다. 펠리아스가 헤라의 신전으로 도망친 계모를 죽였기 때문이다.

영웅의
삶을 보여준
사람

**불가능해 보이는 12가지 과업을 이루기 위해
헤라클레스는 세상을 떠돌았다.**

헤라가 만들어낸 12가지 과업

헤라클레스는 많은 업적을 남긴 영웅이다. 그 업적들 가운데 가장 유명하고 눈길을 끄는 것은 12가지 과업이다. 12과업 가운데 여섯 가지는 펠로폰네소스 반도가 그 무대이고 두 가지는 그리스에서 멀리 떨어진 곳이며 나머지 네 가지는 지하세계를 비롯해서 현실 세상에 존재하지 않는 장소였다. 헤라클레스가 달성한 12과업은 헤라가 꾸민 것으로, 헤라클레스가 에우리스테우스 왕의 노예가 되어 시행되었다.

식인 사자를 죽임으로써 죽음을 극복하다

첫 번째 과업은 네메아 계곡에 사는 식인 사자의 가죽을 가져오는 일이었다. 그 사자는 신들도 겁내는 괴물 티폰의 후손이었다. 이 사자는 달의 여신 셀레네가 젖을 먹여 키운 불사신으로 사자라기보다는 괴물이었다. 네메아 계곡 일

〈헤라클레스와 레르네의 히드라〉 헤라클레스가 레르네에 사는 물뱀 히드라를 죽이기 위해 무기를 휘두르는 장면이다. 구이도 레니 작품.

대를 돌아다니며 주민들을 닥치는 대로 잡아먹었다. 이 사자의 상징어는 '장례', 곧 '죽음'이었다.

헤라클레스는 네메아 입구에서 떡갈나무로 곤봉을 하나 만들었다. 이 곤봉은 그가 평생 들고 다니며 휘두르게 되는 강력한 무기였다. 계곡에서 사자를 발견한 그는 활과 곤봉이 통하지 않을 것을 알고 사자를 하늘로 들어 올려 목을 졸라 죽였다. 이 사건은 헤라클레스가 장례를 상징하는 사자를 죽임으로써 죽음을 극복한 영웅이 될 것임을 암시한다.

두 번째는 물뱀 히드라를 퇴치하는 일이었다. 히드라는 앞에서 본 대로 척박한 아르고스 지방의 레르네라는 샘물에 사는 물뱀이었다. 히드라는 머리가 아홉으로 하나를 자르면 2개가 되었다. 또한 가운데 있는 머리는 죽지 않았다. 헤라클레스는 사촌의 조언에 따라 8개의 머리를 불로 지지고 죽지 않는 머리를 큰 바위로 눌러 움직이지 못하게 했다.

세 번째는 케리네이아의 사슴을 산 채로 미케네로 가져오는 일이었다. 그 사슴의 머리에는 황금 뿔이 있었다. 아르테미스의 소유로 아르테미스의 전차를 끄는 네 마리 사슴 가운데 한 마리였다.

헤라클레스는 그 사슴을 죽이거나 상처를 입히지 않기 위해 1년 동안 사슴의 뒤를 쫓았다. 결국 라돈 강 근처에서 잠자고 있는 사슴을 발견하고 그물을 던져 살아 있는 채로 잡는 데 성공했다. 아르테미스도 헤라클레스를 동정했기 때문에 방해하지 않았다. 이미 자기도 헤라의 분노를 경험했기 때문이다.

알페이오스 강물로 하루 만에 마구간 청소를 끝내다

네 번째 과업은 에리만토스의 멧돼지를 산 채로 잡아오는 것이었다. 헤라클레스는 덤불 속에서 거친 숨을 몰아쉬며 뛰어다니는 멧돼지를 발견하고 그 뒤를 쫓았다. 멧돼지는 눈이 깊이 쌓여 있는 집으로 들어갔다. 헤라클레스는 소리를 크게 질러 멧돼지를 밖으로 유인해서 그물을 던져 사로잡았다. 헤라클레스가 아르고 원정대에 참가한 것은 바로 이때였다.

다섯 번째는 아우게이아스의 마구간을 청소하는 일이었다. 아우게이아스는 소를 많이 소유하고 있었는데 30년 동안 한 번도 마구간을 청소한 적이 없었다. 헤라클레스는 그를 찾아가 자기의 임무를 밝히지 않고 가축의 10분의 1을 주면 하루 만에 마구간을 깨끗이 치워주겠다고 말했다.

아우게이아스는 헤라클레스의 말을 믿지는 않았지만 약속을 했다. 헤라클레스는 아우게이아스의 아들을 증인으로 내세웠다. 헤라클레스는 벽에 구멍을 몇 개 뚫고 알페이오스 강물을 끌어들여 청소를 끝낸 뒤 어두워지기 전에 강물을 밖으로 내보내고 구멍을 막았다.

헤라클레스는 약속대로 하루 만에 마구간 청소를 모두 마치고 약속한 것을 달라고 요구했다. 그러나 아우게이아스는 그것이 헤라클레스가 마땅히 해야 할 일이라는 것을 알고는 보수를 줄 수 없다고 말하면서 그런 약속조차 한 일이 없다고 딱 잡아뗐다.

그래서 재판이 벌어졌다. 그 자리에서 아우게이아스의 아들 필레우스는 아버지가 약속을 했다고 반대 증언을 하고 말았다. 화가 난 아우게이아스는 헤라클레스와 자기 아들을 외국으로 추방했다. 헤라클레스는 훗날 아우게이아스를 살해하고 국외로 추방당했던 필레우스를 왕으로 세웠다.

괴물 새의 퇴치와 크레타 섬의 황소 포획

여섯 번째 과업은 스팀팔로스에 있는 새를 쫓아내는 일이었다. 그곳에는 호수가 있었는데 깊은 숲 속에 파묻혀 있었다. 그 숲 속에는 날개 끝이 청동인 새들이 살고 있었다. 새들은 떼를 지어 다니며 사람을 습격하거나 밭에 배설물을 떨어뜨려 농사를 망쳐놓았다.

헤라클레스는 아무리 궁리해도 그 많은 괴물 새를 쫓아낼 방법을 찾지 못했다. 그 모습을 본 아테나가 헤파이스토스에게 방울을 얻어서 그에게 주었다. 헤라클레스는 그 방울을 가지고 숲 근처에 있는 산으로 올라가 흔들었다. 그러자 새들이 헤라클레스가 있는 곳으로 날아들었다. 그것을 기다리고 있던 그는 화살을 쏘아 모두 죽였다.

일곱 번째 과업은 펠레폰네소스를 벗어나 멀리 크레타 섬의 황소를 데리고 오는 일이었다. 이 황소는 포세이돈이 미노스의 부탁으로 바닷속에서 보내준

▼ 헤라클레스의 12가지 과업

	장소	과업
1	네메아	식인 사자 퇴치
2	레르네	독을 뿜는 물뱀 히드라 퇴치
3	오이오네 숲(케리네이아)	아르테미스의 사슴 생포
4	에리만토스 산	멧돼지 생포
5	엘리스	아우게이아스의 마구간 청소
6	스팀팔로스 호수	괴물 새 쫓기
7	크레타	황소 생포
8	트라키아	식인 말 생포
9	아마존	여왕 히폴리테의 허리띠 가져오기
10	에리테이아 섬	게리온의 소 생포
11	아틀라스	헤스페리스 자매의 황금 사과 가져오기
12	하데스	지하세계를 지키는 케르베로스 생포

▶ **헤라클레스의 12가지 과업 중
6가지 과업이 이루어진 그리스 지역**

황소였다.

　헤라클레스는 잡아가도 좋다는 미노스의 허락을 받고 손쉽게 황소를 포획해서 에우리스테우스에게 가지고 가서 보여준 다음 자유롭게 풀어주었다. 그 뒤 황소는 여기저기 떠돌아다니며 사람들을 괴롭혔다고 한다. 또한 미노스의 아들 안드로게오스도 물어 죽였다. 그러나 나중에 테세우스에게 잡혀 죽었다.

식인 말 생포와 아마존 여왕의 허리띠 가져오기

여덟 번째 과업은 트라키아 사람인 디오메데스의 식인 말을 미케네로 데리고 오는 것이었다. 디오메데스는 전쟁의 신 아레스의 아들로서 호전적인 민족의 왕이었다.

헤라클레스는 바다를 건너 말 시중을 드는 사람들을 쫓아내고 말을 바다로 끌고 왔다. 그때 디오메데스가 부하를 이끌고 바다로 달려왔다. 헤라클레스는 말을 헤르메스의 아들 압데로스라는 어린 소년에게 맡기고 디오메데스와 싸움을 벌이기 시작했다. 아무리 호전적인 민족이라고 해도 헤라클레스를 당해낼 수는 없었다. 결국 디오메데스는 헤라클레스에게 살해되고 다른 부하들도 쫓겨 도망쳤다.

그러나 헤라클레스가 말이 있는 곳으로 돌아왔을 때 어린 소년이 죽어 있었다. 말이 잡아먹은 것이다. 그는 그 자리에서 당장 말을 때려죽이고 싶었지만 산 채로 잡아가는 것이 임무였으므로 꾹 참고 에우리스테우스에게 끌고 갔다. 에우리스테우스는 그 말을 야생에 풀어놓았다. 말은 여기저기 떠돌다가 산에서 들짐승에게 죽임을 당했다. 헤라클레스는 어린 소년 압데로스의 죽음을 기리기 위해 그곳에 도시를 건설했다.

아홉 번째 과업은 히폴리테의 허리띠를 가져오는 것이었다. 에우리스테우스가 헤라클레스에게 히폴리테의 허리띠를 가져오라고 한 것은 그의 딸 아드메테가 원했기 때문이다. 히폴리테가 차고 있는 허리띠는 가장 뛰어난 여자라는 의미에서 전쟁의 신 아레스가 준 것이었다.

헤라클레스는 아마존 왕국으로 가서 히폴리테에게 허리띠를 달라고 부탁했다. 히폴리테는 선선히 허리띠를 내주려고 했다. 그런데 헤라가 아마존의 여자로 변신해 이방인이 여왕을 납치하려고 한다는 소문을 퍼뜨렸다. 이 소문을 들은 아마존 족은 무장을 한 뒤 헤라클레스를 사로잡으려고 했다. 이에 노한 헤라클레스는 히폴리테가 배신한 것으로 생각하고 그녀를 죽이고 허리띠를 빼앗아 돌아왔다.

게리온의 황소 포획

열 번째 과업은 에리테이아에 있는 게리온의 소를 데리고 오는 것이었다. 게리온은 다리는 하나지만 옆구리와 허벅지에서 갈라져 나온 몸뚱이를 포함해 몸뚱이가 3개인 괴물이었다. 게리온은 원래 지하세계의 신 하데스가 변신한 것이었다. 그는 붉은 소를 가지고 있었다.

헤라클레스는 유럽을 통과하며 많은 야수를 죽이고 리비아로 가서 여행 기념으로 칼페 산과 아빌라 산에 2개의 기둥을 세웠다. 이것을 '헤라클레스의 기둥'이라고 부른다.

헤라클레스가 에리테이아에 도착하자 도둑을 지키는 개 오르토스가 그를 발견하고 돌진해왔다. 그러나 헤라클레스는 곤봉으로 개를 때려잡고 개를 도우러 온 거인 에우리티온마저 살해했다. 헤라클레스가 소를 몰고 유유히 떠나려고 하는 순간에 소식을 듣고 달려온 게리온과 맞닥뜨렸다. 그들은 치열한 싸움을 벌였지만 결국 헤라클레스의 화살이 게리온의 목숨을 거두었다.

티레니아 지방을 지나는 도중에는 황소 하나가 바닷속으로 뛰어들어 시칠리아로 헤엄을 쳐 건넜다. 이 일로 그곳을 '이탈리아'라고 부르게 되었는데 이는 티레니아 지방 사람들이 황소를 '이탈로스(Italos)'라고 불렀기 때문이다.

에우리스테우스가 추가한 두 가지 과업

헤라클레스가 정해진 열 가지 과업을 8년 1개월 만에 끝내자 에우리스테우스는 물뱀 퇴치와 아우게이아스 왕의 마구간 청소 과업을 인정할 수 없다고 말했다. 물뱀을 퇴치할 때는 다른 사람의 도움을 받았고 마구간 청소를 할 때는 보수를 요구했다는 것이 그 이유였다.

그렇게 해서 열한 번째 과업으로 아틀라스의 딸인 헤스페리스 자매가 지키고 있는 황금 사과를 가져오라고 시켰다. 헤라클레스는 프로메테우스를 괴롭히는 독수리를 죽이고 그의 말에 따라 아틀라스를 속여 황금 사과를 손에 넣었다.

열두 번째 과업은 지옥에서 케르베로스를 데리고 오는 일이었다. 케르베로스는 개의 머리 3개와 뱀의 꼬리를 가지고 있으며 등에는 온갖 종류의 뱀 머리가 혀를 날름대고 있는 괴물로 지옥의 문을 지키고 있었다. 케르베로스의 역할은 저승에서 도망치는 사람을 잡아먹는 것이다. 에우리스테우스는 이번에야말로 헤라클레스가 살아남지 못할 것이라고 생각했다.

헤라클레스가 지하세계로 내려갈 수 있는 자격을 얻고 발을 들여놓자 메두사를 제외한 모든 영령들이 도망쳤다. 그는 하데스의 허락을 받아 힘으로 케르베로스를 굴복시킨 다음 에우리스테우스에게 데려갔다.

| 신 화 메 모 |

헤라클레스가 에우리스테우스의 노예가 되어 12가지 과업을 했던 표면적인 이유는 자기 아내와 아들을 죽였기 때문이다. 그래서 신탁에 따라 이름을 헤라클레스로 바꾸고 어려운 일을 해야 한다는 말을 들었다. 그러나 궁극적인 이유는 집요한 헤라의 분노를 누그러뜨리기 위한 것이었다.

Column

영웅은 어떤 사람인가

청년 헤라클레스의 고민

세계의 신화에서 영웅은 대체로 신과 인간 사이에서 태어난 사람들이다. 신화시대의
첫 번째 주인공은 당연히 신들이었다. 그러다가 신과 인간의 성격을 모두 지닌 영웅의
시대가 열린다. 그리고 그리스 신화의 경우 트로이 전쟁에서 많은 영웅들이 죽고 인간
의 시대가 시작된다. 다시 말해서 영웅은 인간들에게 어떻게 살아야 하는가 하는 전형
을 보여준다. 불의와 타협하지 않고 어려운 난관을 피하지 않고 정면으로 돌파하는 행
동은 훗날 사람들에게 모범이 되었다. 헤라클레스는 이런 면에서 탁월한 영웅이었다.
그리스의 소피스트 프로디코스의 〈헤라클레스의 선택〉이라는 짧은 글을 보면 쉽게 이
해할 수 있다.

　헤라클레스는 청년이 되었을 때 앞으로 어떻게 살지에 대해 진지하게 생각했다. 그
것은 미덕의 길을 갈 것인지 악덕의 길을 갈 것인지에 대한 고민이기도 했다. 그때 헤라
클레스 앞에 두 명의 키 큰 여자가 나타났다.

　한 여자는 얼굴이 아름답고 고귀하게 보이며 몸을 화려하게 장식하지는 않았지만 청
결함이 느껴지고 두 눈에는 부끄러움이 담겨 있는 사람이었다. 다른 한 여자는 풍만하
고 부드러운 살결에 붉게 화장을 했으며 나이보다 젊게 보이려고 매력적인 옷을 입고
있는 사람이었다.

지름길과 멀리 돌아가는 길

처음에 두 여자는 함께 걸어왔지만 풍만하고 붉게 화장을 한 여자가 먼저 오려는 듯이
뛰어서 헤라클레스 앞에 먼저 이르렀다.

　"나는 당신이 인생의 길을 앞두고 망설이고 있다는 것을 알고 있어요. 만약 당신이
나의 손을 잡고 함께 가겠다면 나는 기꺼이 가장 즐겁고 편한 길을 안내하겠어요. 당
신은 그 어떤 고통도 맛보지 않을 거예요. 또한 세상의 온갖 즐거움과 쾌락을 맛볼 수

있을 거예요. 당신은 전쟁 따위의 귀찮은 일에 대해 생각하지 않아도 돼요. 당신은 어 떻게 하면 좋은 술을 마실 수 있을까, 무엇을 보고 무엇을 듣는 것이 즐거운 일인지, 또 는 어떤 소년을 사랑하고 어떻게 하면 안락한 잠자리에서 잘 수 있는지, 그도 아니면 아무런 수고를 하지 않고 앞서 말한 것들을 손에 넣을 수 있는지에 대해 관심을 가지면 돼요. 혹시 내가 당신을 제멋대로 부려서 당신을 고민에 빠뜨리거나 환락을 위해 자본 을 만들게 할 거라고 생각하는 건 아니겠죠? 그런 것은 전혀 걱정할 필요가 없답니다. 당신이 해야 할 것은 남이 열심히 일해서 만들어놓은 것을 쓰고 이익이 되는 일에만 손 을 대는 거예요. 왜냐하면 말이죠. 나는 나를 따르는 모든 사람에게 모든 이익을 챙길 수 있는 권능을 부여하기 때문이죠."

"부인의 이름을 물어도 될까요?"

"물론이에요. 내 친구들은 나를 '행복'이라고 부른답니다. 그러나 나를 싫어하는 사 람들은 나를 '악덕(惡德)'이라고 부르기도 하지요. 그렇다고 뭐 신경 쓸 필요는 없어요. 다들 자기와 맞지 않으면 그렇게 부르잖아요."

헤라클레스가 자칭 행복이라고 부르는 여자와 이야기를 나누고 있는 동안 다른 여 자가 헤라클레스 앞에 나타났다.

"나도 당신에게 인생의 길을 안내할 수 있어요. 나는 당신의 부모를 알고 있고 당신 의 내면세계에 대해서도 알고 있어요. 만약 당신이 내 손을 잡고 길을 떠난다면 당신은 훌륭한 업적을 남긴 위대한 사람이 될 수 있을 거예요. 물론 그로 인해 나 역시도 명성 이 높아질 것이고 사실 그것을 기대하고 있기도 해요. 그러나 그 길은 가시밭길처럼 험 하고 고통스러울지도 몰라요."

"과정은 힘들지만 결과는 좋다는 말인가요?"

"그래요. 나는 감언이설로 당신을 속이지 않아요. 그것은 신이 이 세상을 창조하고 진실을 있는 그대로 이야기했을 뿐이기 때문이죠. 이 세상에 존재하는 모든 선하고 아 름다운 것은 모두 인간의 노력을 통해서만 얻어져요. 따라서 당신이 신의 은총을 받고 싶다면 신을 존경해야 하고 친구에게 믿음을 얻고 싶다면 먼저 친구에게 선을 베풀어 야 합니다. 마찬가지로 많은 사람들에게 존경을 받고 싶으면 그들을 위해 많은 일을 해 야 해요. 만약 이 세상 모두에게 사랑을 받고 싶다면 역시 이 세상을 사랑하고 그들을 위해 일을 해야 합니다. 그것은 땅에서 풍요로운 결실을 얻기 위해서 땀을 흘리며 열심히 경작해야 하는 것과 다를 것이 없어요."

"전쟁에서 영웅이 되려면 적을 굴복시켜야 하겠군요."

"그래요. 그러려면 전술을 익히고 전투 기술을 배워야 하지요. 또한 신체를 강건하게 단련해야겠지요. 물론 그것은 쉬운 일이 아니에요."

"헤라클레스여, 이 여자가 말하는 기쁨은 너무나 멀리 있어요. 나와 함께라면 빠르고 가까운 지름길을 찾을 수 있어요."

악덕이 두 사람의 대화에 끼어들었다.

"지름길과 멀리 돌아가는 길이라……."

헤라클레스는 혼잣말을 하듯이 중얼거렸다. 그러자 악덕이 때를 놓치지 않고 재빠르게 말했다.

"그리 길지 않은 인생이에요. 잘 선택하세요."

이를 지켜보던 다른 여자가 빠르지는 않지만 또렷하게 말을 했다.

"한심한 여자군. 당신에게 어떤 좋은 점이 있죠? 아무것도 하지 않고 얻는 즐거움이 참된 즐거움이라 할 수 있을까요? 당신은 즐거움을 원하는 마음이 생기는 것조차 기다리지 못할 거예요. 아직 배가 고프지도 않은데 맛있게 먹기 위해 요리사를 고용하고 맛있게 마시기 위해 비싼 술을 사들이겠죠. 그것은 여름에 눈을 얻기 위해 애쓰는 것과 다를 바 없지요. 또 편한 잠자리를 위해 이불만으로는 부족해서 흔들리는 장치를 한 침대를 원할 테죠. 그것은 졸리지도 않은데 자려고 하기 때문이에요. 그리고 육욕을 느끼기도 전에 욕정을 불러일으키고 궁리 끝에 여자 대신에 남자를 찾기도 하겠죠. 밤을 새워 방탕하게 놀고 일을 해야 하는 낮에는 잠을 자겠죠."

"그것이 어떻다는 거죠? 짧은 인생에서 즐거움과 쾌락을 느끼는 것 이외에 또 무엇이 있나요?"

악덕이 열을 내며 말했다.

"당신 말대로라면 들을 수 있는 기쁨 가운데 가장 큰 기쁨인 칭찬을 들을 수 없고 볼 수 있는 기쁨 가운데 가장 큰 기쁨인 아름다움을 볼 수 없어요. 왜냐하면 당신이 단 한 번도 아름다운 일을 해본 적이 없기 때문이죠. 그런 당신을 누가 신용하고 누가 당신의 부탁을 들어주겠어요? 또한 누가 당신을 따를까요? 당신 말대로 인생을 살면, 젊을 때는 한가롭고 사치스럽게 지내지만 늙어서는 궁색하고 초라한 최후를 맞이하게 될 거예요."

영웅 헤라클레스의 탁월한 선택

"그럼 당신의 인생은 어떻죠?"

이 말을 들은 헤라클레스가 물었다. 고귀함과 청결함이 느껴지는 여자가 대답했다.

"나는 좋은 사람과 더불어 살아요. 다른 사람에게 존경받을 일을 했기 때문에 다른 사람들에게 존경을 받지요. 그들은 평화로울 때에는 좋은 동료이고 전쟁을 할 때에는 용감한 전우예요. 내 친구들은 먹고 마시는 것에서 감미롭고 즐거운 감정을 느껴요. 그것은 목이 마르고 배가 고플 때까지 기다리기 때문이에요. 일을 하지 않는 사람보다 기분 좋게 잠이 들고 깨어날 때도 짜증이 나지 않지요. 젊은 사람은 나이 든 사람들에게 칭찬을 받고 나이 든 사람은 젊은이에게 존경을 받으며 현재의 즐거움을 만끽하지요. 그들은 나로 인해 신의 친구가 되고 다른 사람의 사랑을 받으며 조국의 존경의 대상이 되어요. 그리고 인생을 마감할 때에도 초라하게 버려지지 않고 많은 사람들에게 기억되고 칭송을 받으며 영원히 살게 되지요. 헤라클레스여, 내가 인도하는 길을 따라 노력하면 진정한 행복에 이를 수 있어요. 자, 내 손을 잡아요."

헤라클레스는 더 이상 망설이지 않고 그 여자의 손을 잡았다. 그리고 때로는 고통스럽고 험한 길을 가면서 한 번도 자기의 선택을 후회하지 않았다.

진정 헤라클레스는 프로디코스의 말처럼 살았다. 그리고 후세의 사람들에게 그렇게 살 것을 권했다. 무엇인가를 얻고자 한다면 쉬운 길을 택하지 말라고.

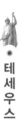

테세우스

헤라클레스를
닮고 싶어한
남자

영웅적인 행위가 위대한 것은
그것을 본받고 따라 하려는 사람들 때문이다.

악을 무찌르는 영웅이 되고 싶어하다

테세우스는 헤라클레스를 닮고 싶어했다. 아버지를 찾아 아테네로 갈 때에도 편하고 안전한 바닷길을 버리고 강도와 도적들이 득시글거리는 육로를 택했다. 그건 헤라클레스처럼 세상을 돌아다니며 악을 무찌르는 영웅이 되고 싶었던 까닭이다.

테세우스가 처음 만난 악당은 페리페테스였다. 페리페테스는 커다란 곤봉으로 그 지역을 지나는 여행자들을 때려죽였다. 테세우스는 그의 곤봉을 빼앗아 그가 했던 것과 마찬가지로 그를 때려죽였다. 그 이후 그 곤봉은 테세우스를 상징하는 무기가 되었다. 이는 헤라클레스가 네메아의 식인 사자를 죽일 때 사용한 곤봉이 그의 상징이 된 것과 닮았다.

두 번째로 테세우스에게 당한 악당은 시니스였다. 그는 두 그루의 소나무를 휘게 해서 그곳에 사람을 묶은 다음 나무를 풀어 사람을 찢어 죽이는 못된 사람이었다. 테세우스는 역시 같은 방법으로 시니스를 살해했다.

다음은 티폰과 에키드나 사이에서 태어난 암퇘지 형상의 괴물이었는데 테세우스는 그 괴물을 간단하게 제압하고 사람들을 구해주었다.

테세우스가 그다음에 도착한 곳은 메가라 지방의 스키론 바위라고 불리는 절벽이었다. 그곳에는 스키론이라는 악당이 있어서 지나가는 여행자에게 강제로 발을 씻게 했다. 하는 수 없이 발을 씻기 위해 고개를 숙이면 발로 걷어차 절벽 아래로 떨어뜨렸다. 테세우스는 발을 씻는 척하다가 스키론의 발을 잡아 절벽 아래로 던져 거북의 밥이 되게 했다.

또한 테세우스는 엘레우시스에서 지나가는 사람에게 격투를 신청해서 죽이는 아르카디아 왕과 싸워 그를 죽이고 엘레우시스의 왕이 되었다.

그다음에 만난 악당은 '프로크루스테스의 침대'로 유명한 사람이었다. 그는 여행자를 자기 집에 묵게 한 뒤에 침대보다 키가 작은 사람은 몸을 늘려서 침대에 맞추었고 키가 큰 사람은 침대에 맞게 몸을 잘라 죽였다. 이후 제멋대로 일을 처리하는 경우를 '프로크루스테스의 침대'라고 표현하게 되었다. 테세우스 역시 그 집에 묵었고 같은 방법으로 프로크루스테스를 침대에 눕혔다. 그는 키가 컸기 때문에 목이 잘려야 했다.

아테네의 왕이 되다

이런 과정을 거쳐 테세우스가 아테네에 도착했을 때는 이미 소문이 퍼져 영웅이 되어 있었다. 또한 아테네에 도착한 뒤에는 마라톤으로 가서 포세이돈이 크레타의 왕에게 보냈던 사나운 황소를 죽였다. 이 황소는 황소 괴물로 불리는 미노타우로스의 아버지였다.

아테네의 왕 아이게우스는 테세우스를 왕위 계승자로 눈여겨보았다. 테세우스는 아테네의 젊은 남녀 7명씩을 황소 괴물의 먹이로 바치는 일을 없애기 위해 크레타로 가서 황소 괴물을 죽였다. 크레타에서 돌아온 테세우스는 아테네의 왕이 되었다.

왕이 된 뒤에도 테세우스의 모험은 끝이 없었다. 헤라클레스가 그랬던 것처럼 여자들만 사는 아마존 정벌에 나서기도 했다. 또한 그는 페이리토스와 함께 제우스의 딸을 납치하기로 결정하고 어린 헬레네를 납치했다. 그런 다음 페이리토스와 함께 하데스의 왕비인 페르세포네를 납치하러 갔다가 망각의 의자에 앉는 바람에 지하세계에서 지내다가 때마침 지하세계를 지키는 괴물 개 케르베로스를 데리러 온 헤라클레스에게 구출되었다.

그러나 테세우스가 아테네로 돌아왔을 때 도시는 혼란에 빠져 있었고 돌아온 그에게 백성들은 비난을 퍼부었다. 아테네에서 벗어난 테세우스는 리코메데스가 다스리는 스키로스 섬으로 갔다. 리코메데스는 자기의 왕국을 보여주겠다며 높은 곳으로 테세우스를 데리고 올라가 아래로 밀어 떨어뜨려 죽였다. 영웅의 어이없는 죽음이었다.

| 신 화 메 모 |

테세우스의 출생에 대해 다른 주장이 있다. 포세이돈의 아들이라는 것이다. 테세우스가 미노타우로스를 처치하기 위해 크레타로 갔을 때 미노스는 반지를 바다에 던지고 그것을 찾아오라고 명령한다. 그가 진정으로 포세이돈의 아들인지 확인하기 위함이었다. 물론 테세우스는 손쉽게 반지를 찾아왔다.

오디세우스

오랜 방랑으로
멀리 보는 눈을
갖게 된 사람

오디세우스는 상처뿐인 영광을 안고 끝없이 떠돌아다니는
그리스 신화의 마지막 영웅이다.

10년 동안의 방랑이 시작되다

트로이 전쟁에서 그리스 군대가 승리를 거두기는 했지만 상처뿐인 영광이었다. 특히 오디세우스는 포세이돈의 미움을 사서 10년 동안 고향에 돌아가지 못하고 떠돌아야 했다. 모든 방랑자가 그렇듯이 오디세우스의 눈동자도 공허할 수밖에 없었다.

트로이를 떠난 오디세우스가 처음으로 기항한 곳은 키콘 사람들의 도시 이스마로스였다. 오디세우스 일행은 이 도시를 공격해 약탈하고 아폴론의 신관 하나만을 남기고 모두 살해했다. 이후 키콘 사람들이 무장을 하고 쫓아와 다시 싸움이 벌어져 배 여섯 척을 잃고 바다로 도망쳤다.

다음에 도착한 곳은 로토스를 먹는 자들의 나라였다. 로토스는 달콤한 과일로, 이 과일을 먹으면 모든 것을 잊게 된다. 오디세우스는 부하를 보내 정찰을 하게 했는데 모두 로토스를 먹고 기억을 완전히 잊었다. 오디세우스는 이들

〈오디세우스와 세이렌〉 트로이 전쟁을 끝내고 바다에서 떠돌던 오디세우스는 세이렌 무리를 만난다. 바르도 박물관 소장의 모자이크 작품.

을 억지로 끌고 와 배에 태우고 키클로프스 섬으로 향했다.

오디세우스는 다른 배를 섬 부근에 대기시키고 조심스럽게 12명의 부하와 함께 배 한 척만 섬에 정박시켰다. 그러고는 바다 근처에 있는 동굴 속으로 술 한 부대를 들고 들어갔다. 그곳은 외눈박이 거인 폴리페모스의 동굴이었다. 폴리페모스는 포세이돈의 아들인데 사람을 먹는 거인이었다. 여기서 오디세우스는 폴리페모스와 싸워 무사히 탈출하기는 했지만 몇 명의 부하가 외눈박이 거인에게 잡아먹혔다.

부하들의 실수로 귀향에 실패

다음에 기항한 곳은 아이올리아 섬이었다. 그곳의 왕은 아이올로스로 제우스에게서 바람에 관한 모든 권리를 받았다. 그는 오디세우스를 환대하고 여러 바람이 들어 있는 양가죽을 주면서 바람의 사용 방법까지 일러주었다. 오디세우스는 아이올로스가 준 바람 주머니를 이용해 항해를 해서 이타케 섬 부근에 이르렀는데 그만 잠이 들고 말았다.

그때 오디세우스의 부하들이 바람 주머니를 돈주머니로 오해하고 자루를 열었다. 그러자 그 순간 바람이 터져 나오며 다시 아이올리아 섬까지 배가 밀려갔다. 오디세우스는 전후 사정을 말하고 아이올로스에게 다시 한 번 도와달라고 부탁했지만 오디세우스가 신들의 미움을 받고 있다는 것을 알게 된 아이올로스는 그를 섬에서 추방했다.

다음에 도착한 곳은 라이스트리곤 사람들의 땅이었다. 라이스트리곤 사람들은 식인종으로 왕은 안티파테스였다. 오디세우스는 부하 몇 명에게 정찰을 시켰다. 그들은 왕의 딸을 만나 왕 앞으로 인도되었다. 안티파테스는 갑자기 달려들어 오디세우스의 부하들을 잡아먹기 시작했다. 나머지는 놀라서 도망쳤지만 라이스트리곤 사람들이 모두 나와 배를 부수고 사람들을 잡아먹었다.

겨우 빠져나온 것은 오디세우스가 타고 있는 배 한 척뿐이었다. 다른 배는 모두 부서지고 부하들은 라이스트리곤 사람들에게 잡아먹혔다.

아이아이에 섬에서 마녀 키르케와 지낸 1년

이제 오디세우스에게는 배 한 척이 남아 있을 뿐이었다. 많은 부하가 죽고 배들이 부서졌다. 배 한 척이 외로이 아이아이에 섬에 도착했다. 이 섬에는 태양신 헬리오스의 딸이며 모든 마법에 능통한 키르케가 살고 있었다.

오디세우스는 제비뽑기를 통해 섬에 상륙해서 정찰할 사람을 뽑았다. 그는 제비뽑기의 결과에 따라 배에 남았다. 에우리로코스는 22명과 함께 섬에 상륙했다. 이 가운데 에우리로코스를 제외한 나머지 사람들은 키르케의 부름에 따라 집으로 들어갔다. 그들은 키르케가 권하는 대로 치즈와 벌꿀, 보리와 포도주, 그리고 마법의 약이 섞인 음료수를 마시고 모두 마법에 걸려 모습이 바

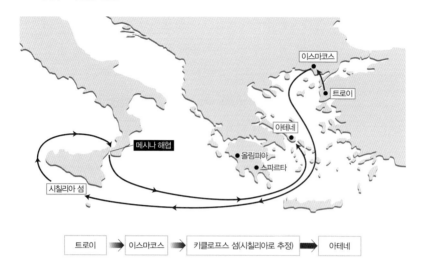

꿰었다. 어떤 사람은 돼지로 변했고 노새, 사자, 이리로 변한 사람도 있었다.

에우리로코스는 숨어서 이 모습을 지켜보다가 배로 돌아와 오디세우스에게 보고했다. 오디세우스는 헤르메스에게 얻은 모리라는 약초를 들고 키르케의 집으로 찾아갔다. 오디세우스는 키르케가 권한 음료수에 모리를 넣고 아무렇지 않게 마셨다. 물론 모습은 변하지 않았다. 오디세우스가 놀란 키르케에게 칼을 뽑아 들고 위협하자 그녀가 그의 부하들을 원래 모습으로 바꾸었다.

오디세우스는 키르케에게 다시는 이런 짓을 하지 않겠다는 다짐을 받고 그녀와 잠자리를 같이했다. 그때 태어난 것이 텔레고노스이다. 오디세우스는 오랜만에 거친 항해에서 벗어나 그곳에서 1년을 머물렀다.

하데스에서 불러낸 테이레시아스의 예언

1년 뒤 오디세우스는 키르케의 충고대로 오케아노스의 끝으로 항해했다. 그는 키르케의 말에 따라 해안에 도랑을 파서 술을 따르고 숫양과 검은색 암컷 새끼 양을 잡아 하데스와 페르세포네에게 바쳤다. 피가 도랑을 타고 흐르자 망

272

령들이 그것을 마시려고 나타났다. 아이아이에 섬에서 죽음을 당한 오디세우스의 부하 엘페노르, 아들이 돌아오지 않자 목숨을 끊은 오디세우스의 어머니 등이 나타났지만 오디세우스는 이들을 제지했다.

마침내 기다리던 장님 예언자 테이레시아스가 나타나자 그에게 피를 마시게 했다. 테이레시아스는 어떻게 하면 고향으로 돌아갈 수 있는지를 오디세우스에게 알려주었다. 테이레시아스는 지하세계에서 유일하게 살아 있을 때와 똑같은 지적 능력을 지니고 있는 영혼이었다.

테이레시아스는 트리나키 섬에 있는 헬리오스의 소를 건드리면 고향에 돌아갈 수 없을뿐더러 부하가 모두 죽을 것이라는 예언과 함께 스파르타에 있는 오디세우스의 집에서 일어나고 있는 일들에 대해서도 말해주었다.

오디세우스는 키르케에게 다시 들렀다가 세이렌들이 사는 섬을 지났다. 세이렌 자매는 모두 셋으로, 하나는 하프를 타고 하나는 노래를 했으며 하나는 피리를 불었다. 세이렌의 생김새는 상체는 인간이지만 하체는 새였다. 그곳을 통과할 때 오디세우스는 부하들의 귀를 밀랍 마개로 막고 자기 몸을 배에 묶으라고 했다. 키르케의 충고에 따른 것이다.

세이렌의 노랫소리를 들은 오디세우스는 부하들에게 몸을 묶은 줄을 풀어달라고 외쳤지만 부하들은 꼼짝도 하지 않았다. 배가 무사히 지나가자 예언대로 세이렌들은 죽었다. 자기들의 노랫소리를 듣고 그냥 지나가는 사람이 있으면 그들이 죽는다는 예언이 있었던 것이다.

모든 부하를 잃고 홀로 살아남다

세이렌들의 섬을 지나자 두 갈래 길이 나타났다. 역시 키르케의 충고대로 스킬라가 살고 있는 절벽 쪽으로 배를 몰았다. 스킬라는 얼굴과 가슴은 여자이지만 옆구리에 6개의 개 머리와 12개의 다리가 달려 있는 괴물이다. 거기서 부하를 6명 잃었다.

다음에 도착한 곳은 테이레시아스가 경고했던 트리나키 섬으로 바람 때문에 한 달이나 그곳에 머물렀다. 그런데 그곳에는 먹을 것이 없었다. 오디세우스의 경고에도 불구하고 부하들은 헬리오스의 소를 잡아먹었고 바다로 나가자마자 폭풍이 불어와 쇠고기를 먹지 않은 오디세우스를 제외한 사람들이 모두 물에 빠져 죽었다.

배는 모두 부서졌고 돛대에 의지하고 있던 오디세우스는 키리브디스에서 소용돌이에 휘말려 표류하다가 머리 위에 걸려 있는 야생 무화과에 매달렸다. 그러다 다시 밀려온 배의 돛대를 보고 뛰어내려 9일 동안 표류하다가 칼립소가 살고 있는 오기기아 섬에 도착했다. 그에게는 이제 부하도 배도 없었다.

나우시카의 도움으로 이루어진 10년 만의 귀향

외로운 여신 칼립소는 오디세우스와 함께 영원히 살기를 원했지만 오디세우스는 거부했다. 결국 칼립소는 오디세우스를 포기하고 뗏목 만드는 법을 가르쳐 줌으로써 깊이 사랑한 연인을 떠나보냈다.

뗏목을 타고 다시 바다로 나간 오디세우스는 풍랑을 만나 스케리아 섬에 표류했다. 그곳에서 공주 나우시카의 도움을 받아 잃었던 기억을 되찾고 10년 만에 꿈에도 그리던 집으로 겨우 돌아갈 수 있었다. 허공처럼 텅 빈 눈을 하고서 말이다.

| 신 화 메 모 |

세이렌들은 하데스의 왕국에 대한 예언적인 노래를 불렀다고 한다. 세이렌의 노래를 듣는 것이 죽음으로 가는 길임을 생각하면 무척 시사적이다. 원래 세이렌은 하데스의 왕비 페르세포네의 시녀였는데 하데스가 페르세포네를 납치할 때 막지 않았기 때문에 페르세포네에게 벌을 받았다고 한다.

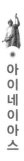

아버지를 만나기 위해 지하세계로 내려가다

트로이의 유민을 이끌고 세계를 방황한 아이네이아스는 로마를 세운 영웅이다.

새로운 도시를 건설하기 위해 트로이를 떠나다

아이네이아스는 트로이 전쟁에서 패전한 장군으로, 살아남은 트로이 일족을 이끌고 이탈리아와 지하세계를 여행했다. 아이네이아스는 제우스가 아프로디테를 벌하기 위해 인간인 안키세스를 사랑하게 만들었는데 그 사이에서 태어났다.

트로이 전쟁이 일어났을 때 아이네이아스는 트로이의 일족인 탓에 트로이 성안에 있었다. 그는 트로이의 왕 프리아모스의 딸 크레우사와 결혼했다.

아이네이아스는 트로이 전쟁에서 패한 뒤 유민들을 이끌고 트로이를 떠났다. 그가 처음 간 곳은 이데 산이었는데 가는 도중에 아내를 잃었다. 그곳에 머물면서 이들은 배를 만들어 트라키아에 도착해 그곳에 도시를 건설하려고 했다. 그러나 제물을 바치고 근처에 있는 나뭇가지를 꺾자 그곳에서 피가 흘러나왔다. 아이네이아스는 그곳이 저주받은 땅이라고 생각하고 그곳을 떠났다.

▼ 아이네이아스의 가계도

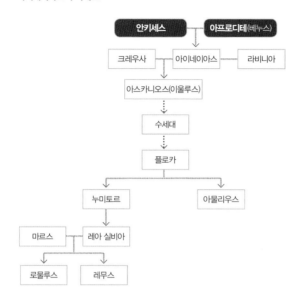

그래서 먼저 델포이로 가서 신탁을 하기로 했다. 조상들의 땅을 찾아가라는 말을 듣고 과거 조상이 크레타에서 왔다는 것을 기억해내고 크레타로 갔다. 그러나 그곳은 약속한 땅도 낙원도 아니었다. 도시를 건설하려고 하자 병이 번졌으며 곡식은 익지 않았다. 그때 아이네이아스는 꿈에 서쪽으로 떠나라는 계시를 받았다. 트로이의 조상인 다르다노스가 처음 살았던 곳은 지금의 이탈리아였던 것이다.

그들은 갖은 고생과 고난을 이기고 마침내 이탈리아에 상륙했다. 그런데 그곳에는 하르피아가 살고 있었다. 아르고 원정대가 피네우스를 위해 쫓아내자 이곳으로 이주해왔던 것이다. 그들은 아이네이아스 일행이 소 떼를 발견하고 음식을 만들자 어디서 나타났는지 재빨리 고기를 채서 날아갔다. 상체는 여자이고 하체는 새인 이들은 굶주림 때문에 항상 창백한 얼굴을 하고 있는 끔찍한 새였다.

아이네이아스 일행이 칼을 들고 쫓아가자 하르피아는 배가 고파 식탁을 먹

276

어치우기 전까지는 나라를 세울 수 없을 것이라는 예언을 하고 사라졌다. 일행이 아프로디테의 신전에 도착했을 때 아이네이아스의 아버지 안키세스가 죽었다.

헤라의 방해 공작

일행은 그곳도 아니라고 생각하고 다시 배를 타고 길을 떠났다. 그러나 폭풍과 거센 풍랑 때문에 이들의 배는 아프리카 해안까지 밀려갔다. 그곳의 여왕 디도 역시 그리스에서 건너온 민족의 후손으로 아이네이아스 일행을 따뜻하게 맞이해주었다. 그곳에는 훗날 카르타고라고 불리는 큰 도시가 건설되었다. 헤라는 아이네이아스가 이탈리아로 돌아오지 못하게 하기 위해 그곳의 여왕 디도와 아이네이아스를 결혼시키려고 했다. 여기에 아프로디테까지 가세해 동굴 속에서 디도와 아이네이아스는 연분을 맺었다.

아이네이아스는 디도와 함께 행복한 생활을 했다. 그러나 아이네이아스는 정식으로 결혼하지 않았다. 제우스가 그에게 일러준 사명을 잊지 않았기 때문이다. 아이네이아스가 다시 떠나기로 마음먹고 배에 올랐을 때 그는 육지에서 불이 난 것을 보았다. 그것은 아이네이아스가 떠나자 절망한 디도가 자살해서 그를 화장하는 불이었다.

조상의 땅에 세운 새로운 도시 로마

포세이돈의 도움으로 아이네이아스 일행은 안전하게 이탈리아 해안에 도착했다. 그곳에서 예언자 시빌레의 지시에 따라 아베르누스의 호수 근처 숲에서 황금 나뭇가지를 찾았다. 영국의 학자 프레이저에 따르면 이 황금 가지는 참나무에 기생하는 겨우살이이다.

시빌레는 아폴론의 사랑을 거절한 대가로 벌을 받은 여자였다. 아폴론은 자기의 사랑을 받아들이면 소원을 들어준다고 했고 시빌레는 모래를 한 줌 쥐고 모래알만큼 수명을 달라고 했다. 그러나 마지막에 아폴론의 사랑을 거절했다. 그래서 수명은 1000년이 되었지만 젊음을 요구하지 않았기 때문에 늙은 채로 살아가는 여인이었다.

아이네이아스와 시빌레는 황금 가지를 가지고 지하세계로 갔다. 그곳에서 그들은 많은 망령을 만났다. 자살한 디도도 만났지만 그녀가 먼저 고개를 돌렸다. 아이네이아스는 아버지 안키세스를 만나 일족과 대제국이 될 로마의 장래에 대한 이야기를 듣고는 희망을 품고 다시 지상으로 돌아왔다.

아이네이아스와 시빌레는 티베리스 강가에서 식사를 했는데 너무 배가 고파 식탁으로 쓰던 편평한 빵까지 모두 먹었다. 그제야 하르피아의 예언이 생각났다. 그 지역은 라티움이라는 나라였는데 그곳에는 외동딸 라비니아를 이방인과 결혼시켜야 한다는 신탁이 있었다. 아이네이아스가 적격이었다.

그러나 다시 헤라가 중간에 개입해서 결혼을 앞두고 큰 분쟁을 일으켰다. 아이네이아스는 헤파이스토스가 만든 갑옷을 입고 우여곡절 끝에 분쟁을 수습하고 나라를 세웠다. 나라는 아내 이름을 따서 라비니움이라 지었고 헤라의 분노를 가라앉히기 위해 이전에 트로이에서 사용하던 관습과 언어 등 모든 것을 버리고 이탈리아의 것을 사용하기로 했다. 트로이에 대한 헤라의 분노는 이처럼 집요하고 강했다. 이렇게 세워진 나라가 바로 로마이다.

| 신 화 메 모 |

아이네이아스의 이야기를 남긴 사람은 베르길리우스였다. 그는 아이네이아스를 신에 대한 경외심이 깊은 사람으로 표현했다. 베르길리우스가 쓴 《아이네이아스》에 따르면, 포세이돈은 아이네이아스가 옛 트로이 민족인 다르다노스를 구할 것이라고 예언했다고 한다.

Column

그리스 신화에서 영웅의 의미

영웅의 전형을 보여준 아폴론

아폴론은 후세의 영웅들에게 괴물 퇴치의 전형을 보여주었다. 그는 태어나자마자 헤라가 보낸 피톤이라는 뱀을 살해하고 그 자리에 신탁소를 차렸다. 아폴론의 피톤 퇴치를 전형으로 해서 페르세우스의 메두사 퇴치, 벨레로폰의 키마이라 퇴치, 테세우스의 미노타우로스 퇴치, 헤라클레스의 괴물 퇴치, 이아손의 용 퇴치 등이 뒤를 잇게 된다. 아폴론은 영웅들이 가야 할 길을 밝혀놓은 것이다.

바야흐로 영웅들의 시대가 열린 것이다. 그리스 신화에 따르면 태초의 시대는 황금시대였다. 그다음인 은의 시대와 청동의 시대, 그리고 청동시대의 끝 부분인 영웅시대를 거쳐 현재 철의 시대를 지나고 있다.

영웅을 특별한 존재로 만드는 여인들

영웅시대는 매우 짧았다. 영웅이 되기 위한 첫 번째 통과의례는 괴물 퇴치였다. 영웅들이 더 높은 곳으로 올라가려면 여인의 힘이 필요하다. 여인은 영웅이 되는 길목에 선 조련사와도 같다. 메데이아는 조국과 부모를 버리고 동생을 죽이면서까지 아르고 원정대의 대장인 이아손을 따라나섰다. 아마존의 여왕 안티오페는 테세우스로 인해 자기를 구하러 온 아마존 여전사와 싸우다 죽어갔다. 이런 여인들은 영웅을 보통 사람들과 다른 존재로 만들어낸다.

또한 인간은 영웅으로 인해 삶의 필연에서 벗어날 수 있다. '모험, 도전, 술책, 사기, 예술, 그리고 새로운 사랑에 첫발을 디딜 수 있게' 되는 것이다. 여기서 새로운 사랑은 영웅들로 인해 일방적이고 엄격하게 역할이 분리되어 있던 남자들의 동성애가 동지적인 결합으로 발전할 수 있게 되었음을 뜻한다.

영웅들은 보통 사람들처럼 평범한 삶을 살 수가 없다. 그들의 삶에는 필연성이 존재하고 그들은 그를 따를 수밖에 없다. 황금 양가죽을 찾아 떠난 아르고 원정대의 대장이아손 역시 그 운명에서 벗어날 수 없었다. 황금 양가죽을 찾아 떠나기 위해 사랑하던 여자인 힙시필레를 버려야 했고 임무를 완수하기 위해 아름답지만 사랑을 느낄 수 없는 메데이아와 결혼을 해야 했다. 그는 메데이아의 도움으로 용을 물리치고 황금 양가죽을 차지했다.

그러나 영웅에게 임무를 완수했다는 것은 진정한 삶의 끝을 의미했다. 괴물을 퇴치한 영웅은 스스로 괴물이 되어 퇴치되어야 할 존재가 되기 때문이다. 이아손은 모든 것이 시들했다. 왕위를 차지하는 것도 메데이아와 함께 사는 것도 그랬다. 그는 테베의 공주와 결혼하기 위해 메데이아를 버렸다.

이아손은 원정대와 함께했던 과거의 화려한 영광을 회상하며 방랑했다. 필연성이 지배하는 영웅의 삶은 이토록 쓸쓸한 것이기도 했다. 그는 마지막으로 아르고 원정대를 태우고 떠났던 아르고 호에서 휴식을 취할 수 있었다. 그것은 영원한 휴식이었다. 말하는 도도나무로 만든 대들보가 떨어져 깔려 죽었기 때문이다.

아르고 원정대에는 헤라클레스, 오르페우스, 제우스와 스파르타의 왕비 레다 사이에서 태어난 쌍둥이 형제인 카스토르와 폴리데우케스 등 당대의 영웅들이 거의 속해 있었다. 그러나 그들 역시 신들이 만들어놓은 계획에서 벗어날 수 없었다.

영웅들은 필연성이 지배하는 삶에서 벗어나고 싶어했다. 인간은 영웅으로 인해 필연성에서 벗어났지만 그를 대신한 것이 영웅들이었다.

테베의 왕 오이디푸스는 한 차원 다른 영웅의 모습을 보여주었다. 칼로 찌르고 활을 쏘아 괴물을 퇴치하는 것이 아니라, 언어를 통해 괴물을 퇴치할 수 있다는 것을 보여주었기 때문이다. 오이디푸스는 '스핑크스의 수수께끼'를 풀고 테베를 다스리는 왕이 되었다. 괴물을 퇴치한 다른 영웅들이 그랬던 것처럼. 그러나 오이디푸스에게는 헤라클레스의 사자 가죽, 페르세우스의 메두사 목 등과 같은 전리품이 없었다. 언어는 눈에 보이지 않기 때문이다.

헬레네에서 기인한 영웅시대의 몰락

그러나 인간의 삶에 새로운 지평을 연 영웅시대는 오래가지 않았다. 영웅시대의 몰락은 아이로니컬하게도 한 여인으로부터 시작되었다. 바로 헬레네이다. 제우스는 영웅시대를 마감하기 위해 악한 행동을 벌하는 복수의 여신 네메시스와 동침해서 헬레네를 낳았다. 헬레네를 두고 영웅들이 결전을 벌이는데 그것이 바로 트로이 전쟁이다. 이후 영웅들은 사라지고 욕망과 죄악이 넘쳐 나는 철의 시대가 뒤를 잇게 되었다. 이런 인간을 동정한 것은 인간에게 불을 준 프로메테우스뿐이었다.

트로이 전쟁의 최대 영웅은 아킬레우스이다. 사실 트로이 전쟁은 아킬레우스를 위한 전쟁이었다. 영웅시대를 마감하는 기념비인 트로이 전쟁에서 제우스는 바다의 여신 테티스의 아들인 아킬레우스에게 영광을 돌리기 위해 노력했다.

왜 하필 아킬레우스일까? 인간에게 불을 준 프로메테우스가 독수리에게 간을 쪼아 먹히는 벌을 받으면서도 제우스에게 반항할 수 있었던 것은 어떤 비밀을 알고 있었기 때문이다. 그 비밀은 이렇다. 제우스가 아킬레우스의 어머니 테티스와 관계를 가져 아이를 낳으면 그 아이가 제우스를 몰아내고 올림포스의 왕좌를 차지하게 된다는 것이다. 누가 자기를 내몰 아들을 낳을지 모르는 상황에서 제우스가 인간 여인이나 여신들과 맺은 수많은 관계는 자기의 운명을 건 러시안 룰렛 게임과 같은 비장감마저 감도는 것이었다. 자칫하면 총알이 머리에 박히게 된다.

결국 제우스와 프로메테우스는 타협을 한다. 제우스는 아름다운 바다의 여신 테티스를 단념하고 인간인 펠레우스에게 시집을 보낸다. 제우스가 아킬레우스에게 집착하는 것은 바로 이 때문이다. 만약 제우스가 비밀을 모르고 테티스와 관계를 맺었다면 아킬레우스야말로 제우스를 몰아낼 존재였을 것이기 때문이다. 제우스와 아킬레우스는 절대적인 힘을 공유하고 있었던 것이다.

그 아킬레우스가 한 여자 때문에 그리스 함대의 대장인 아가멤논과 불화에 빠진다. 아킬레우스가 아가멤논에게 아름다운 볼을 지닌 사랑하는 여인 브리세이스를 빼앗기고 전쟁에 불참을 선언하자 제우스는 그리스 연합군을 처절한 패배로 내몬다. 절체절명의 위기에 등장하는 희대의 영웅 아킬레우스를 한껏 돋보이게 하기 위해서이다.

트로이 전쟁에서 아킬레우스가 영웅을 대표한다면 여성을 대표하는 것은 헬레네이다. 열두 살에 테세우스에게 납치되고 아가멤논의 동생 메넬라오스와 결혼했다가, 트로이의 왕자 파리스의 유혹에 넘어가 트로이 전쟁을 일으키고, 그리스 연합군이 트로이를 함락하자 주저없이 메넬라오스를 따라 돌아갔다가, 훗날 아킬레우스의 영원한 아내가 된 여

자. 어찌 보면 매우 방탕한 것 같지만 헬레네의 삶에는 눈에 보이지 않지만 강인한 필연성의 그물이 촘촘하게 펼쳐져 있었다. 그 그물의 이름은 다름 아닌 신들의 계략이다.

트로이 전쟁의 발단이 된 황금 사과

테티스와 펠레우스의 결혼식에 모든 신이 초청을 받았지만 단 한 여신만 초대를 받지 못했다. 바로 불화의 여신 에리스였다. 화가 난 불화의 여신은 향연이 벌어지고 있는 곳에 나타나 '가장 아름다운 여신에게'라는 글이 새겨진 황금 사과를 던지고 사라진다. 바로 트로이 전쟁의 발단이다. 신들의 여왕 헤라와 지혜의 여신 아테나, 그리고 미의 여신 아프로디테가 가장 아름다운 여신 후보로 나섰다. 심사 위원으로 뽑힌 파리스는 세상에서 가장 아름다운 여자를 주겠다는 아프로디테의 손을 들어주었다. 세상에서 가장 아름다운 여자는 이미 메넬라오스의 아내가 되어 있는 헬레네였다.

헬레네는 이 불화를 위해 제우스가 준비한 그의 딸이었다. 제우스는 거부하는 네메시스를 끝까지 쫓아가 관계를 맺고 헬레네를 잉태시켰다. 제우스는 영웅시대를 끝내려고 했던 것이다. 그래서 사랑하는 아들 사르페돈까지 전쟁의 희생물로 삼는다. 사르페돈은 제우스와 에우로페 사이에서 태어난 아들이다. 즉 아리아드네와 파이드라의 삼촌이다. 이렇게 얽히고설킨 힘과 계략 사이에서 영웅시대는 저물어간다.

영웅시대를 마지막으로 장식한 오디세우스

그래서 그리스 신화의 마지막 영웅 오디세우스의 눈길은 늘 공허하다. 어느 한 곳에도 그의 눈길이 멈추지 않기 때문이다. 그래서 오디세우스라는 이름은 고독한 방랑과 투명한 눈동자를 지닌 지친 나그네의 모습을 연상시킨다.

오디세우스는 가장 지성적인 인물이자 영웅시대를 마지막으로 장식한 존재였다. 가이아에서 비롯된 역사 이전의 이야기가 오디세우스의 죽음으로 끝을 맺기 때문이다. 오디세우스 주위에는 그의 명민함을 사랑한 아테나가 늘 함께했다.

오디세우스는 트로이 전쟁에 참전하지 않으려고 했다. 그래서 미친 짓을 했지만 아들 텔레마코스의 생명을 건지기 위해 결국 참전을 하고 나중에는 비슷한 방법으로 아킬레우스를 전쟁에 참가하게 만들었다.

트로이 전쟁은 '트로이의 목마'로 끝을 맺는다. 물론 그 이전에 아킬레우스를 최고의 영웅으로 만들려는 제우스의 손길이 있었고 아폴론의 사랑을 거부한 카산드라의 소리치는 쉰 목소리가 있었다.

  트로이 원정대는 트로이를 정복하고 분쟁의 원인이었던 헬레네를 데리고 고향으로 돌아갔다. 하지만 오디세우스는 그렇지 못했다. 포세이돈의 미움을 받아 이곳저곳 정처 없이 떠도는 나그네가 되었던 것이다.

  오디세우스는 온갖 고초를 겪었다. 그는 세이렌의 노랫소리를 듣고 싶어했다. 세이렌의 노래는 한 번 들으면 아무도 그 노래에서 빠져나올 수 없었다. 세이렌 옆에서 백골이 될 때까지 귀를 사로잡는 마력이 있었기 때문이다. 오디세우스는 부하들의 귀를 모두 막고 자기를 돛대에 묶게 했다. 세이렌의 노래를 듣기 위해서였다. 세이렌의 노래를 듣고 살아남은 사람은 오디세우스뿐이다.

  또한 칼립소가 있다. 오디세우스는 아틀라스의 딸 칼립소가 살고 있는 곳에 표류했다. 칼립소는 오디세우스를 사랑해서 그를 7년이나 붙잡아두었다. 오디세우스는 낮이면 해변에 나가 아내 페넬로페와 고향을 그리워하다가 밤이 되면 칼립소와 함께 잤다. 칼립소는 늘 식탁에 신들이 먹는 넥타르와 암브로시아를 두고 만약 오디세우스가 떠나지 않는다면 불사신으로 만들어주겠다고 유혹했다. 그러나 오디세우스는 한곳에 오래 머물 수 없는 방랑자였다.

  오디세우스는 나우시카를 만나 기억을 되찾고 고향으로 돌아간다. 그러나 그의 귀환은 쉽지 않았다. 10년 동안이나 페넬로페와 결혼하기 위해 그의 집에 죽치고 살고 있는 구혼자들이 그와 페넬로페 사이에 있었기 때문이다. 구혼자들을 모두 살해하고 페넬로페의 시험을 통과한 오디세우스는 평화를 되찾지만 그의 운명은 그를 다시 방랑으로 내몰고 만다. 오디세우스라는 영웅은 방랑이라는 필연성의 그물에 갇혀 현대에도 여전히 우리 주위를 떠돌고 있다.

  그러나 끝이 있어야 시작이 있는 법이다. 트로이 전쟁이 끝나면서 그리스 사람들의 신화도 막을 내리지만 트로이 전쟁에서 패한 아이네이아스는 로마의 시작을 알리는 나팔을 분다.

제5장

·

인간들의
오만에
내려진
신의
형벌

딸을
죽을 곳으로 내몬
어머니의 오만

카시오페이아

카시오페이아의 오만은 딸을 죽음으로 내몰지만
엉뚱한 결과를 낳았다.

자신의 아름다움을 자만한 에티오피아의 왕비

밤하늘을 보면 W자 모양의 유명한 별자리가 있다. 바로 카시오페이아자리이
다. 그런데 별자리 그림을 보면 W는 왕비의 왕관이나 멋진 보석을 상징하는
것이 아니라 카시오페이아 왕비가 의자에 앉아 있는 모양이다. 왜 의자에 앉
은 채로 하늘로 올라가 별자리가 되었을까?

에티오피아의 왕비 카시오페이아는 스스로 무척이나 아름답다고 생각했다.
누구나 자기애라는 것이 있고 자기를 사랑할 줄 아는 사람이 타인을 사랑할 줄
아는 법이기 때문에 스스로 아름답다고 생각하는 건 크게 문제 될 것이 없었다.
그러나 카시오페이아는 좀 달랐다. 사방에 자신의 아름다움을 떠들고 다녔다.
게다가 점점 오만해져서 마침내 바다에 사는 님프들보다 자기가 더 아름답다
고 떠들기에 이르렀다. 이 이야기를 전해 들은 님프들의 기분이 좋을 리 없었
다. 결국 님프들은 바다의 신 포세이돈의 아내 암피트리테를 찾아가서 카시오

페이아를 고발했다. 그리고 암피트리테는 포세이돈에게 싫은 소리를 했다. 이 말을 들은 포세이돈도 크게 화를 냈다.

그때부터 에티오피아 해안에는 괴물이 나타나 사람들을 괴롭히기 시작했다. 에티오피아의 왕 케페우스는 영문을 알기 위해 신탁을 했다. 그 결과 카시오페이아의 오만 때문에 괴물이 나타났으며 외동딸 안드로메다를 괴물에게 바쳐야 신의 분노가 가라앉을 것이라는 대답을 들었다.

남편에게 걷어차여 하늘로 올라가 별이 되다

케페우스는 아내의 입방정으로 딸을 제물로 바쳐야 한다는 말에 포세이돈보다 더 화가 났다. 그래서 의자에 앉아 있던 카시오페이아를 걷어차 바다로 떨어뜨렸다. 결국 그 모습 그대로 하늘로 올라가 카시오페이아자리가 되었다.

결국 케페우스는 외동딸 안드로메다를 제물로 바치기로 했다. 딸이 소중했지만 그보다 백성들의 피해가 심했기 때문에 어쩔 수 없이 눈물을 흘리며 딸을 바위에 묶었다. 물론 안드로메다는 괴물에게 희생되지 않았다. 때마침 메두사를 죽이고 고향으로 돌아가던 페르세우스가 이 광경을 목격하고 자기가 괴물을 죽여줄 테니 안드로메다와 결혼하게 해달라고 제안했기 때문이다.

드디어 포세이돈이 보낸 괴물이 물 위에 나타났을 때 페르세우스는 칼을 뽑아 들고 괴물의 목을 찔렀다. 그러자 괴물은 자기를 방해하는 것이 누구인지 보기 위해 고개를 뒤로 돌렸다. 그때 페르세우스는 메두사의 머리를 내밀었다. 알다시피 메두사의 머리는 보기만 해도 그대로 돌이 되는 최고의 무기였다. 괴물은 놀란 표정 그대로 굳어버렸다. 카시오페이아의 오만은 딸 안드로메다를 죽을 곳으로 밀어 넣었지만 결과적으로 멋진 사위를 얻은 셈이 되었다.

| 신 화 메 모 |

에티오피아는 원래 '흑인'을 뜻하는 말로 그 유래는 이렇다. 파에톤이 아버지 아폴론의 태양 마차를 몰다가 땅으로 추락하는 것을 보던 에티오피아 사람들이 너무 경악한 나머지 온몸의 피가 몸 밖으로 나와 오늘날의 흑인이 되었다고 한다.

객관적인 평가 기준 없이 신에게 도전한 사람들

신들은 자기들에게 도전하는 인간의 오만을 비웃으며 형벌을 내렸다.

길쌈으로 직물의 신 아테나에게 도전하다

이제부터 살펴볼 이야기들은 인간의 오만으로 빚어진 참혹한 결과에 대한 것들이다. 그러나 여기서 말하는 오만은 정확히 말해서 신에 대한 오만이다. 지금의 시대라면 자기과시나 자기 홍보로 볼 수 있는 것이다. 다만 신화시대여서 신에 대한 오만으로 인해 가혹한 벌을 받았을 뿐이다. 그것은 근대화를 경험하기 이전의 사회에도 그대로 적용된다. 신이 되었건 왕이 되었건 자기의 권위에 도전하는 사람을 그대로 두지 않았기 때문이다.

먼저 볼 사람은 아라크네라는 리디아 출신의 여자이다. 길쌈에 뛰어났던 아라크네는 자기에게 직물의 수호신이기도 한 아테나에 비견되는 능력이 있다고 생각했다.

이를 알게 된 아테나는 남루한 옷을 입은 노파로 변신해서 아라크네에게 겸손한 마음을 가지라고 꾸짖었지만 그녀는 듣지 않았다. 다른 건 몰라도 길

《실 잣는 사람들(아라크네의 우화)》 17세기 에스파냐 여성들이 베를 짜고 있는 모습 뒤로 또 다른 방에서는 아테나와 아라크네가 길쌈 겨루기를 하고 있다. 디에고 벨라스케스 작품.

쌈만큼은 자신이 있었던 까닭이다.

그러자 화가 난 아테나는 본래의 모습으로 돌아와 아라크네의 길쌈 도전을 받아들였다. 아테나는 인간의 오만한 모습을 직조했고 아라크네는 신들의 연애 이야기나 실수담을 짜 넣었다. 둘의 실력은 누가 낫다고 할 수 없을 정도로 뛰어났다.

처음에는 인간의 교만함을 일깨워주려고 했던 아테나는 신들을 조롱하는 아라크네에게 크게 화를 내며 아라크네가 짠 천을 갈기갈기 찢고 베틀의 북으로 아라크네를 때렸다. 아라크네는 치욕을 느껴 목을 매고 죽으려고 했다.

그러나 아테나는 아라크네가 죽게 내버려두지 않았다. 대신 거미로 변신시켰다. 아라크네는 '거미'라는 뜻이기도 하다. 그때부터 거미는 능숙하게 실을 잣게 되었다고 한다.

아테나가 버린 피리로 아폴론의 비파에 도전하다

두 번째로 살펴볼 사람은 프리기아 지방에 살던 마르시아스이다. 아테나는 자기 신전의 무녀였던 메두사가 포세이돈과 부적절한 관계를 맺었다고 괴물로 만들고 훗날 페르세우스가 메두사의 목을 벨 때 도움을 주었다. 그리고 메두사의 자매인 고르곤들이 형제를 잃고 내는 비탄의 목소리를 본떠서 일반 피리보다 한 옥타브가 낮은 피리를 만들었다. 그러나 이 피리를 불면 얼굴이 일그러졌기 때문에 그냥 버리고 말았다.

그것을 주운 것이 마르시아스였다. 그는 모든 것을 잊고 이 피리 불기에만 매달렸다. 마침내 피리 불기에 자신이 생기자 오만하게도 음악의 신 아폴론에게 도전장을 내밀었다. 그리고 제우스와 티탄 족인 므네모시네 사이에서 태어난 뮤즈들에게 심판을 부탁했다. 뮤즈들은 음악 시합에서 패한 쪽은 승리자의 요구에 무조건 따를 것을 조건으로 내걸었다.

아폴론은 비파를 들고 마르시아스는 피리를 들고 연주를 시작했다. 뮤즈들은 승부를 가리지 못했다. 그러자 아폴론이 악기를 거꾸로 들고 연주해보자고 제안했다. 비파는 거꾸로 연주를 할 수 있지만 피리는 그렇지 않았다. 일방적으로 아폴론에게 유리한 조건이었다. 결국 마르시아스는 거꾸로 들고 연주를 하지 못했기 때문에 패했다. 아폴론은 잔인하게도 마르시아스를 소나무에 묶고 살가죽을 벗겨냈다. 마르시아스의 비명 소리를 아름다운 음악이라도 되는 것처럼 감상하면서 말이다.

사실 아라크네나 마르시아스의 실력은 신과 대등했지만 오만하다는 일방적인 신의 생각 때문에 두 사람은 불행에 빠지고 말았다. 과연 정당하다고 생각하는지?

| 신 화 메 모 |

마르시아스라는 말은 로마 시대에 전혀 엉뚱한 의미로 바뀌었다. 로마인들은 로마 시민 공동체의 자유와 이를 보장하는 사법권을 마르시아스라고 불렀다.

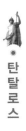

자식을 삶아서 신을 시험한 남자

신은 인간을 시험하지만 인간은 신을 시험할 수 없다?
신을 시험한 탄탈로스는 그 대가로 영원한 형벌에 시달려야 했다.

신들과의 친분을 내세워 오만하게 행동한 리디아의 부자

신화를 보면 신은 종종 인간을 시험했다. 훗날 황금 양가죽을 찾으러 떠난 아르고 원정대의 대장 이아손의 인간 됨됨이를 보기 위해 헤라가 노파로 변장해 시험하기도 하고 제우스는 그리스 신화에 등장하는 최초의 근친 살해자인 익시온을 시험하는 등 그 사례가 적지 않다. 그렇다면 인간이 신을 시험한 일은 없을까? 물론 있다. 그러나 그 대가는 처참했다.

그 대표적인 예가 탄탈로스이다. 그는 트로이 아래에 있는 리디아의 왕으로 엄청난 부자였다. 제우스는 잘난 척을 잘하는 탄탈로스에게 무척 호의적으로 대했다. 가끔 신들의 연회에도 초대해서 신들이 먹는 음식을 대접했다. 그는 신들의 음식을 훔쳐서 사람들에게 나눠주며 올림포스에 대해 자랑삼아 이야기를 늘어놓았고 신들과 가까운 사이임을 내세워 매우 방자하고 오만하게 행동했다. 신들도 이런 탄탈로스를 좋아하지 않았지만 제우스의 뜻을 거역할 수

탄탈로스	아들 펠롭스를 삶아서 신들에게 내놓음.	타르타로스에서 영원한 형벌에 시달림.
리카온	제우스와 헤르메스에게 노예를 죽여 그 고기를 대접함.	리카온의 50명에 이르는 아들들이 제우스의 벼락을 맞아 죽고 리카온은 이리로 변함. 대홍수를 일으켰다는 주장도 있음.
시시포스	자기를 찾아온 죽음의 사신을 가두고 하데스를 속여 수명을 연장함.	하데스에서 끊임없이 굴러떨어지는 바위를 밀어 올리는 벌을 받음.

는 없는 노릇이었다.

한번은 누군가가 제우스의 신전에서 황금 개를 훔쳐 탄탈로스에게 맡기고 키워달라고 부탁했다. 제우스는 이미 개의 행방을 알고 있으면서도 짐짓 탄탈로스에게 개를 찾아달라고 말했다. 그러자 탄탈로스는 그 개를 본 적이 없다고 딱 잡아뗐다. 그래도 제우스는 그를 탓하지 않았다.

아들을 삶아서 신들에게 대접하다

그런데 이런 제우스조차 더 이상 참을 수 없는 사건이 일어났다. 탄탈로스는 평소에 자기에게 베풀어준 호의에 보답하고 싶다면서 신들을 자기 왕궁으로 초대했다. 그리고 신들이 어떻게 하는지 보기 위해 아들인 펠롭스를 청동으로 만든 냄비에 넣고 삶았다. 그런 다음 신들 앞에 내놓았다.

탄탈로스가 내온 고기가 어떤 것인지 알고 있는 신들은 아무도 음식에 손을 대지 않고 제우스를 바라보았다. 다만 딸 페르세포네가 행방불명되어 정신이 없던 데메테르만 고기를 한 점 집어 먹었다. 바로 어깨 부분이었다. 신들은 아무 말 없이 평소에 탄탈로스에게 매우 호의적이었던 제우스의 처분을 기다렸다.

다시 살아난 아들과 죽음보다 더한 고통에 시달리는 아버지

제우스는 분노로 얼굴이 일그러졌다. 먼저 헤르메스를 시켜 펠롭스의 몸을 하나로 모으라고 명령했다. 그러고는 다시 냄비에 넣고 끓였다. 그런 다음 운명의 여신 가운데 하나인 클로토에게 조각난 펠롭스의 몸을 꿰매게 했다. 그러나 어깨 부분은 데메테르가 먹었기 때문에 큰 홈이 팬 것처럼 비어 있었다. 제우스는 빈 어깨 부분을 상아로 채웠다. 그리고 다시 헤르메스를 시켜 하데스로 내려가 펠롭스의 영혼을 데려오라고 명령했다. 이렇게 해서 펠롭스는 다시 살아났다.

그러나 탄탈로스는 그리스 신화에서 가장 고통스러운 형벌에 처해졌다. 탄탈로스는 신의 음식을 먹었기 때문에 죽지 않았다. 그러나 죽음보다 더한 고통에 시달려야 했다. 그는 지하 가장 깊은 곳에 있는 타르타로스에서 물이 목까지 차는 곳에 갇혔다. 머리 위에는 탐스러운 포도가 주렁주렁 매달려 있었다. 물과 포도가 있는 곳이었지만 탄탈로스는 늘 굶주림과 갈증에 시달렸다. 고개를 숙여 물을 마시려고 하면 물이 그만큼 아래로 내려가고 포도를 따 먹으려고 하면 그 역시 그만큼 위로 올라갔기 때문이다. 아예 없으면 포기라도 하겠지만 뻔히 눈앞에 있는 것을 하지 못할 때의 그 고통이란.

| 신 화 메 모 |

탄탈로스가 제우스의 호의를 입은 것은 그가 제우스의 아들이기 때문이다. 탄탈로스는 제우스와 티탄 족인 플루톤(하데스) 사이에서 태어났다. 플루톤은 '부자'라는 뜻이다. 이는 탄탈로스가 부자임을 암시한다.

자식 자랑은
팔불출이라
했거늘

니오베

자식 자랑 끝에 신의 분노를 사서 자식을
모두 잃은 어머니는 돌이 되고 말았다.

그 아버지에 그 딸

탄탈로스의 오만은 자식들에게도 그대로 이어졌다. 탄탈로스는 니오베와 펠
롭스를 비롯한 여러 자식을 두었다. 이 가운데 니오베는 테베의 왕 암피온과
결혼을 해서 아들과 딸을 각각 6명씩 낳았다. 다른 주장에 따르면 7명씩이라
고도 한다. 당시는 다산의 시대였고 아이가 많은 것이 미덕인 사회였다. 그리
고 12명 또는 14명의 자식이란 단연 압도적인 숫자였기에 니오베는 이 사실을
무척 자랑스러워했다.

　니오베는 에티오피아 왕비 카시오페이아가 그랬던 것처럼 자식이 많은 것을
자랑스럽게 떠벌리고 다녔다. 카시오페이아처럼 여기까지는 문제 될 것이 없었
다. 그러나 비교 대상을 신으로 넓히면서 신의 분노를 사게 되었다. 발단은 이
러했다.

294

〈니오베의 아이들〉 난데없는 재앙을 맞은 니오베는 마지막 남은 막내딸의 목숨을 구하고자 옷자락에 딸을 감추며 목숨만 살려달라고 애걸한다. 하지만 이 장면에서 아르테미스의 활은 이미 니오베의 막내딸을 겨누고 있다. 자크 루이 다비드 작품.

10명도 넘는 자식을 낳은 나를 숭배하라

테베에서 태양의 신 아폴론과 사냥의 여신 아르테미스를 낳은 티탄 족 레토의 출산 축하 잔치가 벌어졌다. 올림포스를 주름잡는 최고신을 하나도 아니고 둘씩이나 낳은 레토는 잔칫상을 받을 자격이 충분했다.

그런데 이 잔치에서 니오베는 다시 잘난 척을 했다. 아무리 위대한 신들을 낳았다고는 하지만 기껏해야 2명일 뿐인데 자기는 10명도 넘는 아이를 두었으니 레토를 숭배할 것이 아니라 살아 있는 자기를 숭배해야 하지 않겠는가, 뭐 이런 내용이었다.

테베 사람들은 니오베의 말을 듣고 일리가 있다고 생각하고 레토의 출산 축하 잔치를 중단했다. 레토는 절망에 가까운 분노를 느꼈다. 아폴론과 아르테미스를 낳기 전에 헤라에게 당했던 박해가 니오베의 말과 중첩되면서 레토는 거의 제정신이 아니었다. 그리고 아폴론과 아르테미스를 불러 니오베의 말을 그대로 옮기면서 신세 한탄을 늘어놓았다.

아폴론과 아르테미스는 곧바로 행동에 옮겼다. 둘은 활을 들어 테베를 향해 화살을 날리기 시작했다. 테베의 왕자와 공주들은 하나씩 바닥에 쓰러져 갔고 숨으려 해도 화살은 어김없이 날아와 꽂혔다. 다른 주장에 따르면 용서를 비는 클로리스라는 딸과 아미클라스라는 아들은 살려주었다고 한다.

아폴론과 아르테미스의 화살에 죽어간 자식들

하나둘씩 쓰러져 죽는 아들과 딸을 보면서 니오베는 거의 정신을 잃었다. 자기가 내뱉은 말을 후회했지만 이미 엎질러진 물이었다. 다시 주워 담을 수가 없었다. 니오베는 아무 말도 하지 않았고 아무것도 먹지 않았다. 그저 하염없이 눈물만 흘렸다. 그녀의 자랑거리였던 아들과 딸은 모두 죽고 말았다. 신들은 니오베를 동정했다. 그래서 그녀를 물이 흘러나오는 대리석 덩어리로 변신시켰다. 이 돌은 리디아의 시필로스 산에 있다.

남편 암피온 역시 절망을 이기지 못하고 스스로 목숨을 끊었다. 다른 설명에 따르면 복수를 위해 아폴론 신전을 공격하다가 목숨을 잃었다고 한다. 암피온은 비파의 명인이었다. 테베의 성벽을 쌓을 때 그가 비파를 연주하자 돌들이 저절로 움직여 성벽이 되었다고 한다. 테베라는 이름은 암피온의 쌍둥이 형제인 제토스의 아내 테베의 이름을 딴 것이다. 암피온의 뒤를 이어 테베의 왕이 된 것은 오이디푸스의 아버지인 라이오스였다.

| 신 화 메 모 |

암피온이 비파의 명인이 된 사연은 이렇다. 원래 음악적 재능이 뛰어났던 암피온이 헤르메스를 모시는 제단을 세우자 이에 감동한 헤르메스가 비파를 주었다. 그는 4현짜리 비파를 7현짜리 비파로 개조했다고 한다.

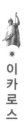

중용의
도리를 버린
소년

이
카
로
스

도가 지나친 것은 하지 않은 것만 못한 법이다.
이카로스는 너무 태양 가까이로 날아 추락하고 말았다.

아리아드네를 도와주었다가 자신이 만든 미궁에 갇힌 다이달로스

한 번 들어가면 다시는 나올 수 없는 미궁이 있다. 그곳은 바로 황소 괴물 미노타우로스를 가두었던 라비린토스이다. 미노스가 바다의 신 포세이돈을 속인 죄로 아내 파시파에는 황소에게 연정을 품어 황소 괴물 미노타우로스를 낳았다.

그런데 아네테의 왕자 테세우스가 미노타우로스를 죽이고 아리아드네의 도움으로 라비린토스를 빠져나오는 일이 벌어진다. 이에 아리아드네의 아버지인 미노스는 크게 분노했으나, 아리아드네는 이미 테세우스를 따라가고 없었다. 그러자 분노의 화살은 파시파에를 위해 라비린토스를 만든 그리스 최고의 기술자 다이달로스에게 향했다. 미노스는 다이달로스와 그의 아들 이카로스를 라비린토스에 가두었다. 자기가 판 구덩이가 무덤이 될 판이었다. 그러나 다이달로스는 그리스 최고의 기술자였다.

밀랍으로 만든 날개를 달고 하늘을 날다

다이달로스는 궁리 끝에 하늘을 날아서 탈출하기로 하고 오랫동안 새의 깃털을 모았다. 깃털이 충분히 모이자 밀랍으로 새의 깃털을 이어 큰 날개를 만들었다. 두 쌍의 날개를 만든 다이달로스는 아들 이카로스에게 주의를 주었다. 너무 높게 날면 태양열이 밀랍을 녹일 것이고 너무 낮게 날면 바다의 습기 때문에 날개가 무거워져 바다로 추락할 것임을 경고했다.

그리고 두 사람은 힘차게 하늘로 날아올랐다. 벨레로폰도 하늘을 날았지만 그는 날개 달린 말인 페가소스를 탔다. 파에톤도 하늘을 날았지만 그는 아버지 아폴론의 태양 마차를 탔다. 그러나 다이달로스와 이카로스는 신의 도움 없이 하늘을 날았다. 하늘을 나는 것은 라이트 형제가 비행기를 만들기 전까

▼ 신이나 인간의 이름을 딴 지명

도로스(데우칼리온의 아들)	도리아 지방 → 도리스(현재)
이카로스	이카리오스 해(이카로스가 떨어진 바다)
헬렌	헬레스폰토스(황금 양에서 헬레이 떨어진 바다) → 다르다넬스 해협(현재)
이오	이오니아 해(헤라의 박해를 피해 돌아다니다가 이오가 건넌 바다)
헤라클레스	헤라클레스의 기둥
테베	테베(원래 이름은 도시 건설자 카드모스의 이름을 딴 카드메이아)

〈이카로스를 애도함〉 다이달로스가 만든 날개로 하늘을 날던 이카로스는 아버지의 경고를 어기고 더 높이 날다가 날개가 녹는 바람에 바다에 떨어져 죽고 만다. 허버트 제임스 드레이퍼 작품.

지 오랜 세월 동안 인간이 품고 있던 이룰 수 없는 꿈이었다. 그러나 다이달로스는 신화시대에 이미 하늘을 날았다.

처음에는 서툴던 날갯짓이 점차 익숙해지고 하늘을 난다는 것이 얼마나 아름다운 일인지 알게 될 무렵 이들은 이오니아 해 위를 떠가고 있었다. 다이달로스의 아들 이카로스는 서서히 몸이 달아오르면서 처음의 긴장은 눈 녹듯 사라지고 발갛게 달아오른 흥분이 몸을 지배하기 시작했다.

더 높이 더 높이, 그리고 맞이한 죽음

이카로스는 자꾸만 위로 날았다. 더 높이 날고 싶었다. 벨레로폰처럼 신이 되려고는 하지 않았다. 이미 신이 된 기분이었을 테니까. 이카로스는 아버지의 엄중한 경고를 무시하고 더 높이 날았다. 그러자 밀랍은 조금씩 녹아내리기 시작했고 얼마 뒤 이카로스는 바다로 추락했다. 이렇게 이카로스는 그 뒤 그의 이름을 따서 이카리오스 해(지금의 에게 해)라고 부르게 된 곳에서 죽었다.

사람이 살아가는 것도 이와 같지 않을까? 너무 높이 날거나 너무 낮게 날지 말고 중용의 길로 날아야 한다는 것 말이다.

| 신 화 메 모 |

다이달로스의 탈출에 대한 다른 주장이 있다. 다이달로스와 공모한 적이 있는 파시파에가 라비린토스에 갇혀 있는 다이달로스를 구해주었다고 한다. 그는 배를 만들고 역시 처음으로 배를 추진하는 돛을 만들어 크레타에서 도망쳤다는 이야기이다.

파에톤

우주를 여행한 첫 우주 비행사

인류의 첫 번째 우주 비행은
처참한 비극으로 끝이 났다.

아버지를 모르고 자란 아폴론의 아들

이카로스처럼 하늘을 날았지만, 게다가 멀리 우주를 날았지만 역시 참혹한 죽음을 맞이한 사람이 있다. 그의 이름은 파에톤으로, 기록으로 남아 있는 첫 우주 비행사였다. 그러나 인류의 첫 번째 우주여행은 끔찍하게 끝이 났다.

파에톤은 아버지 없는 아이로 자랐다. 어릴 때야 그렇지만 어느 정도의 나이에 이르자 고구려의 유리 왕자가 그랬던 것처럼 파에톤은 아비 없는 자식이란 놀림을 받고 어머니에게 달려갔다. 그러자 어머니는 아버지가 태양신이라고 가르쳐주었다. 의기양양하게 친구들에게 달려간 파에톤은 자기가 태양신의 아들이라고 자랑스럽게 말했지만 아무도 믿지 않았다.

아버지를 난감하게 만든 아들의 소원

파에톤은 고민 끝에 직접 태양신을 만나서 확인하기 위해 해가 떠오르는 동

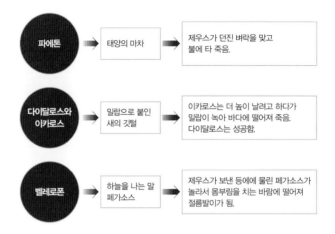

쪽 끝의 궁전을 찾아가기로 했다. 파에톤은 여러 영웅처럼 오랜 모험 끝에 태양의 궁전에 도착했다. 태양신 아폴론은 파에톤을 따뜻하게 맞이하고 그가 자기의 아들이 분명하다고 말했다. 파에톤은 이로써 여행의 목적을 달성했다.

아폴론은 아버지 없이 자란 아들이 불쌍했다. 그래서 파에톤에게 소원이 있으면 무엇이든 하나 들어주겠다며 스틱스 강에 대고 맹세를 했다. 파에톤은 서슴없이 하늘을 달리는 태양의 마차를 끌어보고 싶다고 대답했다. 일순간 아폴론과 주위 신들의 얼굴이 파랗게 질렸다. 그리고 파에톤에게 그 부탁만은 들어줄 수 없으니 다른 것을 선택하라고 말했다.

그러나 파에톤은 요지부동이었다. 아폴론은 경솔하게 스틱스 강에 대고 맹세한 것을 후회했다. 제우스는 티탄 족과 싸울 때 스틱스가 제우스 편을 들어 공을 세웠기 때문에 스틱스 강에 대고 맹세를 하면 반드시 지키도록 해서 스틱스에 대한 은혜를 갚았다. 만약 이 약속을 어기면 아무리 신이라도 오랫동안 혼수상태에 빠져 있어야 했다.

아폴론과 주위의 신들은 어떻게 해서라도 파에톤의 결심을 바꾸게 하려고 노력했지만 허사였다. 하지 못하게 하면 더 하고 싶은 것이 사람의 심리이다.

파에톤은 태양의 마차를 몰고 하늘을 나는 일만이 유일한 소원이라고 딱 잘라 말했다.

제우스의 벼락에 맞아 죽다

이제 어쩔 수 없었다. 아폴론은 파에톤에게 간곡하게 몇 가지 주의를 주었다. 그러나 이미 태양의 마차를 몰게 되어 흥분해 있는 파에톤의 귀에는 아무 말도 들어오지 않았다. 빨리 하늘을 날고 싶다는 생각뿐이었다.

마침내 운명의 시간이 되었고 파에톤을 태운 태양의 마차가 하루의 운행을 위해 출발했다. 그러나 마차의 주인이 바뀐 것을 아는 말들은 제멋대로 달리기 시작했다. 하늘 위로 올라가 별들이 뜨거운 몸을 피하게도 만들고 지나치게 아래로 내려가 지구를 태우기도 했다. 파에톤은 말들이 제멋대로 달리기 시작하고 통제를 할 수 없는 지경에 이르자 두려움 때문에 고삐를 놓고 눈을 감아버렸다.

이제 세상은 제멋대로 움직이는 태양 때문에 큰 혼란에 빠졌다. 제우스는 하늘에서 파에톤이 초래한 재앙을 두고 볼 수 없다고 생각하고 벼락을 던져서 파에톤을 죽였다. 하늘을 날았던 파에톤은 검게 그을린 시체가 되어 하늘에서 떨어졌다. 아프리카 사람들의 피부가 까맣게 된 것도 이때의 일이라고 한다. 어쨌든 파에톤의 꿈은 이루어졌다. 이제 까맣게 그을리지 않고도 우주를 여행할 수 있게 되었으니까.

| 신 화 메 모 |

님프인 파에톤의 누이들은 파에톤이 하늘에서 까만 숯이 되어 강으로 떨어지는 것을 보고 너무 슬퍼서 포플러로 변하고 말았다. 지금도 에리다노스 강 주위에는 유독 포플러가 많다고 한다.

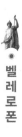

살아서
신이 되려고 한
남자

**벨레로폰은 페가소스를 타고
신이 되려다가 절름발이가 되었다.**

반항의 피를 이어받은 프로메테우스의 직계 자손

인간의 오만은 어디까지인가. 신화시대에는 당연히 불경한 말이지만 신이 되
는 것이었다. 실제로 인간이었던 헤라클레스나 아스클레피오스는 죽어서 신이
되었다. 그런데 오만하게도 살아서 신이 되려고 했던 사람이 있었다. 바로 벨레
로폰이라는 영웅이었다.

벨레로폰은 제우스에게 대항했던 프로메테우스의 직계 자손이며 신들을
속이고 결국 그 대가로 끝없이 아래로 굴러떨어지는 바위를 위로 밀어 올리는
형벌을 받은 시시포스의 손자였다. 그 피를 이어받은 탓인지 벨레로폰 역시 신
에 대한 외경이 없었고 마지막에는 신이 되려고 했다.

간절히 원하던 페가소스를 손에 넣다

벨레로폰은 젊었을 때 메두사의 머리에서 흘러내린 피에서 태어난 하늘을 나

<페가소스를 타고 키메라를 무찌르는 벨레로폰> 벨레로폰이 페가소스를 타고 괴물 키메라를 물리치고 있다. 페테르 파울 루벤스 작품.

는 말 페가소스를 가지고 싶어했다. 간절한 소망은 이루어지는 법이다. 어느날 어느 예언가로부터 지혜의 여신 아테나 신전에서 밤을 보내면 뜻을 이룰수 있을 것이라는 말을 듣고 그대로 했다.

과연 그날 밤 벨레로폰의 꿈에 아테나 여신이 나타나 황금으로 된 말 재갈을 주면서 포세이돈에게 소를 제물로 바치면 페가소스를 손에 넣을 수 있을 것이라고 말했다. 꿈에서 깨어보니 손에는 황금 재갈이 쥐어져 있었다. 그길로 달려 나간 벨레로폰은 포세이돈에게 소 한 마리를 제물로 바쳤다.

얼마 지나지 않아 샘에서 물을 마시고 있는 페가소스를 발견했다. 그때까지만 해도 페가소스는 사람이 나타나면 뛰거나 하늘을 날아서 도망쳤지만 벨레

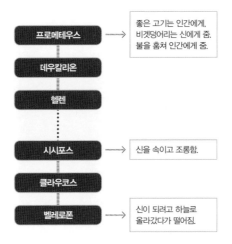

로폰이 가까이 다가가도 도망치지 않고 그대로 있었다. 그는 페가소스의 볼을 가볍게 쓰다듬어준 다음 아테나가 준 황금 재갈을 물렸다.

그런데 벨레로폰이 실수로 형제인 벨레로스를 살해하는 일이 일어났다. 그 때문에 그는 원래 이름 힙노스에서 '벨레로스를 살해한 사람'이란 뜻인 벨레로폰으로 불리게 되었다. 그는 당시의 관습대로 아르고스로 가서 그곳의 왕 프로이토스에게 죄를 용서받았다. 그런데 프로이토스의 아내 스테네보이아가 그만 벨레로폰에게 연정을 품었다. 하늘을 나는 멋진 말을 탄 남자가 멋지기는 했을 것이다.

신이 될 수 있다는 망상에 사로잡히다

벨레로폰은 자기의 죄를 사해준 프로이토스를 배신할 수 없었다. 스테네보이아는 자기의 욕망이 거절당하자 오히려 벨레로폰이 자기를 겁탈하려 했다고 음해를 했다. 프로이토스는 고민 끝에 편지를 가지고 가는 사람을 죽이라는 내용이 든 편지와 함께 벨레로폰을 장인 이오바테스에게 보냈다. 이오바테스는 벨레로폰을 죽이는 대신 당시 그 지역에 출몰하던 괴물인 키마이라를 죽여달라고 부탁했다.

벨레로폰은 페가소스를 타고 공중에서 활을 쏘아 키마이라를 죽이고 영웅의 반열에 올랐다. 몇 차례의 시험을 거치고 이오바테스는 오히려 벨레로폰에게 딸을 주어 사위로 삼았다. 그의 사람됨을 확인했던 것이다.

이쯤에서 벨레로폰은 엉뚱한 상상을 하기 시작했다. 하늘을 나는 페가소스를 타고 하늘로 올라가 신들과 싸워 자기도 신이 될 수 있다고 생각한 것이다. 그리고 실제로 하늘로 높이 올라갔다. 제우스는 벨레로폰의 모습을 보고는 코웃음을 치며 등에 한 마리를 보내 페가소스를 물게 했다. 그래서 페가소스가 몸을 비트는 바람에 벨레로폰은 그대로 땅으로 떨어졌다. 죽지는 않았지만 여생을 절름발이로 살아야 했다.

| 신 화 메 모 |

프로이토스는 페르세우스의 외할아버지 아크리시오스의 왕국을 빼앗았다. 이를 알게 된 페르세우스는 메두사의 머리로 프로이토스를 돌로 만들어버렸다. 그러자 곧이어 프로이토스의 아들 메가펜테스가 페르세우스를 죽여 복수했다는 이야기도 전한다.

신들을
속인
불굴의 인간

끊임없이 신에 도전한 프로메테우스 집안의
후손 시시포스는 오늘도 돌을 굴린다.

자기를 속인 여자를 거짓으로 유혹해 죽인 벨레로폰

속임수는 오만 또는 자신감에서 나온다. 상대보다 우월하거나 적어도 상대에
게 지지 않을 수 있다는 자신감이 뒤에 자리 잡고 있기 때문이다. 벨레로폰은
누명을 벗은 다음, 자기를 겁탈하려 했다고 벨레로폰을 무고한 스테네보이아
를 찾아갔다. 그리고 이번에는 벨레로폰이 페가소스를 타고 하늘을 날아보지
않겠느냐고 유혹했다. 그녀는 벨레로폰과 살을 맞대고 황홀감을 느끼며 하늘
을 날았다. 그리고 하늘 높이 올라갔을 때 벨레로폰은 그녀를 밀었다. 자기를
속인 스테네보이아를 이번에는 자기가 속여 죽인 것이다.

　벨레로폰은 시시포스의 손자였다. 시시포스는 제우스를 속이고 대항한 프
로메테우스의 증손자로, 그 역시 신들에게 굴복하지 않고 신들을 속였다. 물론
그 대가로 끝없는 형벌을 받았지만 후세 사람들은 아무도 그를 어리석다고 말
하지 않는다.

▼ 영원한 형벌을 받은 사람들

다나이스들	→	첫날밤 49명의 신랑을 살해함.	→	밑 빠진 독에 물을 채우는 형벌
탄탈로스	→	신들에게 아들의 몸을 먹으라고 내놓음.	→	기아와 갈증이 계속되는 형벌
시시포스	→	신들을 속이고 조롱함.	→	굴러떨어지는 바위를 끊임없이 밀어 올리는 형벌
익시온	→	최초의 근친 살해자로 헤라를 욕보임.	→	불타는 마차를 계속 끌어야 하는 형벌

죽음의 사신을 두 번이나 속여 수명을 연장하다

언젠가 제우스가 강의 신 아소포스의 딸 아이기나를 납치한 적이 있었다. 이 장면을 마침 망루에 있던 시시포스가 보았다. 아소포스는 사방으로 딸을 찾아다니다가 시시포스에게 딸의 행방을 물었다. 시시포스는 강의 신에게 샘물을 대가로 받기로 하고 자기가 본 것을 말해주었다. 물론 아소포스는 제우스에게 덤볐다가 벼락을 맞고 만신창이가 되었다.

제우스는 감히 고자질을 한 시시포스를 그냥 둘 수 없다고 생각하고 죽음의 사신을 보내 그를 하데스로 잡아가게 만들었다. 그러나 시시포스는 오히려 속임수를 써서 죽음의 사신을 잡아 가두었다. 죽음의 사신을 가두자 세상에는 죽는 사람이 없었다. 신들은 하는 수 없이 전쟁의 신 아레스를 보내 죽음의 사신을 구해냈다.

얼마 뒤 죽음의 사신이 다시 시시포스를 찾았다. 이번에는 시시포스가 순순히 죽음의 사신을 따라나섰다. 그런데 오랜 시간이 지났는데도 땅 위에서 시시포스의 장례를 치르지 않았다. 당시의 관습은 장례를 치르고 매장한 다음 제물을 바쳐야 비로소 하데스에 정식으로 들어간다고 믿었다. 그래서 시시포스가 미리 아내에게 장례를 치르지 말라고 일러두었던 것이다.

지하세계의 지배자 하데스는 화가 나서 시시포스에게 집으로 돌아가 빨리 장례를 치르게 하라고 명령했다. 시시포스는 그렇게 하겠다고 말하고는 땅 위로 돌아와 지하세계로 다시 돌아가지 않고 오래오래 살았다. 신들이 보기에 기가 찰 노릇이었지만 어쩔 도리가 없어 혀만 끌끌 찰 뿐이었다.

벌을 받으면서도 계속해서 신을 능멸하다

시시포스는 훗날 신을 능멸했다는 이유로 엄청난 형벌을 받았다. 손과 머리로 바위를 굴려 언덕 위까지 옮기는 벌이었다. 그러나 언덕 위로 올라간 바위는 곧바로 아래로 굴러떨어졌다. 그리고 같은 일이 계속 반복되었다. 이는 증조할 아버지인 프로메테우스가 매일 새로 돋아나는 간을 독수리에게 쪼아 먹힌 것과 닮았다.

또한 그의 형벌을 가만히 생각해보면 여전히 시시포스는 신들을 능멸하고 있다는 생각이 든다. 굴러떨어진 바위를 영원히 계속해서 밀어 올리는 것이 형벌이라면 죽지 않고 영원히 사는 신들의 삶 역시 형벌이 아니겠느냐며.

| 신 화 메 모 |

아소포스는 대양의 신 오케아노스의 아들이다. 아소포스의 딸 아이기나는 제우스에게 납치되어 오이노네 섬으로 갔는데 시시포스의 말을 들은 아소포스가 제우스에게 덤볐다가 벼락을 맞았다. 이후 아소포스 강의 바닥에는 불이 붙은 숯이 많았다고 한다. 오이노네 섬은 훗날 아이기나 섬으로 이름이 바뀌었다.

펠롭스

속임수에는
속임수로

속임수에 지나지 않는 결혼 조건을 내세운 오이노마오스 왕은
자기 딸의 속임수에 넘어가 목숨을 잃는다.

이상한 결혼 조건을 내건 피사의 공주에게 청혼을 하다

탄탈로스가 자기 아들인 펠롭스를 삶아서 신들을 시험하려고 했던 치기 어린
시도는 처참한 형벌로 끝이 났지만 그 때문에 상아 어깨를 갖게 된 펠롭스는
아주 매력적인 소년이 되었다. 탄탈로스와 펠롭스의 운명이 완전히 뒤바뀐 셈
이다. 동성애가 자연스러웠던 당시에 여러 신의 관심을 제치고 포세이돈이 미
소년 펠롭스를 차지했다.

그리고 펠롭스가 미소년에서 훌륭한 청년이 되자 포세이돈은 그에게 하늘
을 날 수 있는 날개 달린 마차를 선물로 주었다. 펠롭스는 아버지의 뒤를 이어
리디아의 왕이 되었지만 트로이의 침략을 받고 쫓겨나 그리스로 이주했다.

그리스로 이주한 펠롭스는 피사의 공주인 히포다메이아에게 청혼을 했다.
그런데 피사의 왕인 오이노마오스는 이상한 결혼 조건을 내걸었다. 청혼한 남
자가 히포다메이아를 전차에 태우고 코린토스까지 140킬로미터에 이르는 길

▼ 경기의 승자에게 주는 상

그리스에서는
경기에 우승한 승리자에게
대부분 관을 주었다.

경기	상
올림픽 경기	올리브 관
피티아 경기	월계관
이스트미아 경기	솔잎 관
네미아 경기	파슬리 관
아테네 전차 경주	옷
아르고스 전차 경주	방패

을 달려야 하고 전차를 타고 뒤쫓아오는 오이노마오스 왕의 창에 맞지 않고 살아남아야만 결혼할 수 있다는 것이었다.

히포다메이아와 결혼을 하기 위해서는 왕의 창을 피해 전차를 빨리 몰아야 하지만 왕은 전쟁의 신 아레스가 준 갑옷과 아레스의 말이 끄는 전차를 갖고 있었다. 형편이 이렇다 보니 결혼 조건은 왕과 공주가 벌이는 일종의 게임이자 속임수에 지나지 않았다. 펠롭스가 청혼을 하기 전에 12명의 청혼자가 있었지만 모두 오이노마오스 왕의 창에 찔려 죽었다.

공주와 마부의 검은 거래

물론 펠롭스는 이런 사정을 알고 청혼을 했다. 펠롭스에게는 하늘을 나는 마차가 있었지만 그보다 자기를 믿었다. 히포다메이아는 지금까지의 청혼자에게는 관심이 없었다. 그러나 상아가 박혀 있는 어깨를 가진 펠롭스에게는 강한 욕망을 느꼈다. 그래서 펠롭스가 경기에서 이기기를 바랐다. 그러나 아버지를 이길 사람은 세상에 없다고 믿은 그녀는 속임수를 쓰기로 했다.

오이노마오스 왕의 마부는 전령의 신 헤르메스의 아들인 미르틸로스였다. 그는 평소에 히포다메이아에게 깊은 관심을 가지고 있었고 그녀 역시 그 사실을 알고 있었다. 그래서 두 사람은 작은 거래를 했다. 히포다메이아는 자기를 도와주면 미르틸로스의 사랑을 받아들이겠다고 약속했다.

속임수로 이긴 전차 경주

경주가 시작되자 펠롭스는 히포다메이아를 태우고 달리기 시작했다. 그러나 다른 청혼자들과 달리 천천히 달렸다. 오이노마오스 왕은 평소대로 전쟁의 신 아레스에게 제물을 바치고 펠롭스를 죽이기 위해 창을 높이 들고 전차를 출발시켰다. 그러나 미르틸로스가 전차 바퀴를 느슨하게 만들어놓았기 때문에 전차에서 굴러떨어져 말에 밟혀 죽었다.

그리고 자기가 미르틸로스에게 속았다는 것을 깨달은 왕은 그에게 자기가 죽는 것처럼 너 역시 죽을 것이라는 저주를 퍼부었다. 그러나 미르틸로스는 히포다메이아와 약속한 사랑을 생각하며 왕의 저주 따위는 아랑곳하지 않았다. 기억해야 할 것은 히포다메이아가 사랑에 빠진 것은 펠롭스이지 미르틸로스가 아니라는 점이다.

│ 신 화 메 모 │

오이노마오스가 딸 히포다메이아에게 청혼한 남자들과 전차 경주를 한 것은 딸과 결혼하는 남자가 자기를 죽일 것이라는 예언 때문이었다. 다른 주장에 따르면 오이노마오스와 히포다메이아는 연인 사이였다고 한다.

배신은
또 다른 배신을
낳는다

미르틸로스는 펠롭스의 속임수로 죽임을 당하지만,
그 뒤로 펠롭스 가문의 후손들은 저주에 묶이게 된다.

속임수로 아내와 왕국을 얻은 펠롭스

미르틸로스는 히포다메이아에 대한 욕망 때문에 왕을 배신하고 속였다. 크로노스는 아버지를 거세하고 신들의 왕이 된 이후 자기 아들이 자기를 몰아낼지도 모른다는 생각 때문에 아이들을 모두 삼켰다. 마찬가지로 남을 배신하고 속인 사람은 또 다른 배신과 속임수를 조심해야 하는데 미르틸로스는 그렇지 못했다.

히포다메이아는 원하던 펠롭스를 얻었다. 이제 미르틸로스를 처리할 일만 남았다. 그렇다고 곧바로 그를 없앨 생각은 아니었는데 미르틸로스가 자꾸만 과거의 약속을 이행하라고 졸랐다. 펠롭스도 그 사실을 눈치챘다. 펠롭스는 유쾌한 표정으로 날개 달린 마차를 타고 드라이브를 하자며 미르틸로스를 태우고 달렸다. 그리고 미르틸로스의 이름을 딴 미르토온 바다에서 미르틸로스를 떼밀었다. 미르틸로스는 그제야 속았다는 사실을 깨달았다. 그와 동시에 오이노마오스 왕이 자기에게 퍼부었던 저주를 기억해내고는 펠롭스와 히포다메이아, 그리고 그들 사이에서 태어날 후손들에게 저주를 퍼부었다.

펠롭스는 당시 관습대로 헤파이스토스에게 미르틸로스를 죽인 것에 대한 죄 사함을 받았다. 그리고 피사로 돌아와 죽은 오이노마오스 왕의 뒤를 이어 왕이 되었다. 예쁜 아내와 왕국을 한꺼번에 얻은 것이다. 그러나 아무리 죄 사함을 받았지만 살인을 했다는 명에를 지울 수는 없었다. 그래서 펠롭스는 오이노마오스가 했던 것처럼 제물을 바친 다음 전차 경주를 벌이는 경기를 창안해냈다. 고대올림픽이 시작된 것이다. 경기장에 미르틸로스를 기리는 기념비를 세우고 왕국에 포고령을 내려 미르틸로스의 아버지 헤르메스를 숭배할 것을 명령했다. 또한 미르틸로스를 속였다는 것 때문인지 경기에서 속임수를 철저하게 배제했다. 이렇게 한다고 미르틸로스의 저주가 풀렸을까?

펠롭스 가문에 퍼부은 미르틸로스의 저주가 시작되다

펠롭스는 영토 확장 과정에서 속임수를 썼다. 우의를 다진다는 명목으로 아르카디아의 왕을 초대하고, 아버지 탄탈로스가 그랬듯이 아르카디아의 왕을 토막 내 죽여 벌판에 버렸다. 그러자 그의 왕국에 기근이 들었다. 미르틸로스의 저주가 시작된 것이다.

그 저주의 발단은 펠롭스의 스물세 번째 아들 크리시포스였다. 펠롭스와 히포다메이아는 금실이 좋았는지 22명의 아이를 낳았다. 그러나 펠롭스가 어떤 님프와 관계를 맺어 스물세 번째 아들을 낳았다. 펠롭스는 자신을 쏙 빼닮은 그 아이를 총애했고 이는 왕권 쟁탈로 번졌다. 결국 히포다메이아의 사주를 받은 아들 아트레우스와 티에스테스가 크리시포스를 죽였고 아버지의 분노를 피해 외국으로 도망쳤다. 저주는 살인자의 뒤를 쫓는다. 살인 동지였던 두 형제는 저주의 소용돌이에 휘말리게 된다.

│ 신 화 메 모 │

미르틸로스와 히포다메이아 사이의 구체적인 밀약은 펠롭스가 히포다메이아와 결혼을 하게 되면 미르틸로스와 히포다메이아가 하룻밤을 같이 지내고 오이노마오스의 왕국을 둘로 나눠 갖는다는 것이었다.

속임수로
정적을 살해한
남자

오디세우스는 자기를 억지로 전쟁터로 끌어낸 팔라메데스를
반역자로 몰아 죽음으로 내몰았다.

트로이 전쟁에 나가고 싶지 않아 미치광이 행세를 하다

속았다는 것을 깨달았을 때와 자기의 속임수가 상대에게 읽혔을 때 어느 쪽이
더 원한에 사무칠까? 사람에 따라 다르겠지만 후자의 경우가 훨씬 치욕적이
고 그로 인해 생기는 분노도 더 크지 않을까?

트로이의 왕자 파리스가 메넬라오스의 아내 헬레네를 유혹해서 트로이로
데리고 떠나자 그리스는 헬레네를 되찾아오기 위해 동맹군을 결성했다. 그리
스 동맹군은 헬레네에게 청혼했던 청혼자들이 헬레네에게 무슨 일이 생겼을
때 서로 돕겠다고 한 서약에 따라 결성된 것이었고, 이 제안을 처음 한 사람은
다름 아닌 오디세우스였다.

그런데 정작 오디세우스는 이 전쟁에 참가하고 싶어하지 않았다. 머리가 좋
은 오디세우스가 생각하기에 전쟁은 짧은 시간 내에 쉽게 끝날 성질의 것이
아니었다. 그렇다면 굳이 전쟁에 참가할 이유가 없다고 생각했다. 그래서 그가

▼ 트로이 전쟁을 둘러싼 예언들

그리스	트로이가 10년 만에 함락됨. – 아폴론에게 제사를 지낼 때 뱀이 어미 공작과 새끼 여덟 마리를 잡아먹고 돌로 변하는 것을 보고 칼카스가 예언
	이피게네이아를 제물로 바침. – 아가멤논이 아르테미스의 사슴을 쏘았기 때문에 딸을 제물로 바쳐야 트로이로 갈 수 있다는 예언
	아킬레우스가 참전하지 않으면 트로이가 함락되지 않을 것임.
	트로이를 함락하기 위해서는 헤라클레스의 활과 화살이 필요하다. – 파리스의 죽음
트로이	파리스의 태몽 – 도시가 불타는 꿈 → 파리스를 이데 산에 버림.
	트로이의 목마를 안으로 들여놓으면 트로이가 함락될 것임. – 라오콘, 카산드라가 예언

선택한 것은 미치광이 흉내를 내는 것이었다. 전쟁에 나가지 않기 위해 멀쩡한 팔이나 다리를 부러뜨릴 수는 없는 노릇이었으니까.

전쟁에 나갈 것인가, 아들을 죽일 것인가?

한편 그리스 동맹군의 입장에서 보면 지략이 뛰어난 오디세우스는 전쟁에 반드시 필요한 사람이었다. 그가 미쳤다는 소문을 듣고 확인을 하기 위해 메넬라오스와 팔라메데스라는 사람이 오디세우스를 찾아갔다. 과연 오디세우스는 미친 듯이 보였다. 말과 소를 함께 묶어서 밭을 갈았고 소금과 모래를 씨앗인 것처럼 밭에 뿌리고 있었다.

그러나 팔라메데스는 오디세우스의 생각을 간파했다. 그는 오디세우스의 아내 페넬로페의 품에 안겨 있는 어린 아들 텔레마코스를 오디세우스가 갈고 있는 밭이랑에 내려놓았다.

오디세우스가 전쟁에 나가지 않으려면 아들을 죽여야 했다. 오디세우스는 하는 수 없이 미친 짓을 그만두고 전쟁터에 따라나섰다. 오디세우스의 뒤를 팔라메데스에 대한 원한도 따라나섰다.

팔라메데스를 반역자로 몰아 죽이다

전쟁이 시작되고 오디세우스는 적병을 하나 사로잡았다. 그리고 재빨리 은밀한 복수를 시작했다. 팔라메데스의 막사에 몰래 금을 숨겨두고 트로이의 왕과 팔라메데스가 서로 밀통하고 있음을 보여주는 편지를 만든 다음 그리스 동맹군의 사령관인 아가멤논 앞으로 적병을 데리고 갔다.

원래 거짓말은 사실보다 훨씬 논리적이다. 다만 현실성이 떨어지는데 사람들은 쉽사리 논리에 굴복하기 때문에 사회에는 늘 거짓말이 횡행한다.

아가멤논은 팔라메데스의 강한 부인과 실제로 그럴 이유가 없었음에도 불구하고 막사에서 나온 금과 편지만 보고 팔라메데스를 반역자로 규정하고 돌로 때려죽이라는 판결을 내렸다. 팔라메데스는 끌려나가면서 오디세우스를 원망했지만 오디세우스가 겪은 치욕을 헤아리지는 못했다.

| 신 화 메 모 |

팔라메데스의 아들은 아버지의 죽음에 대한 보상을 받기 위해 그리스 군대를 찾아왔지만 뜻을 이루지 못했다. 그러자 그리스 장군들의 아내들이 바람을 피우도록 만들고 귀환하는 그리스 함대를 많이 난파시켜 복수를 했다.

지혜의 여신 아테나

인간의 시선을 내면으로 향하게 하다

아테나는 그녀를 임신하고 있던 메티스를 제우스가 삼킨 탓에 어머니의 자궁을 빌리지 못하고 제우스의 머리에서 태어났다. 아테나는 인간으로 하여금 눈을 돌려 내부를 보게 만든 여신이다. 이전까지 외부의 자연으로 향해 있던 인간의 시선을 내면으로 향하게 만들었던 것이다. 내부에 자리하고 있는 것은 바로 지혜이다. 아테나가 지혜의 여신인 것은 이 때문이다.

오디세우스는 언제나 아테나와 대화를 했다. 그는 주위에서 일어나는 모든 것이 신에게서 기인한 것으로 생각하고 늘 신의 목소리에 귀를 기울였다. 오디세우스가 지혜로운 사람이 된 것 역시 이 때문이다.

아테나와 뱀의 관계

아테나의 방패인 아이기스에는 메두사의 머리가 달려 있다. 메두사는 원래 아름다운 처녀였지만 아테나 신전에서 포세이돈과 격정적인 정사를 벌인 탓에 아테나의 미움을 사 머리카락이 모두 뱀으로 바뀌고 말았다. 페르세우스는 아테나의 도움으로 메두사를 퇴치하고 그 머리를 아테나에게 바쳤다. 아테나는 메두사의 뱀 머리를 아이기스에 달았다.

아테나에게서도 다른 신들이 지닌 뱀의 이미지는 반복된다. 아폴론이 태어나자마자 거대한 뱀 피톤을 처치하고 그곳에 신탁소를 차린 것처럼 아테나 역시 머리카락이 뱀인 메두사를 페르세우스를 통해 처치하고 그 머리를 방패에 달았던 것이다. 아폴론과 아테나의 행위에는 뱀으로 상징되는 제우스의 힘에 필적하는 힘을 지니고 있다는 것을 보여주려는 의지가 담겨 있다.

뱀의 이미지는 계속된다. 아테나는 처녀 신이다. 그러나 그녀에게는 아테네의 왕인 에리크토니오스라는 양아들이 있었다. 대장장이 신 헤파이스토스는 늘 바람을 피우고 다니는 아내 아프로디테보다 품위 있고 청순한 아테나를 좋아했다. 그래서 어느 날 강제로 아테나를 겁탈하려고 했지만 실패하고 정액만 흘려놓았다. 거기서 태어난 것이 에리크토니오스이다.

아테나가 아테네의 세 공주에게 에리크토니오스를 맡기면서 절대로 덮개를 열어서는 안 된다고 주의를 주었지만 강한 호기심에 사로잡힌 처녀들은 덮개를 열었다. 똬리를 튼 뱀 꼬리 속에 작은 아기가 들어 있었다. 신의 비밀을 엿본 처녀들은 스스로 목숨을 끊고 말았다.

아테네의 수호신이 되다

아테나가 에리크토니오스를 키우고 보살핀 것처럼 아테나는 아테네의 수호신이 되었다. 아테네 인은 아테나의 상을 세우고 숭배했는데 이 상은 여신의 이미지를 증식시키는 중요한 매개 역할을 한다. 그 이미지는 상이 있는 한 아테네는 무사하다는 믿음에서 비롯된다. 상은 인간세계를 떠난 신들과 연관된다. 영웅의 시대가 끝나고 하늘로 올라간 신들이 상으로 대체되었기 때문이다.

기꺼이 속아
전쟁에 참가한
남자

아킬레우스

전쟁에 참가하고 싶었던 아킬레우스는
오디세우스의 속임수에 스스로 속는다.

아들을 여자로 변장시킨 어머니

오디세우스는 속임수가 탄로나 전쟁에 참가했고 그 치욕을 잊지 않고 있다가
복수를 했지만 아킬레우스는 속임수가 탄로나자 오히려 잘되었다며 기꺼이 트
로이 전쟁에 참가한 경우이다.

앞에서 본 대로 아킬레우스는 인간 펠레우스와 바다의 여신 테티스 사이에
서 태어났다. 또한 펠레우스와 테티스의 결혼식장에 던져진 황금 사과 때문에
트로이 전쟁이 일어났고 그리스 최고의 영웅이 아킬레우스라는 것을 생각해
보면 그는 반드시 전쟁에 참가해야 할 사람이었다.

그러나 어머니 테티스는 아들의 운명을 알고 있었다. 만약 전쟁에 참가하지
않는다면 큰 영광은 없지만 무사히 주어진 수명을 향유할 수 있을 것이며, 전
쟁에 참가한다면 크나큰 영광을 얻겠지만 전쟁이 끝나기 전에 죽을 것임을 말
이다. 그리고 어머니로서 당연히 전자를 선택하고 싶었다.

〈아킬레우스의 죽음〉 아킬레우스는 유일한 약점인 발뒤꿈치에 파리스가 쏜 화살을 맞고 쓰러진다. 여기서 '강한 자의 유일한 약점'이라는 의미의 '아킬레스 건'이라는 말이 유래했다. 파테르 파울 루벤스 작품.

한편 예언가들은 아킬레우스가 참전하지 않으면 그리스 동맹군은 트로이 전쟁에서 이길 수 없다고 예언했다. 또한 예언이 아니더라도 싸움에 승리하기 위해서는 그리스에서 가장 용맹한 아킬레우스와 그의 군대가 참전해야 했다.

하지만 그리스 전체가 트로이 전쟁의 소용돌이에 휘말리자 테티스는 재빨

▼ 그리스 신화의 주요 예언

신

크로노스
아들에게 권좌를 빼앗긴다. → 자식들을 모두 삼킨다.

제우스
바다의 여신 테티스와 관계를 가져 아들을 낳으면 그 아들에 의해 권좌에서 쫓겨난다. → 제우스는 테티스를 인간에게 시집보낸다.

인간

헤라클레스
죽은 자에게 죽임을 당한다. → 헤라클레스는 죽은 네소스에게 죽임을 당한다.

알타이아
장작개비가 재가 되면 아이는 죽는다. → 어머니 알타이아가 형제의 죽음에 화가 나 장작개비를 태웠고, 아들 멜레아그로스가 죽는다.

아크리시오스
딸이 아들을 낳으면 그 아이에게 살해된다. → 아르고스의 왕 아크리시오스는 딸 다나에를 청동 탑에 가두었지만 제우스가 황금 비로 변해 다나에와 관계를 맺었고 페르세우스가 태어난다. 아크리시오스는 페르세우스가 던진 원반에 맞아 죽는다.

오이디푸스
아버지를 죽이고 어머니와 결혼한다. → 태어나자마자 버려져 외국에서 자랐지만 스핑크스를 테베에서 몰아내기 위해 신탁을 하러 가던 아버지를 죽이고 스핑크스의 수수께끼를 풀어 테베의 왕이 된 뒤 어머니를 아내로 맞는다.

리 아들을 스키로스 섬에 있는 리코메데스의 궁전에 숨겼다. 그러나 이것으로도 안심이 되지 않았던지 아킬레우스를 여자로 분장시켜 여자들 사이에 섞어 놓았다. 그사이 아킬레우스는 리코메데스의 딸을 유혹해서 네오프톨레모스라는 아들을 낳았다.

방물장수로 변장한 오디세우스의 방문

아킬레우스를 참전시키는 임무는 아이러니컬하게도 오디세우스가 맡았다. 오디세우스는 전쟁에 뛰어들기 싫어서 미치광이 노릇까지 했다. 그런데 이번에는 그가 아킬레우스를 전쟁에 끌어들여야 하는 처지가 되었다.

오디세우스는 방물장수로 변장을 하고 아킬레우스가 숨어 있다는 스키로스 섬으로 찾아갔다. 다른 여자들은 모두 오디세우스가 꺼내놓은 보석에 정신이 팔려 있었지만 유독 한 여자만 관심을 보이지 않았다. 필로라는 여자였다. 그때 어디선가 전쟁을 알리는 나팔 소리가 들려왔다. 그러자 필로는 보석과 함께 꺼내놓은 무기를 집어 들고 일어서려고 하다가 오디세우스와 눈이 마주쳤다. 필로라는 여자는 겸연쩍어하다가 갑자기 웃음을 터뜨렸다. 오디세우스도 마주 웃었다. 필로가 바로 아킬레우스였던 것이다.

아킬레스건에 꽂힌 파리스의 화살

이렇게 해서 아킬레우스는 어머니 테티스의 반대를 무릅쓰고 트로이 전쟁에 참가했다. 그리고 테티스의 예상대로 아킬레우스는 살아 있는 동안 다시는 고향 땅을 밟지 못했다. 아폴론 신전에서 기도를 하고 있을 때 헬레네를 유혹했던 파리스가 쏜 화살에 맞아 죽고 말았던 것이다. 파리스의 화살은 우리가 아킬레스건이라고 부르는 자리에 꽂혔다. 아킬레스건은 아킬레우스의 유일한 약점이었다. 그러나 트로이 전쟁에서 가장 뛰어난 전사는 바로 아킬레우스였고 앞에서 본 대로 제우스와 닮은 성격 때문에 제우스의 성원 아래 최고의 영웅이 되었다.

| 신 화 메 모 |

아킬레우스가 여장을 하고 몸을 의탁했던 리코메데스는 테세우스를 죽인 사람으로도 유명하다. 테세우스가 왕위를 빼앗기고 그를 찾아왔을 때 자기 왕국을 빼앗길지도 모른다는 걱정 때문에 테세우스를 벼랑에서 밀어 죽였다.

신을 속여 트로이 성벽을 세운 왕

라오메돈

신들의 약점을 이용해 성벽을 쌓았지만
그로 인해 훗날 트로이의 성벽이 무너졌다.

노예 생활을 하게 된 아폴론과 포세이돈

트로이 성벽을 사이에 두고 수많은 사람과 영웅들이 죽어갔다. 그런데 재미있는 것은 트로이 성벽을 쌓은 것이 사람이 아니라 신이라는 사실이다. 그것도 태양의 신 아폴론과 바다의 신 포세이돈이었다. 그렇다고 강력한 두 신이 트로이 왕을 좋아했거나 은혜를 갚기 위해 성을 쌓은 것은 아니었다.

신들의 왕 제우스도 왕좌에서 쫓겨날 위험에 처한 일이 있었다. 제우스의 아내 헤라와 태양의 신 아폴론, 바다의 신 포세이돈이 공모해서 제우스에게 반란을 일으켰기 때문이다. 가이아가 했던 것처럼 기간테스나 티폰과 같은 외부적인 위협은 크게 문제되지 않았지만 이 내부적인 위협은 제우스를 완전히 궁지에 몰아넣었다. 이때 제우스를 도운 것은 지혜의 여신 아테나였다. 아테나는 지하 깊숙한 타르타로스로 내려가 헤카톤케이르 삼형제를 불러왔다. 헤카톤케이르는 대지의 여신 가이아가 가장 먼저 낳은, 50개의 머리와 100개의 팔

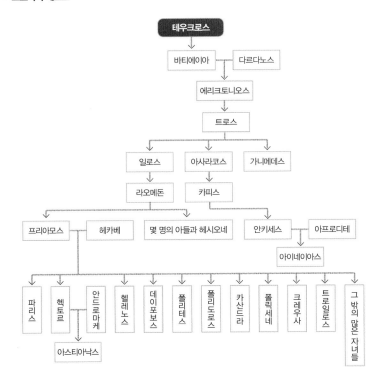

다리를 가진 거인이었다. 헤카톤케이르는 헤라와 아폴론과 포세이돈을 제압하고 제우스를 구출했다. 제우스는 자기에게 반항한 세 신에게 벌을 내렸다. 헤라는 올림포스 산 꼭대기에 매달려 있어야 했고 아폴론과 포세이돈은 인간 밑에서 1년간 노예로 살아야 했다. 그래서 아폴론과 포세이돈이 찾아간 사람이 바로 트로이의 왕 라오메돈이었다.

약속을 지키지 않은 트로이의 왕

아폴론과 포세이돈은 라오메돈에게 성을 쌓아줄 테니 보수를 달라고 했다. 라오메돈은 보수를 주겠다고 약속했다. 아폴론과 포세이돈은 튼튼한 성벽을 쌓았다. 그러나 라오메돈은 두 신에게 보수를 주려고 하지 않았다. 그렇지만 두 신은 끈질기게 보수를 요구했다. 그러자 라오메돈은 두 귀를 잘라서 노예로 팔아버리겠다고 엄포를 놓았다. 이들이 제우스의 명령으로 인간을 위해 봉사해야 한다는 것을 알았기 때문이라는 주장도 있다.

화가 난 두 신은 트로이에 복수를 했다. 아폴론은 트로이에 질병을 퍼뜨렸고 포세이돈은 바다의 뱀을 보내 사람들을 괴롭혔다. 이 뱀은 라오메돈의 딸 헤시오네를 바치라고 요구했다. 라오메돈은 백성들의 고통 때문에 헤시오네를 바칠 수밖에 없었다. 그러나 바위에 묶여 있는 헤시오네를 때마침 트로이를 찾아온 헤라클레스가 발견하고 뱀을 죽여 구해주었다.

헤라클레스는 뱀을 죽인 대가로 제우스가 준 말을 달라고 했지만 라오메돈은 이것 역시 주지 않고 헤라클레스를 트로이에서 쫓아냈다. 헤라클레스는 몇 년 뒤 자기의 일을 마친 다음 트로이를 찾아와 라오메돈을 죽이고 헤시오네가 특별히 부탁한 프리아모스만 빼고 라오메돈의 아들들도 모두 죽었다. 프리아모스는 트로이 전쟁이 일어났을 때 트로이의 왕이었다. 라오메돈은 트로이 성벽 밖에 매장되었는데 그의 무덤이 파괴되지 않는 한 트로이는 함락되지 않는다는 예언이 있어 트로이 전쟁 때 그리스 군대가 파괴했다.

트로이 전쟁 때 복수를 한 포세이돈

트로이 전쟁 때 포세이돈은 예전의 기억 때문에 철저하게 그리스 편을 들었다. 그래서 라오콘이 트로이 목마에 대해 진실을 말하자 뱀을 보내 그의 아들과 함께 라오콘을 죽였다. 이 사건은 〈라오콘〉이라는 조각품으로 남았다. 그러나 아폴론은 과거의 기억을 잊었는지 트로이 편을 들었다.

| 신 화 메 모 |

라오메돈의 아들 가운데 또 하나 살아남은 사람이 있다. 티토노스는 새벽의 여신 에오스가 사랑해 납치해 갔기 때문에 화를 면했다. 에오스는 제우스에게 부탁해 티토노스에게 영원한 생명을 주었지만 영원한 젊음을 빌지 않았기 때문에 그는 늙은 채로 지냈다. 에오스는 티토노스를 가엾게 여겨 매미로 변신시켜주었다.

제6장

인간의
끝없는
탐욕과
절망

황금만능주의에
찌든 왕

아무런 노력 없이 얻어지는 수확은 미다스의 황금 손처럼
결국 그 대가를 치르게 돼 있다.

디오니소스의 선물을 기대하고 그의 스승에게 친절을 베풀다

탐욕에 관한 아주 절망적인 이야기가 있다. 미다스의 욕심이 그것이다. 이 이야기는 나무꾼이 도끼를 잃어버리자 신령이 금도끼와 은도끼를 함께 주었다는 이야기의 후편과 닮았다.

나무꾼의 이야기를 들은 어느 욕심쟁이가 일부러 도끼를 호수에 빠뜨렸다. 마찬가지로 미다스는 시골 사람이 잡아온 실레노스가 디오니소스의 스승이라는 사실을 알고 욕심을 냈다. 미다스는 실레노스를 정중하고 후하게 대접한 다음 직접 디오니소스에게 인도했다. 물론 디오니소스의 선물을 기대하면서 말이다.

실레노스의 생김새를 보면 사자의 코에 말의 꼬리와 당나귀 귀를 가지고 있었고 머리는 벗겨지고 배는 불룩하게 튀어나왔다. 생긴 것은 이러했지만 실레노스는 실용적인 지혜를 지니고 있었고 예언 능력까지 완벽하게 갖추고 있었다.

손쉽게 황금을 얻은 대가를 치르다

디오니소스는 미다스의 기대대로 원하는 것을 무엇이든지 들어주겠다는 약속을 했다. 미다스는 며칠 동안 생각하고 또 궁리해서 결정해두었던 자기 소원을 말했다. 손에 닿는 것은 무엇이든 황금이 되었으면 하는 욕심이 그것이었다. 마을의 욕심쟁이는 금도끼를 탐내다가 자기의 도끼까지 잃었다.

마찬가지로 미다스 역시 지나친 욕심 때문에 중요한 것을 잃고 말았다. 미다스는 자기에게 찾아온 행운을 실험해보았다. 그가 만지는 것은 무엇이든 황금으로 변했다. 미다스는 연금술사들처럼 황금이 만들어지는 과정을 건너뛰려고 했다. 아무 대가도 없이.

그러나 미다스는 곧 황금을 얻은 대가를 치러야 했다. 먼저 그는 식탁에서 아무것도 먹을 수가 없었다. 손에 닿는 것은 모두 황금으로 변했기 때문이다. 식탁마저 황금으로 변했다. 아무 생각 없이 만진 사람도 황금으로 변했다. 더 이상 행운이 아니라 공포스러운 저주였다.

미다스는 디오니소스를 찾아가 자기에게 내린 저주를 풀어달라고 했다. 디오니소스는 팍트로스 강에 손을 씻으라고 말했다. 미다스는 범죄자가 손을 씻듯이 자기에게 내려진 저주를 씻었다. 그 뒤 이 강에서 사금이 많이 나왔다고 한다.

미다스의 귀는 당나귀 귀

미다스는 아폴론과 마르시아스가 음악 경연을 벌였을 때 아폴론의 승리에 이의를 제기했다가 벌을 받았다. 화가 난 아폴론은 미다스의 귀를 당나귀 귀로 만들었다. 큰 귀로 음악을 제대로 들으라는 의미였다. 귀가 크다고 음악을 잘 듣는 것은 아니지만.

미다스는 모자를 눌러쓰고 자기의 치부를 숨기려고 했다. 그러나 단 한 사람, 이발사의 눈을 피할 수는 없었다. 다른 왕들이 그랬던 것처럼 그 역시 이발사를 협박했다. 비밀을 누설하면 그 즉시 사형에 처하겠다는 무서운 협박이었다. 그러나 미다스의 이발사는 입이 가벼웠다.

　신라 경문왕의 복두장(幞頭匠, 감투를 만드는 사람)도 그랬다. 신라 제48대 왕인 경문왕에 대한 설화에는 경문왕이 즉위 후 갑자기 귀가 당나귀처럼 길어진다는 대목이 있다. 그 이야기에서 복두장은 끝내 경문왕의 비밀을 지키지 못하고 발설하고 만다.

　미다스의 이발사는 땅을 파고 거기에 자기가 알고 있는 비밀을 털어놓았다. 그런데 그곳에 갈대가 자라면서 바람 소리와 함께 미다스의 귀가 실레노스의 귀처럼 당나귀 귀라는 것이 세상에 알려졌다. 미다스로서는 욕심을 부리다가 실레노스처럼 머리가 벗겨지지 않은 것만도 다행스러운 일이었다.

| 신 화 메 모 |

실레노스는 헤르메스와 님프 또는 판과 님프 사이에서 태어난 자식들이다. 실레노스는 미다스 왕에게 사로잡혔을 때 삶의 지혜를 전했다. 실레노스는 가장 좋은 것은 세상에 태어나지 않는 것이고 그 다음은 일찍 죽는 것이라고 미다스에게 말했다.

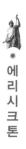

자기 몸까지 집어삼키는 식욕과 허기

데메테르 여신의 복수로 모든 것을 먹어치운 에리시크톤은
마침내 자기 삶까지 집어삼켰다.

데메테르 여신의 숲에서 나무를 베다

우리는 걸귀 또는 걸신이라는 말을 쓴다. 이 말은 정신없이 먹을 것을 탐하는 사람을 표현할 때 쓴다. 미다스가 황금에 걸신이 들렸다면 에리시크톤은 먹을 것에 걸신이 들려 삶을 삼킨 사람이다.

어느 날 에리시크톤은 식당을 짓기 위해 나무가 필요했다. 그는 주위를 살피다가 언제나 님프들이 춤을 추며 노는 떡갈나무 숲을 보았다. 그 숲은 여신 데메테르에게 바쳐진 것이었다. 그는 도끼를 들고 그곳으로 갔다. 주위 사람들이 여신의 숲을 베면 큰 화를 당하게 된다고 말렸지만 에리시크톤은 들은 척도 하지 않았다.

그가 도끼로 나무를 내리쳤을 때 나무에서 피가 흘러내렸다. 그러자 다시 주위에 있던 사람들이 나무를 베는 것은 죄를 짓는 것이라고 말렸다. 그러자 화가 났는지 에리시크톤은 나무 대신 사람의 목을 벴다. 언젠가 닥칠 신의 재앙도

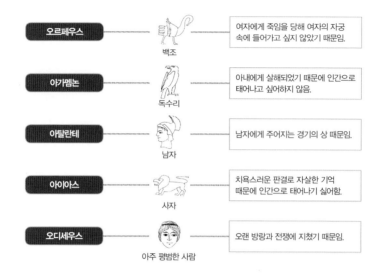

▼ 그리스 영웅들이 죽은 뒤 선택한 삶(플라톤의 《국가》에서)

오르페우스	→	백조	→	여자에게 죽임을 당해 여자의 자궁 속에 들어가고 싶지 않기 때문임.
아가멤논	→	독수리	→	아내에게 살해되었기 때문에 인간으로 태어나고 싶어하지 않음.
아탈란테	→	남자	→	남자에게 주어지는 경기의 상 때문임.
아이아스	→	사자	→	치욕스러운 판결로 자살한 기억 때문에 인간으로 태어나기 싫어함.
오디세우스	→	아주 평범한 사람	→	오랜 방랑과 전쟁에 지쳤기 때문임.

무섭지만 당장 도끼를 들고 무섭게 노려보는 에리시크톤은 더욱 무서웠다.

나무의 요정들은 더 이상 어찌하지 못하고 데메테르 여신에게 살려달라고 애원했다. 그러자 데메테르가 여자 사제의 모습으로 변장하고 나타나 에리시크톤에게 나무를 베는 불경스러운 짓을 하지 말라고 충고했다. 그러나 그는 피식 웃으며 여사제로 변신한 데메테르를 경멸했다.

분노한 여신의 복수로 먹는 일에만 열중하다

분노한 데메테르는 요정 하나를 '굶주림'이란 뜻인 페나이에게 보내 에리시크톤을 혼내주라고 부탁했다. 페나이는 밤에 몰래 에리시크톤의 방으로 들어가 잠자고 있던 그의 배 속으로 들어갔다.

그 순간 에리시크톤은 심한 허기를 느끼며 잠에서 깨어났다. 도저히 참을 수 없는 굶주림이었다. 그는 주방으로 가서 눈에 보이는 음식을 모조리 먹어치웠다. 그러나 허기는 조금도 줄지 않았다. 아무리 먹어도 배가 부르지 않았다.

그때부터 에리시크톤은 아무 일도 하지 못하고 오직 먹는 일에만 열중했다. 그의 아버지는 왕이었기 때문에 막대한 재산이 있었지만 하루 종일 먹는 일에만 매달리는 에리시크톤이 허기를 메우는 동안 재산은 눈에 띄게 줄었고 마침내 모든 재산을 써버리고 말았다. 그러나 여전히 에리시크톤의 창자는 음식을 달라고 아우성을 쳤다.

딸까지 노예로 팔고 급기야 자신의 몸을 먹다

에리시크톤 옆에는 오직 딸 메스트라만이 남아 있을 뿐이었다. 허기로 눈이 뒤집힌 에리시크톤은 먹을 것을 사기 위해 딸을 노예로 팔았다. 그런데 바다의 신 포세이돈이 메스트라를 좋아했다. 신은 메스트라에게 모든 동물로 변할 수 있는 변신의 능력을 주었다. 메스트라는 이 능력을 이용해서 아버지를 위해 힘껏 음식을 마련했다.

그러나 밑 빠진 독에 물을 붓는 것과 다를 바 없었다. 메스트라의 눈물겨운 노력에도 한계가 있었다. 마침내 허기와 굶주림을 이기지 못한 에리시크톤은 자기 몸뚱이를 먹기 시작했다. 그리고 삶까지 삼켰다.

| 신 화 메 모 |

에리시크톤의 딸 메스트라는 그리스 최고의 도둑인 아우톨리코스와 결혼했다. 아우톨리코스는 도둑의 신이기도 한 헤르메스의 아들로, 훔친 물건의 모양이나 색깔 등을 바꿀 수 있는 능력이 있었기 때문에 발각되지 않았다. 단 한 번 시시포스에게 걸려 자기 딸을 그에게 인질로 주어야 했다.

판도라

희망 대신
절망을 안겨준
선물

판도라의 상자가 열리고
철의 시대가 시작되었다.

슬픔도 고통도 존재하지 않았던 황금시대

처음 이 세상에 모습을 드러낸 시대는 우리가 상상할 수도 없을 정도로 행복한 시대였다. 그래서 '황금시대'라고 불렸다. 아직 계절이 분화되지 않았기 때문에 황금시대에는 언제나 봄처럼 화사한 온갖 꽃들이 피어 있었으며 초목은 그들의 푸르름을 마음껏 드러내고 있었다.

이 시대의 인간은 노동을 몰랐다. 경작을 하거나 수렵을 하지 않아도 대지가 먹을 것을 제공해주었다. 따라서 남의 것을 빼앗거나 더 많이 소유하기 위해 경쟁하거나 위협할 일이 없었다. 당연히 경쟁과 싸움을 위한 무기도 전쟁도 없었다. 또한 갈등이 없었기 때문에 그로 인해 생기는 슬픔이나 고통도 존재하지 않았다.

인간들은 신처럼 살았다. 걱정도 없었으며 몸과 마음을 괴롭히는 문제도 고뇌도 없었다. 또한 늙지 않는 봄과 같은 육체를 지니고 있었기 때문에 생로병

〈판도라〉 판도라가 호기심을 이기지 못해 상자의 뚜껑을 열고 있는 모습이다. 존 윌리엄 워터하우스 작품.

사의 고통에 대해 알지 못했다. 황금시대의 인간은 날마다 연회를 열어 흥청거리며 마셔댔다.

그런데 그들이 죽은 것은 잠을 너무 많이 잤기 때문이라고 한다. 제우스는 그들을 지구 밑바닥으로 가라앉게 만들었다. 어떤 사람들은 인간이 신들과 지

홍수 신화	주요 인물	내용
그리스 신화	데우칼리온	제우스가 사악해진 인류를 파멸시킬 것을 알게 된 프로메테우스는 아들인 데우칼리온과 며느리 피라에게 이 사실을 알려주었다. 그들은 나무 상자 안에서 9일 낮과 밤 동안 비를 피했다.
기독교 (창세기 6:5~8:22)	노아	하나님이 사악해진 인간과 동물을 대홍수로 모두 없애기로 했으나, 노아에게 배를 만들고 거기에 그 가족과 깨끗한 짐승과 새들은 일곱 쌍씩, 부정한 짐승은 두 쌍씩 태우게 하여 홍수에서 살아남게 했다.
인도 신화	마누	마누는 작은 물고기 한 마리를 완전히 클 때까지 보호해주기로 하고, 물고기는 홍수라는 재앙으로부터 그를 지켜주기로 했다. 물고기는 홍수가 시작되자 마누를 밧줄에 묶어 산꼭대기로 인도했다.
메소포타미아 신화	우트나피시팀	홍수가 닥칠 것이라는 신의 경고를 받은 우트나피시팀이 커다란 배에 온갖 종류의 짐승들을 수컷과 암컷으로 짝지어 태웠다. 6일 낮과 밤 동안 계속되던 홍수가 그치자 살아 있는 것이라곤 아무것도 없었다.
이집트 신화	하토르	악인을 벌하라는 태양신 레의 명을 받은 여신 하토르가 인간들을 살해했다. 인간들이 전멸할 것을 우려한 레는 지혜의 신 토트를 보내 하토르를 저지시키고, 토트로 하여금 인간들을 지배하게 했다.

나치게 가까워지면서 신들을 경멸했기 때문이라고 말하기도 한다.

사소한 일에 불평을 하기 시작한 은의 시대

황금시대의 뒤를 이은 것은 '은의 시대'이다. 은의 시대가 되면서 대지는 더 이상 인간을 위해 먹을 것을 주지 않았다. 인간은 먹기 위해 땅을 갈고 씨를 뿌렸으며 처음으로 빵을 먹었다. 그러나 대지가 기름졌기 때문에 큰 노력을 하지 않아도 쉽게 먹을 것을 얻을 수 있었다.

은의 시대에 살았던 인간은 수명이 지금보다 훨씬 길었지만 어린아이처럼 성격이 나약했다. 인간들은 하찮은 일에도 불평을 터뜨렸고 사소한 일로도 싸웠다. 인간의 이런 나약한 모습에 진저리가 난 제우스는 그들을 모두 멸종시켰다.

더 많이 차지하기 위해 싸우기 시작한 청동시대

다음은 '청동시대'였다. 제우스는 청동시대가 되자 1년을 넷으로 나누었다. 계절이 생겨난 것이다. 인간은 처음으로 절망적인 겨울의 추위를 경험했다. 당장 추위를 막을 집이 필요해졌고 이들이 처음 집으로 삼은 곳이 동굴이었다.

은의 시대에 비해 대지가 척박해졌기 때문에 예전보다 많은 노력을 해야 먹을 것을 얻을 수 있었다. 경작과 수렵은 살기 위해 반드시 필요한 조건이 되었다. 그래서 은의 시대를 살았던 사람들보다 더 많은 지혜를 발휘하고 힘을 사용해야 했기 때문에 여러 면에서 기술과 능력이 발전했다. 그러나 기술과 능력이 발달하면서 그 부작용으로 갈등과 다툼이 생겨났다. 더 많이 차지하기 위해 싸우기 시작하고 남들과의 경쟁에서 이기기 위해 노력했기 때문이다. 결국 청동시대 사람들은 전쟁을 일으켜 서로 죽이는 것으로 시대를 마감했다.

온갖 재난이 빠져나가고 희망만이 남은 판도라의 상자

인간은 욕망을 지니게 되었고 그로 인해 죄악이 넘쳐 나기 시작했다. 사랑과 명예 등 신이 인간에게 준 미덕은 점차 사라져갔고 대신 폭력과 살인이 난무하게 되었다. 신들은 진저리를 치며 하나둘씩 인간세계를 떠나기 시작했다.

다만 프로메테우스만이 그런 인간을 동정했다. 그는 제우스를 속여 좋은 고기는 인간이 먹게 만들고 내장이나 비계 같은 부위는 신에게 주도록 만들었다. 그리고 무엇보다 프로메테우스가 인간에게 준 가장 큰 선물은 불이었다.

제우스는 인간에게 불을 준 프로메테우스를 벌하기 위해 프로메테우스의 동생인 에피메테우스에게 판도라를 보냈다. 판도라는 많은 신에게서 아름다움과 설득력 등을 부여받았다. 헤파이스토스가 진흙으로 그녀를 빚었고, 아테나는 그녀에게 옷과 생명을, 아프로디테는 아름다움을, 헤르메스는 교활함과 배신이라는 성격을 주었다.

에피메테우스는 프로메테우스의 경고에도 불구하고 판도라를 아내로 맞이했다. 에피메테우스의 집에는 인간에게 주고 싶지 않았던 것을 모아놓은 상자가 있었다. 금지에 대한 욕망이 발동한 판도라는 호기심을 이기지 못하고 상자를 열었다. 흔히 '판도라의 상자'라고 불리는 이 상자가 열리자 인간을 괴롭히는 많은 재난이 빠져나가고 상자에는 희망만 남았다. 이렇듯 세상은 점점 혼탁해지고 죄악으로 붉게 물들어갔다.

　제우스는 더 이상 두고 볼 수 없다는 생각에 파괴적인 홍수를 일으켜 인간을 없애기로 결심했다. 그때 프로메테우스의 아들인 데우칼리온과 에피메테우스와 판도라 사이에서 태어난 피라만이 살아남아 현재의 인류를 이루었다.

| 신 화 메 모 |

판도라를 창조하게 한 것은 제우스이지만, 인간을 만든 것은 프로메테우스였다. 이렇게 프로메테우스를 창조자의 자리에 올려놓은 대표적인 사람으로 《신통기》의 작가 헤시오도스와 《포박된 프로메테우스》를 쓴 아이스킬로스를 꼽을 수 있다.

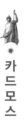

후손들의
어처구니없는 죽음에
절망하는 남자

**카드모스는 후손들의 불행을 보고 과거의 영광을 추억으로
가슴에 안고 다시 길을 떠나야 했다.**

카드모스 가문에 내려진 불행

제우스에게 납치된 여동생 에우로페를 찾기 위해 그리스로 건너와 테베를 건설한 카드모스는 불행한 말년을 보내야 했다. 카드모스의 자손들은 거의 대부분 불행한 일을 당했다. 그 가운데에서도 특히 딸 아가베와 그녀의 아들 펜테우스, 다른 딸 이노, 손자 악타이온은 대표적이다. 제우스의 사랑을 받은 딸 세멜레도 불에 타 죽었다. 이 가운데 펜테우스와 아가베는 카드모스의 손자 디오니소스와 직접적인 연관이 있다.

디오니소스는 특히 여자들에게 열광적인 지지를 받았다. 디오니소스 축제는 억제에서 완전히 해방됨을 의미하는 의식을 연상하게 만든다. 그것은 혼돈으로의 회귀와 존재 속에 잠재하는 본성이 발현되는 축제였다. 인간의 파괴적인 본성이 그대로 드러나는 그야말로 광란의 축제이기도 했다.

테베의 왕 펜테우스는 디오니소스에 대한 숭배를 막다가 난폭한 여자들에

《아르테미스와 악타이온》 아르테미스가 자신의 벗은 몸을 본 악타이온을 노려보고 있다. 아르테미스의 저주를 받은 악타이온은 곧 사슴으로 변한다. 베첼리오 티치아노 작품.

게 몸이 갈기갈기 찢겨 죽었다.

사자로 오인받아 죽임을 당한 펜테우스

이 사건은 테베 건설자인 카드모스의 손자로 서로 사촌 간인 디오니소스와 펜테우스의 불화 때문에 일어났다. 펜테우스 왕이 디오니소스를 신으로 인정하지 않았던 것이다. 이에 화가 난 디오니소스는 미남 청년으로 변신하고서 왕을 찾아가 여장을 하고 산에 올라가면 여자들의 멋진 춤을 볼 수 있다고 유혹했다.

펜테우스가 산에서 여자들의 황홀한 춤을 구경하고 있을 때 그를 산에 사는 사자라고 착각한 여자들은 이미 황홀경에 빠져 있었기 때문에 겁을 내 도망치지 않고 오히려 펜테우스에게 달려들어 갈가리 찢어 죽였던 것이다. 놀라운 것은 그 여자들의 우두머리가 펜테우스의 어머니 아가베였다는 사실이다. 어머니가 아들을 살해한 셈이다.

아르테미스의 벗은 몸을 보았다가 사슴이 되어버린 손자

펜테우스처럼 찢겨 죽은 손자가 또 있었다. 그것은 아리스타이오스의 아들 악타이온이었다. 그는 사냥을 매우 잘하는 씩씩한 젊은이였다. 하루는 사슴 사냥을 하다가 사냥개와 떨어져 깊은 산속에서 길을 잃었다.

악타이온은 길을 찾아 나섰다. 그러다가 불빛이 새어 나오는 곳을 발견했다. 한적한 샘이었다. 그곳에는 한 여자가 실오라기 하나 걸치지 않은 모습으로 목욕을 하고 있었다.

다름 아닌 사냥의 여신 아르테미스였다. 누군가가 자기를 훔쳐보고 있다는 것을 안 아르테미스는 그 젊은이를 향해 물을 끼얹고 저주를 퍼부었다. 그 순간 악타이온은 자기 몸이 변하고 있음을 알아차렸다. 물을 뒤집어쓴 악타이온은 얼굴에 묻은 물을 닦기 위해 손을 머리로 올리다가 깜짝 놀랐다. 팔은 긴 다리로 변했고 손가락은 뾰족하게 둘로 갈라져 있었다. 머리에는 뿔이 자라고 있었고 목이 길어지고 온몸이 털로 덮이고 있었다.

샘물에 비친 모습은 영락없는 사슴이었다. 사슴 사냥이라는 놀이에서 사슴으로 뽑힌 것이다. 사슴으로 뽑힌 사람은 제물이 된다. 악타이온은 사슴이 되어 도망쳐야 했고 그의 사냥개들은 사슴을 발견했다는 기쁨에 겨워 주인을 향해 소리를 질렀다. 더 이상 도망칠 수 없을 때 제물은 모든 것을 포기하고 제단에 올라선다.

황홀경에 빠져 있던 아가베에게 찢겨 나간 펜테우스처럼 사슴으로 변신한 악타이온은 자기 사냥개에게 몸이 찢겨 나갔다. 그리고 사냥개들은 칭찬을 바라며 주인을 애타게 불렀다.

또 다른 카드모스의 외손자이며 이노의 아들인 레아르코스는 갑자기 미쳐 날뛰는 아버지 아타마스의 창에 맞아 죽었다. 아타마스는 아내인 이노와 함께 헤라의 분노를 샀는데, 이노가 디오니소스를 맡아 길렀기 때문이었다. 이노는 다른 아들 멜리케르테스와 함께 바다에 뛰어들었고, 아타마스는 테살리아에 있는 프티오티스로 도망가서 정착했다.

추억만을 안고 테베를 떠나다

카드모스는 이 모든 상황을 테베에서 지켜보았다. 결혼식 때 화려하고 아름다웠던 아내 하르모니아와 젊음과 생기가 넘쳐흐르던 카드모스는 이제는 늙고 힘없는 노인들이 되어 외손자가 손가락으로 가리키는 곳을 향해 길을 떠나야 했다.

하기는 카드모스가 테베에 왔을 때 그곳은 풀만 자라는 곳이었다. 카드모스는 그곳에 테베를 건설했지만 후손들은 모두 찢기고 불에 타 죽어버렸다. 그는 단지 과거 그곳에 영광이 있었다는 추억만 안고 그곳을 떠나야 했다.

| 신 화 메 모 |

카드모스의 말년에 대해서는 여러 주장이 있지만 가장 신화적인 것은 하르모니아의 아버지인 전쟁의 신 아레스가 사위를 딱하게 여겨 큰 뱀으로 변신시켰다는 것이다.

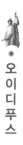

아버지를 죽이고
어머니와 결혼한
남자의 절망

오이디푸스

오이디푸스는 비극적인 삶의 고통을 겪게 되지만,
그의 고뇌는 그리스 철학의 태동에 밑거름이 되었다.

한마디 말로 괴물을 퇴치한 영웅

영웅은 괴물을 퇴치한 사람이다. 영웅을 이렇게 정의하면 테베의 왕 오이디푸스는 헤라클레스나 테세우스로 대표되는 영웅과는 전혀 다른 모습의 영웅이었다. 그는 헤라클레스나 페르세우스가 그랬던 것처럼 괴물을 죽이거나 목을 자르지 않았다. 다만 '인간'이라는 말 한마디로 스핑크스라는 괴물을 마주 보며 살해했다.

이런 까닭인지 오이디푸스의 삶과 죽음 역시 다른 영웅들과 달랐다. 다른 영웅들의 삶은 자신만만하고 당당하고 오만하기까지 했다. 또한 영웅들의 죽음을 보면 헤라클레스는 스스로 죽음을 선택했고 테세우스는 속아서 낭떠러지에서 떨어져 죽었고 오디세우스는 자기 아들에게 살해를 당했으며 이아손은 모험을 떠날 때 타고 갔던 배의 대들보에 깔려 죽음을 당했다. 괴물들을 퇴치한 것처럼 영웅들 역시 퇴치되었다.

작가	대표작	특징
아이스킬로스	《오레스테이아》 3부작인 〈아가멤논〉, 〈코에포로이(공양하는 여인들)〉, 〈에우메니데스〉	페르시아 전쟁에 직접 참가한 경험이 있으며 '비극의 창조자'라는 별칭이 있다.
소포클레스	〈아이아스〉, 〈안티고네〉, 〈오이디푸스 왕〉, 〈엘렉트라〉	페르시아 전쟁의 승리를 축하하는 소년 합창단을 지휘했으며 우아하고 장엄한 비극을 지었다.
에우리피데스	〈메데이아〉, 〈히폴리토스〉, 〈트로이의 여자들〉, 〈헬레네〉	아테네가 살라미스 해전에서 승리하던 날 태어나 마케도니아 궁전에서 삶을 마감했다.

스스로 장님이 되어 유랑을 떠나다

그러나 오이디푸스는 괴물을 말로 퇴치했기 때문에 그 삶과 죽음 역시 말과 연관이 될 수밖에 없었다. 그는 어느 날 자기가 아버지를 살해했다는 것과 어머니와 결혼했다는 사실을 알게 되었다. 다른 영웅이었다면 이쯤에서 스스로 목숨을 끊거나 운명적인 죽음을 맞았을 것이다. 그러나 오이디푸스는 그렇게 하지 않았다.

오이디푸스는 죽을 수 없었다. 자기가 내뱉은 인간이라는 말로 스핑크스를 죽였지만 이제는 그 인간이 무엇인지에 대한 문제를 풀어야 하는 숙제가 남아 있었기 때문이다. 이것이 스핑크스가 오이디푸스에게 던진 물음이었다.

오이디푸스는 스스로 어머니며 아내였던 이오카스테의 옷핀으로 눈을 찔러 장님이 되었다. 장님이 되어 암흑 속에 갇힌다는 것은 참혹한 현실에 대한 도피로 볼 수도 있지만 반대로 세상 또는 그에게 주어진 인간의 본질에 대한 물음에 충실하려는 행위이기도 했다. 현실에 대해 눈을 감는다는 것은 현실 너머에 있을 수 있는 본질을 향한 눈뜸을 지향하는 일이라고 볼 수 있기 때문이다. 그렇기 때문에 그리스 신화의 최고 예언자이자 점쟁이인 테이레시아스는 장님이다. 눈을 감아야 세상이 바로 보이는 까닭이다.

오이디푸스는 딸이자 누이동생인 안티고네의 손을 잡고 테베를 떠나 세상을 유랑했다. 그가 스핑크스의 물음에 답을 얻었는지는 중요하지 않다. 오이디푸스 그 자체가 해답이기 때문이다.

사유와 언어의 힘을 그리스 철학에 물려주다

테베를 세운 카드모스는 문자를 처음 발명한 페니키아의 왕자였다. 문자를 가지고 온 조상과 이제 그 문자를 언어로 생각하기 시작한 오이디푸스가 있다. 그러나 언어를 얻기 위해서는 비극적인 상황에 처해야 했다. 사유를 깊이 있게 하기 위해서는 그만한 동기가 부여되어야 하기 때문이다.

카드모스의 자손들이 비참했던 것처럼 오이디푸스의 자손들도 서로 싸우고 목을 매 자살했다. 카드모스나 오이디푸스는 문자와 언어라는 힘을 지니고 있었지만 그것은 보여줄 수 있는 성질의 것이 아니었다. 그것은 그 후손들이 스스로 깨닫고 얻어야 하는 힘이었다.

이는 훗날 그리스에서 철학이 태동하면서 그 어떤 영웅이 남긴 흔적보다 훌륭한 유산이 된다. 그러나 당시에는 그렇지 않았기 때문에 카드모스는 테베에서 쫓겨났고 오이디푸스도 장님이 되고 거지가 되어야 했다. 항상 그렇듯이 절망에서 아름다운 꽃이 피어난다.

| 신 화 메 모 |

오이디푸스 신화는 내용이 극적이어서 훗날 자주 비극의 소재가 되었다. 대표적인 것으로 소포클레스의 3부작 〈오이디푸스 왕〉, 〈콜로노이의 오이디푸스〉, 〈안티고네〉가 있다.

죽음에
이르는 병은
절망이다

안티고네는 아버지이며 오빠이기도 한
오이디푸스의 곁을 늘 지켰다.

오빠의 장례를 치르다 법을 어긴 죄로 체포되다

안티고네는 오이디푸스의 딸이지만 어머니 쪽에서 보면 오이디푸스의 여동생
이다. 어머니가 같은 까닭이다. 오이디푸스는 불행에 처한 자기를 도우려 하지
않는 아들들에게 저주를 내리고 안티고네와 함께 테베를 떠나 테세우스에게
가서 그곳에서 여생을 보냈다.

   오이디푸스의 두 아들은 1년씩 돌아가며 왕좌를 차지하기로 했다. 그러나
두 아들은 오이디푸스의 저주대로 왕위는커녕 싸움을 하다가 모두 죽었다. 그
들의 뒤를 이어 왕이 된 것은 오이디푸스의 어머니이자 아내였던 이오카스테
의 동생 크레온이었다. 그는 싸우다 죽은 사람들의 시체를 매장하지 않고 그
대로 버려두었다. 그리고 테베의 시민들에게 그 시체의 장례를 치르지 못하도
록 했다.

   그 당시 테베에는 아버지 오이디푸스가 죽은 뒤에 아테네에서 돌아온 안티

〈오이디푸스와 안티고네〉 딸 안티고네가 아버지 오이디푸스의 무릎에 기대어 흐느끼고 있다. 요한 페테르 크라프트 작품.

고네가 있었다. 안티고네는 크레온의 법령을 무시하고 오빠의 시체 위에 흙을 세 번 뿌리는 의식을 행했다. 들판에서 그대로 썩어가는 오빠의 주검을 그대로 둘 수 없었던 것이다. 안티고네는 법을 어긴 죄로 체포되었다.

여기에 더해 남녀의 사랑이 상황을 비극으로 몰고 간다. 안티고네는 오이디

그리스 연극	• 새벽에 야외에서 상연됨. • 관객은 돌 벤치에 앉아 관람함. • 연극 관람은 교양의 일부였고, 여성들도 환영받음. • 연극제가 열리는 동안에는 도시가 일을 하지 않았고, 죄수도 감옥에서 풀려남.
비극	• 3월에서 4월 사이의 디오니소스 축제 때 공연됨. • 비극은 그리스어로 '트라고디아'로, '산양의 노래'라는 의미이다. 연극의 신으로 부를 수 있는 술의 신 디오니소스에게 산양을 바쳤기 때문에 붙인 이름이라는 주장과 연극제의 우승자에게 산양을 상으로 주었기 때문이라는 주장이 있다.
희극	• 1월에서 2월 사이의 레나이아 축제 때 공연됨. • 위정자나 권력자에 대한 민중의 해학과 풍자가 들어 있음.

푸스의 비극이 있기 전에 크레온의 아들 하이몬과 약혼을 한 상태였다. 그러나 아르고스와 테베 사이에 전쟁이 일어났을 때 크레온은 오이디푸스를 끌어들이기 위해 안티고네를 테베로 납치했다. 이 때문에 안티고네는 크레온을 증오하게 되었다.

오빠의 주검 위에 흙을 뿌리는 의식을 한 것도 크레온에 대한 저항감이 있었기 때문이기도 하다. 그런데 크레온의 아들 하이몬은 안티고네를 잊지 못했다. 크레온은 안티고네를 죽이고 싶었지만 자기 손으로 죽이는 것보다는 감옥에 가두고 굶겨 죽일 작정을 했다.

하이몬은 아버지를 비난하고 안티고네를 변호했지만 크레온은 꿈쩍도 하지 않았다. 사랑하는 사람이 죽어가는 것을 지켜볼 수밖에 없는 상황이 하이몬을 깊은 고통 속으로 몰아넣었다.

자살은 또 다른 자살을 부르고

이때 예언자인 테이레시아스가 테베에 나타났다. 그는 크레온에게 이대로는 나라가 점차 더 혼란스러워질 뿐이라며 살아 있는 자는 지상으로 데려오고 죽은 자는 지하에 매장해야 나라가 편안해질 것이라고 예언했다.

크레온은 예언자의 말을 따랐다. 오이디푸스의 정체가 밝혀진 이후 나라 전체가 혼란과 고통 속에 빠져 있었던 까닭이다. 급히 하이몬과 크레온은 지하 감옥으로 내려갔다. 안티고네를 데려오기 위해서였다. 그러나 안티고네는 죽어 있었다. 굶어 죽기를 기다리지 않고 목을 매 자살했던 것이다.

앞에서도 보았지만 목매달아 죽은 시체는 자기와 닮은 제물을 요구한다. 이른바 이미지의 증폭을 살아 있는 사람에게 강요하는 것이다. 안티고네의 시체를 본 하이몬이 먼저 그 시체 위에서 자살했다. 그리고 아들이 죽었다는 소식을 들은 하이몬의 어머니도 스스로 죽음을 선택했다. 철학자 키에르케고르는 절망을 죽음에 이르는 병이라고 했다.

| 신 화 메 모 |

안티고네에 관한 이야기는 훗날 비극 작품 속에서 호메로스의 그것과 다르게 나타난다. 에우리피데스는 안티고네를 죽이라는 크레온의 명령을 하이몬이 어기고 시골에 살려두었다가 발각되어 사형에 처해질 위기에 놓였지만 디오니소스의 도움으로 목숨을 건졌다고 썼다.

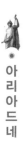

잠에서 깨어보니
연인은
사라지고

**아리아드네는 사랑을 위해 모든 것을 배신했지만
연인 테세우스는 그녀의 사랑을 배신했다.**

사랑 때문에 아버지를 배신하고 고향을 떠나다

아테네의 왕자 테세우스가 황소 괴물 미노타우로스를 퇴치하기 위해 크레타
에 왔을 때 아리아드네는 테세우스에게 자기 삶을 모두 걸기로 했다. 테세우
스는 아리아드네의 바람대로 황소 괴물을 죽이고 무사히 미궁에서 빠져나왔
고, 아리아드네는 아버지 미노스의 분노를 피해 사랑하는 연인과 함께 크레타
를 떠나는 배에 올랐다. 아리아드네는 행복했을까? 아마 그랬을 것이다. 꽃다
운 처녀에게 사랑만큼 큰 것은 또 없을 테니까.

　테세우스와 아리아드네를 태운 배는 잠시 낙소스 섬에 들렀다. 내내 긴장감
에 시달렸던 아리아드네는 낙소스에서 깊은 잠에 빠졌다. 혹시 테세우스가 자
기 동생이기도 한 황소 괴물 미노타우로스에게 죽지나 않을까, 테세우스가 한
번 들어가면 다시는 나올 수 없다는 미궁 속에 갇혀 빠져나오지 못하는 것은
아닐까, 분노한 아버지 미노스에게 잡혀 자기가 미궁에 갇히는 것은 아닐까?

〈디오니소스와 아리아드네〉 테세우스가 자신을 버리고 떠나자 아리아드네는 절망에 빠진다. 이런 그녀에게 디오니소스는 보석이 박힌 왕관을 주고, 이 둘은 결혼한다. 안니발레 카라치 작품.

이런 걱정을 하느라 아리아드네는 제대로 잠도 잘 수 없었을 것이다. 이제 모든 상황은 뜻대로 되었고 한껏 움츠러들었던 몸은 크레타에서 멀어질수록 풀어졌고 낙소스에 이르렀을 때는 뜨거운 물에 데친 채소처럼 되지 않았을까?

삶을 걸었던 남자에게 버림받다

아리아드네는 오랜만에 편안하게 잤다. 그런데 이렇게 달콤한 잠에서 깨어났을 때 주위에는 아무도 없었다. 함께 왔던 소년 소녀도 보이지 않았고 자신의 삶을 걸었던 테세우스도 보이지 않았다. 처음에는 자기를 놀리는 것이라고 생각했다. 그러나 오랜 시간이 흘러도 테세우스는 돌아오지 않았다. 불안한 마음으로 바닷가로 달려갔을 때 그곳에는 배가 없었다.

아리아드네는 태엽이 풀린 자동인형처럼 그 자리에 주저앉았다. 눈에서는 하염없이 눈물이 흘러내렸다. 삶을 걸었던 사람이 그녀를 버렸다. 이보다 더 큰 절망이 어디 있단 말인가.

테세우스가 아리아드네를 낙소스에 두고 떠난 이유에 대해서는 두 가지 설명이 있다. 하나는 테세우스가 아리아드네 옆에 누워 잠이 들었을 때 지혜의 여신 아테나가 나타나 아리아드네를 버려두고 빨리 떠나라는 계시가 있었다는 것이다.

다른 하나는 테세우스의 건망증이다. 테세우스는 아버지에게 살아서 돌아오면 돛의 색깔을 바꾸겠다고 약속을 해놓고는 깜빡 잊고 그냥 아테네로 향했다. 테세우스의 아버지 아이게우스는 아들이 죽은 것으로 알고 낭떠러지에서 뛰어내려 삶을 마감했다. 이 예에서 보듯이 테세우스는 한 가지 일이 끝나면 다음 일을 생각하는 사람이기 때문에 아리아드네를 잊고 그냥 떠났다는 설명이다.

디오니소스의 출현과 결혼

어쨌든 사람들은 첫 번째 이야기를 믿고 싶어한다. 왜냐하면 하염없이 울고 있는 아리아드네 앞에 달콤한 향기와 함께 술의 신 디오니소스가 나타났기 때문이다. 디오니소스는 아리아드네에게 왕관을 선물로 주었다. 결혼 예물이었다. 그렇다고 아리아드네와 디오니소스가 행복한 결혼 생활을 한 것은 아니다. 신들은 한곳에 머무르지 않기 때문이다. 그렇다면 왕관은 목에 매는 밧줄과 동일한 상징이 된다. 아리아드네는 어쨌든 절망했다.

| 신 화 메 모 |

아리아드네가 디오니소스와 결혼한 것에 대해서는 여러 다른 주장이 있다. 사실 둘은 친척이다. 아리아드네의 할머니 에우로페와 디오니소스의 할아버지 카드모스가 남매이기 때문이다. 가장 끔찍한 것은 디오니소스가 아르테미스에게 부탁해 아리아드네를 사살했다는 이야기이다.

화관, 왕관, 목걸이, 그리고 밧줄

신과 결합한 여인들의 비극을 상징하는 화관

그리스 신화에서 화관은 여인들의 비극을 상징한다. 화관은 여자가 결혼할 때 머리에 쓰는 것으로 축복과 사랑이 담겨 있어야 하지만 그것이 신과 연관될 때는 비극적인 것이 된다. 화관은 신과 여인의 신성한 결혼을 충만한 것으로 만들어주지만 한편으로는 음울하게 만드는 요소도 지니고 있다. 화관의 이미지는 신화에서 왕관, 목걸이 등으로 의미가 확장되어 나타난다.

아리아드네가 테세우스에게 버림받고 디오니소스의 아내가 되었을 때 디오니소스가 아리아드네에게 준 결혼 선물이 보석 왕관이었다. 그리고 아리아드네는 목에 밧줄을 걸고 자살했다. 카드모스와 하르모니아가 결혼할 때 아프로디테는 딸이기도 한 하르모니아에게 헤파이스토스가 만든 목걸이를 선물했는데 이 목걸이는 대를 이어가며 비극을 낳는 재앙의 원천이 되었다.

또한 에우로페는 꽃을 꺾어 화관을 만들다가 수소로 변신한 제우스에게 납치되었는데 아마 화관을 머리에 얹고 있었을 것이다.

신성한 결혼은 제물을 요구한다

이렇듯 화관이 비극을 배태하고 있는 것은 신성한 결혼이 제물을 요구하기 때문이다. 여기서 화관은 신과의 결합과 자살을 결합해주는 역할을 한다. 제우스를 비롯한 신들의 신성한 결혼은 새로운 세계의 질서를 만들기 위한 필연성에서 나왔다.

세멜레는 불에 타 죽었지만 잉태하고 있던 디오니소스를 남겼고, 아폴론의 연인 코로니스는 이방인에게 한눈을 팔다가 아폴론의 분노를 사서 죽임을 당했지만 의술의 신 아스클레피오스를 태어나게 했다. 디오니소스의 동성애 애인이었던 암펠로스는 죽어서 포도나무가 되어 디오니소스에게 강력한 힘을 주었다. 아리아드네의 여동생 파이드라는 테세우스에게 시집을 갔는데 전처소생인 히폴리토스를 사랑하게 되어 불륜을 고통스러워하다가 자살을 했는데 정작 히폴리토스를 사랑한 것은 아프로디테였다.

화관은 족쇄의 변형이자 보이지 않는 운명

신화에 처음으로 모습을 드러낸 화관은 제우스가 프로메테우스에게 선물한 것이다. 프로메테우스를 결박시켰던 족쇄의 변형인 셈이다. 족쇄는 나뭇가지와 꽃으로 둥글게 엮어진 화관으로 변형된다.

따라서 화관이 목걸이나 왕관으로 변형되어도 원래 지니고 있던 족쇄의 속성은 남아 있다. 그래서 지금도 결혼할 때 그 징표로 목걸이나 반지를 선물하는지도 모르겠다. 여기서 족쇄는 보이지 않는 운명을 뜻한다.

절망을
희망으로 바꾼
아테네의 왕

**아테나를 좋아한 헤파이스토스는
가이아를 통해 아이를 하나 얻었다.**

처녀 신 아테나의 양아들

미의 여신 아프로디테는 끊임없이 바람을 피우면서 남편인 대장장이 신 헤파이스토스를 멀리했고 헤파이스토스 역시 아프로디테에게 별 관심이 없었다. 그의 가슴속에는 지혜의 여신 아테나가 있었기 때문이다. 그러다가 그는 우연히 대장간에서 아테나를 강제로 껴안았는데 그때 정액이 바닥으로 떨어졌다. 이를 대지의 여신 가이아가 받아서 태어난 아이가 바로 에리크토니오스였다.

아테나는 어쩔 수 없이 에리크토니오스의 어머니 역할을 맡았다. 먼저 갓난 아기를 상자에 담아 케크로프스의 딸 판드로소스에게 맡기면서 절대로 열어보지 말라고 경고했다. 그렇지만 한창 호기심이 많은 처녀들에게 그건 열어보라는 것과 다를 바 없었다. 판도라가 그랬듯이 호기심을 이기지 못하고 판드로소스 자매는 상자를 열었다. 상자 안에는 큰 뱀이 아기를 돌돌 말고 있었다.

어떤 사람은 이 큰 뱀이 판드로소스 자매를 살해했다고 말하기도 하고 이

를 알게 된 아테나의 분노 때문에 미쳐 아크로폴리스에서 뛰어내려 죽었다고
도 말한다. 어쨌든 아테나는 아기를 거두어 아크로폴리스의 신전에서 키웠다.
또는 아테나가 갑옷 아래 따뜻한 가슴에 넣어 키웠다고도 한다. 아테나의 방
패에는 머리카락이 뱀인 메두사의 머리가 달려 있었다. 에리크토니오스는 이
래저래 뱀과 친숙했다. 그리고 뱀처럼 영리했다.

왕권을 확립하고 선정을 베풀다

에리크토니오스는 성인이 되자 당시의 왕 암픽티온을 추방하고 스스로 왕이
되었다. 그는 아크로폴리스에 아테나 여신의 목상을 세우고 판아테나이아 축
제를 창설했으며 프락시테아와 결혼해서 외아들 판디온을 두었다. 그는 발이
불구였기 때문에(하체가 뱀이었다는 주장도 있다) 거동이 불편했다. 발이 자유롭
지 못하다고 해서 마음까지 자유롭지 못한 것은 아니었다.

그는 선정을 베풀었으며 백성들 역시 그를 따랐다. 그는 자기를 양육해준 아
테나 여신에 대한 신앙을 장려했다. 또한 아버지 헤파이스토스처럼 만들기를
좋아했고 발명에 재능이 뛰어났다. 그는 오랜 궁리 끝에 오늘날의 휠체어와 비
슷한 것을 발명했다. 그는 그것을 타고 여러 가지 조작을 통해 자유롭게 움직
일 수 있었다. 전쟁터에 자기가 발명한 탈것을 타고 나타나 적과 아군을 놀라
게 만들기도 했다.

에리크토니오스는 죽은 뒤에 뱀의 모습으로 숭배되었다. 그는 이를테면 아
테나의 양자였던 셈이다. 그리고 그가 아들에게 왕위를 물려준 것에서 볼 수
있듯이 아테네의 왕권도 이때에 이르러 비로소 확립되었다고 볼 수 있다. 에리
크토니오스가 죽자 외아들 판디온이 그의 뒤를 이어 왕이 되었다.

| 신 화 메 모 |

말이 끄는 전차를 발명한 에리크토니오스는 사후에 마차부자리가 되었다고 한다. 마차부자리는 겨울
철 초저녁에 떠오르는 별자리이다. 오각형 모양이라 중국인들은 마차부자리를 오차(五車)라고 부른다.

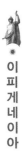

안전한 항해를 위해 제물로 바쳐진 여인

이피게네이아

최고의 영웅과 결혼한다는 생각에 기뻐하고 있던 이피게네이아를
기다리고 있던 것은 희생 제단이었다.

트로이로 가는 배를 움직여줄 바람이 불지 않다

트로이 전쟁을 위해 이루 헤아릴 수 없을 정도로 많은 배와 병사들이 아울리
스로 집결했다. 이 그리스 연합군의 지휘를 맡은 것은 헬레네의 남편인 메넬라
오스의 형 아가멤논이었다.

이들은 트로이로 떠나기 전에 관례대로 아폴론에게 제사를 지냈다. 그런데
제물을 바치려는 순간 제단에서 큰 뱀이 나타나 근처에 방울을 세워놓은 나
무 위로 올라갔다. 그곳에는 어미 공작과 새끼 여덟 마리가 있었는데 뱀이 이
들을 모두 잡아먹고 돌로 변했다. 이를 두고 예언가 칼카스는 트로이가 10년
이내에 함락당할 것임을 알려주는 징조라고 해석했다.

그러나 2년을 준비한 그리스 연합군의 첫 번째 출항은 트로이를 구경하지
도 못하고 끝이 났다. 그 이유는 그들이 트로이로 가는 뱃길을 몰라서 엉뚱한
곳에 도착해 그곳을 트로이로 착각하고 싸움을 벌였기 때문이다. 그곳은 미시

〈이피게네이아의 희생〉 이피게네이아는 아버지인 아가멤논에게 속아 아르테미스를 위한 희생 제물로 바쳐진다. 샤를 드 라 포스 작품.

아란 곳으로 헤라클레스의 후예가 왕으로 있는 곳이었다. 미시아를 벗어나기는 했지만 폭풍을 만나 모두 귀항할 수밖에 없었다.

그로부터 8년이 지난 뒤 그리스 연합군은 다시 아울리스에 모였다. 그들은

▼ 제물이 된 여자들

이피게네이아	아가멤논의 딸	트로이 전쟁을 위해
크토니아	아테네의 공주	엘레우시스와의 전쟁에서 승리하기 위해
코로니데스	오리온의 두 딸	이들이 사는 오르코메노스에 닥친 기근과 가뭄 때문에
코마이토	아르테미스 신전의 여사제	신전에서 애인과 잠자리를 같이한 죄로 기근이 엄습하자 제물로 바쳐짐.

우여곡절 끝에 트로이로 가는 뱃길을 알아냈다. 그러나 배를 움직일 바람이 불지 않았다. 예언가 칼카스에게 그 이유를 묻자 아가멤논이 사냥의 여신 아르테미스의 사슴을 쏘았기 때문에 아르테미스에게 제물을 바치기 전에는 바람이 불지 않을 것이라고 예언했다.

아내를 속이고 딸을 희생 제물로 바친 아가멤논

그런데 제물로 바쳐야 하는 것은 동물이 아니라 사람이며 그것도 아가멤논의 딸 가운데 가장 예쁜 이피게네이아라는 것이었다. 아가멤논은 고향에 있는 이피게네이아를 불렀다. 아가멤논은 아내 클리타임네스트라에게 이피게네이아와 그리스 최고의 명장 아킬레우스를 결혼시키기로 했다며 딸을 보내라고 했다. 이피게네이아는 기쁜 마음으로 아울리스로 달려왔다. 물론 보내는 클리타임네스트라의 마음도 기뻤다. 가장 용맹한 장수를 사위로 맞이하게 되었으니 기쁠 수밖에.

그러나 이피게네이아를 기다리고 있는 것은 아킬레우스가 아니라 절망적인 희생 제단이었다. 여기에서 몇 가지 다른 이야기가 있다. 첫 번째는 이피게네이아가 아가멤논이 보는 앞에서 실제로 죽임을 당했다는 것이다. 두 번째는 아르테미스가 제물을 사슴으로 바꾸고 이피게네이아를 납치해 타우로스인이 사는 나라로 데리고 가서 자기 신전의 신관으로 삼았다는 것이다.

전쟁을 끝내는 제물이 될 아킬레우스

어쨌든 이피게네이아는 희생되었다. 이 희생을 둘러싸고 아버지 아가멤논과 어머니 클리타임네스트라, 아킬레우스, 그리스 군대는 한 원 속에 있다.

먼저 아버지 아가멤논은 속임수까지 써서 딸을 살해할 정도로 자기에게 주어진 그리스 연합군의 총책임자라는 역할을 수행하려고 했다. 여기에는 또한 자기를 바라보고 있는 그리스 군대에 대한 절대적인 강요가 작용하고 있었다. 내가 딸을 포기했으니 너희도 목숨을 포기하라는 눈에 보이지 않는 강요이다.

앞으로 전개될 트로이 전쟁에서 아킬레우스가 맡게 될 역할을 이 사건은 암시하고 있다. 그 역시 트로이 전쟁의 제물로 바쳐질 것임을 묵시적으로 보여준다. 그러나 이피게네이아가 전쟁을 앞두고 제물로 바쳐졌다면 아킬레우스는 전쟁을 끝내는 제물이 될 것이라는 사실이 다르다. 제물이라는 속성은 같지만 각각 처해 있는 처지 역시 크게 다르다.

| 신 화 메 모 |

이피게네이아의 출생에 대한 다른 주장 가운데 하나는 그녀가 헬레네의 딸이라는 것이다. 테세우스가 어린 헬레네를 납치했을 때 생긴 딸로 이모 클리타임네스트라가 키웠다는 것이다.

헥 토 르

돌아보니
아무도
없었다

**헥토르의 죽음은 트로이의 운명을
그대로 보여준다.**

파리스와 헬레네의 결혼을 반대하다

트로이 전쟁에서 그리스의 최고 장수는 아킬레우스였다. 그리고 트로이의 최
고 장수는 파리스의 형인 헥토르였다. 헥토르는 트로이의 왕 프리아모스의 장
남으로 책임감이 강하고 매우 용감한 장수였다. 헥토르는 처음부터 파리스와
헬레네의 결혼을 반대했다. 그러나 일단 전쟁이 시작된 뒤에는 트로이 군대를
이끄는 대장이 되어 용감하게 싸웠다. 《일리아스》에서 헥토르가 아내와 아들
을 성안에 남겨두고 출정하는 장면은 무척 슬프게 묘사되어 있다.

 헥토르는 아킬레우스가 아가멤논과 다투고 전쟁터를 떠나자 트로이 군대
를 이끌고 맹렬하게 공격했다. 그리스 군대는 무너졌고 육지에서 쫓겨나 배 위
로 쫓겨 갔다. 마지막 공격을 앞두고 포세이돈이 돕는 바람에 그리스 군대는
결정적인 파멸만은 면했다.

아킬레우스를 대신해 출정한 친구의 죽음

상황이 이쯤 되자 아가멤논과 그리스 군대는 최고의 명장 아킬레우스에게 도움을 청할 수밖에 없었다. 그러나 아킬레우스는 미동도 하지 않았다. 이때 아킬레우스의 가장 친한 친구인 파트로클로스가 아킬레우스의 자존심을 살리면서 그리스 군대를 위기에서 구할 묘안을 생각해냈다. 그것은 파트로클로스가 아킬레우스의 갑옷을 입고 전쟁터에 나서는 것이었다. 아킬레우스는 친구의 열띤 설득에 넘어갔다. 다만 너무 멀리 트로이 군대를 쫓아가지 말라고 주의를 주었다.

파트로클로스는 아킬레우스의 갑옷을 입고 미르미돈이라고 불리는 아킬레우스의 군대를 이끌고 전투에 참가했다. 아킬레우스가 전쟁터에 나타났다는 소식은 그리스 군대에게 더할 수 없는 힘을 주었고 트로이 군대에게는 절망적인 소식이었다. 전세는 순식간에 역전되었다. 그러나 파트로클로스는 승리에 도취해서 아킬레우스의 주의를 잊고 말았다. 제우스의 사랑하는 아들 사르페돈을 죽이고 헥토르와 맞서다가 창에 찔려 전사하고 말았다. 그리고 아킬레우스의 갑옷은 헥토르의 손에 넘어갔다.

아킬레우스는 친구의 죽음에 분노해서 트로이를 함락시키기 전에는 파트로클로스의 시체를 땅에 묻지 않겠다고 맹세를 하고 전쟁터로 나섰다. 영웅의 극적인 등장인 셈이다. 테티스는 헤파이스토스를 찾아가 최고의 갑옷을 주문해 아들에게 주고 제우스에게 아들의 영광을 기원했다.

그리스 최고 장수가 트로이 최고 장수를 죽이다

다시 전쟁터에 나타난 아킬레우스의 목표는 단 하나, 헥토르였다. 아킬레우스는 야수처럼 사납게 전쟁터를 누볐다. 그의 모습은 마치 저승사자 같았다. 헥토르는 친구의 경고를 무시하고 아킬레우스와 맞서려고 했다. 그러나 막상 대면을 하자 두려움이 일어 트로이 성으로 후퇴했다. 그러나 이미 성문은 닫혀 있었다. 트로이인들은 헥토르를 위해 성문을 열면 그리스 군대가 들이닥칠 것이기 때문에 문도 열지 못한 채 성벽 위에서 발만 동동 굴렸다.

술래잡기라도 하듯 헥토르와 아킬레우스는 성을 몇 바퀴 돌았다. 그때 헥토르의 옆에 친구가 나타났다. 이에 용기를 얻은 헥토르는 몸을 돌려 쫓아오는 아킬레우스를 향해 창을 던졌다. 창은 빗나갔고 헥토르는 친구에게서 다시 창을 받으려고 돌아보았는데 친구는 어디론가 사라지고 없었다. 그 친구는 아테나 여신이 변신한 모습이었다.

헥토르는 자기가 속았다는 것을 깨달았다. 그리고 아킬레우스의 창이 그의 운명처럼 날아와 몸에 꽂혔다. 헥토르는 죽었다. 아킬레우스는 잔인하게도 헥토르의 시체를 마차에 매달고 트로이 성벽을 돌았다. 시체는 곧 너덜너덜한 누더기가 되었다. 트로이 성벽 안에서는 통곡이 이어졌다. 헬레네도 울었다. 헥토르의 죽음은 트로이의 멸망을 알리는 전조였다.

| 신 화 메 모 |

호메로스의 《일리아스》는 헥토르의 장례식과 함께 끝이 난다. 헥토르의 죽음은 트로이의 몰락을 암시하고 헥토르는 트로이 전쟁이 막을 내리기 전의 마지막 불꽃이었기 때문이다. 헥토르라는 이름은 '지탱하는 사람'이란 뜻이다. 헥토르는 진정 트로이를 지탱하고 있던 사람이었다.

아무도 이들의 말을 믿지 않는다

목마를 조심하라는 목소리가 높아질수록
사람들의 불신도 커졌다.

트로이를 함락시킬 수 있는 방법 세 가지

그리스 연합군이 트로이에 도착한 지 벌써 10년이 지나고 있었다. 그때 그리스의 예언가 칼카스가 헤라클레스의 활을 가지고 있는 자를 아군으로 끌어들이지 않으면 트로이를 함락할 수 없다고 예언했다. 그래서 오디세우스와 일행은 렘노스로 가서 필로크테테스를 데리고 와서 그가 지니고 있던 헤라클레스의 화살로 파리스를 살해했다.

파리스가 죽자 카산드라와 쌍둥이 남매인 헬레노스와 그의 형제 데이포보스가 경쟁한 끝에 데이포보스가 헬레네의 새로운 남편이 되었다. 이에 실망한 헬레노스는 트로이를 떠나 이데 산으로 들어갔다. 다시 칼카스가 말하기를 헬레노스가 트로이 성을 공략하는 방법을 알고 있다고 했다. 오디세우스와 일행은 이데 산으로 가서 헬레노스를 굴복시켰다.

헬레노스는 세 가지를 말했다. 먼저 펠롭스의 뼈를 가지고 올 것, 둘째는 아

▼ 트로이 전쟁을 둘러싼 신들의 대립

제우스의 경고
트로이 전쟁에는 많은 신들의 자식이 참가했다.
그래서 제우스는 신들의 전쟁이 될 것을 두려워해 엄정한 중립을 요구했다.

그리스 연합군을 지지		트로이를 지지
• 헤라(파리스에게 앙심) • 아테나(파리스에게 앙심) • 포세이돈(트로이 성을 쌓을 때 라오메돈에게 속았기 때문) • 제우스(자기를 닮은 아킬레우스를 위해)	두 세력으로 대립	• 아프로디테(파리스를 위해) • 아레스(전쟁의 신으로 아프로디테의 정부) • 아폴론

그리스 연합군의 승리

킬레우스의 아들 네오프톨레모스를 참전시킬 것, 세 번째로 하늘에서 내려온 아테나의 신상(神像, 팔라디온)을 트로이에서 훔쳐 올 것이 그것이었다. 오디세우스가 변장을 하고 트로이로 들어가 아테나의 신상을 훔쳐 오는 것으로 위의 세 가지 조건을 충족시켰다.

카산드라의 절망적인 울부짖음과 사람들의 외면

그리고 마지막이 목마의 건조였다. 오디세우스는 이데 산에서 나무를 베어다가 안이 텅 빈 목마를 만들었다. 그 속에는 50명에서 300명이 들어갈 수 있었다고 한다. 목마에는 "고향으로 귀환하는 감사의 선물로 아테나 여신에게 이를 바친다."라는 글이 새겨져 있었다. 목마 안에는 오디세우스와 헬레네의 전 남편인 메넬라오스 등 용감한 전사들이 숨어 있었다. 그리스 연합군은 막사에 불을 지르고 모두 배에 올라타 떠나는 것처럼 보이게 했다.

밤이 되자 트로이 사람들은 밖으로 나와 그리스 연합군이 물러간 것을 기뻐하며 목마를 어떻게 할 것인지 논의했다. 그때 예언 능력이 있지만 설득력을 잃은 카산드라가 평소 예언을 할 때처럼 황홀경에 빠져 큰 소리로 눈에 보이는 것에 대해 말하기 시작했다. 카산드라의 눈앞에서 트로이가 처참하게 파괴되고 불에 타고 있었다. 그리고 사방에서 붉은 피가 흘러내렸다. 카산드라는 목마를 성안으로 들여놓으면 트로이는 멸망하고 말 것이라고 외쳤다. 그녀는 울고 있었다. 그러나 아폴론이 카산드라의 말을 아무도 믿지 않게 만들었기에 사람들은 공주가 다시 미쳤다고 생각했을 뿐 귀담아듣지 않았다.

라오콘의 예언을 삼켜버린 두 마리의 뱀

또 다른 예언자 라오콘도 목마를 창으로 찌르고 불태울 것을 주장했다. 그리고 실제로 창을 들어 목마를 찌르려고 했다. 그러나 어디서 나타났는지 큰 뱀 두 마리가 나타나 라오콘과 그의 두 아들을 휘감았다. 라오콘과 두 아들은 고통 속에서 죽어갔다. 트로이 사람들은 목마에게 난폭한 짓을 했기 때문에 아테나 여신이 내린 벌이라고 생각했다. 트로이 사람들은 라오콘의 죽음을 보고 목마를 트로이 성안으로 들이기로 결정했다.

지긋지긋한 전쟁이 끝났다고 생각한 트로이 사람들은 곧 축제에 휩싸였다. 카산드라는 이미 쫓겨나고 없었고 라오콘은 죽었다. 축제의 함성이 트로이 성벽을 울리고 있을 뿐이었다. 그러나 목마 속에서는 팽팽한 긴장만이 소리없이 울렸다.

축제의 함성이 잦아들자 그리스의 용사들은 무장을 하고 목마 밖으로 나왔다. 그 이후 상황은 카산드라가 이미 예견했던 그대로였다. 성문이 열리자 밖에서 기다리고 있던 그리스 연합군이 물밀듯이 몰려들었고 10년간의 분풀이로 약탈과 방화, 강간, 절도를 저질렀다. 이것은 판도라의 상자가 열리고 세상에 온갖 죄악이 넘치게 된 것에 비유할 수 있다. 그랬다. 세상의 모든 죄악이 그때 트로이에 있었다. 목마가 열리고 트로이는 처절하게 파멸되었다.

│ 신 화 메 모 │

카산드라는 트로이 공주 가운데 가장 아름다웠다. 트로이 전쟁 때 트로이 편에 서서 싸운 여러 장군은 카산드라와 결혼하기 위해 참전했다고 한다. 그러나 대부분은 전쟁터에서 죽었고 카산드라는 엉뚱하게도 아가멤논의 소유가 되어 그리스에 갔다가 죽임을 당했다.

Column

트로이 전쟁이 의미하는 것은 무엇인가

가장 아름답다는 유일성을 대표하는 헬레네

트로이 전쟁을 한마디로 표현한다면 유일성의 대결이라고 할 수 있다. 그 대표 주자는 헬레네와 아킬레우스이다. 헬레네는 제우스가 영웅시대를 마감하기 위해 네메시스를 겁탈해서 낳은 필연성과 아름다움이 결합한 여인이었다. 다시 말해서 적어도 표면적으로는 트로이 전쟁의 원인을 헬레네에게서 찾을 수 있다.

그러나 트로이 전쟁이 발발하게 된 원인은 신들에게 있다. 테티스와 펠레우스의 결혼식에 초대받지 못한 불화의 여신이 '가장 아름다운 여신에게'라는 글귀가 쓰인 황금 사과를 던진 것이 발단이었다. 가장 아름답다라는 유일성을 차지하기 위해 헤라, 아테나, 아프로디테가 경쟁하게 되고 심판관으로 뽑힌 트로이의 왕자 파리스가 헬레네를 약속한 아프로디테의 손을 들어준 탓에 헬레네를 사이에 두고 전쟁이 일어난 것이다.

파리스는 아프로디테의 도움을 받아 헬레네를 유혹해서 트로이로 데리고 갔다. 그러나 헬레네는 유부녀였다. 메넬라오스라는 남편이 있었던 것이다. 그래서 메넬라오스의 형 아가멤논을 대장으로 하는 그리스 연합군이 결성되었고, 헬레네라는 여자를 되찾아오기 위해 오랜 세월 동안 전쟁을 했던 것이다.

제우스의 권좌를 차지했을 아킬레우스를 돋보이기 위한 전쟁

그러나 트로이 전쟁의 이면에는 또 다른 사실이 숨어 있다. 그 중심에 서 있는 것이 아킬레우스이다. 아킬레우스는 황금 사과가 던져진 결혼식의 당사자인 테티스와 펠레우스의 아들이다. 비록 테티스가 바다의 여신이기는 하지만 신들이 인간의 결혼식에 참석한 것은 두 번뿐이다. 테티스와 펠레우스, 그리고 카드모스와 하르모니아의 결혼식이 그것이다.

신들이 이들의 결혼식에 참석한 것은 그 나름대로의 의미가 있다. 테티스는 제우스의 필연적 겁탈에서 제외되어야 하는 여신이었다. 만약 제우스가 테티스와 관계를 맺어 아들을 낳으면, 제우스가 아버지 크로노스를 몰아내고 신들의 왕이 된 것처럼 그 아들이 최고의 권좌를 차지할 것이라는 예언이 있었기 때문이다.

처음에 그 사실을 알고 있었던 것은 프로메테우스뿐이었다. 그가 매일 돋아나는 간을 독수리에게 쪼이면서도 제우스에게 저항할 수 있었던 것은 언젠가 제우스가 아름다운 여신 테티스에게 손을 대는 날이 오면 모든 질서가 재편될 것임을 알고 있었기 때문이다. 그러나 프로메테우스와 제우스는 타협을 했다. 제우스는 프로메테우스가 저지른 죄를 용서해주고 프로메테우스는 제우스를 위협할 수 있는 비밀을 털어놓은 것이다.

그래서 제우스는 서둘러 테티스를 인간인 펠레우스와 결혼하게 만들었다. 그리고 신들을 이끌고 이들의 결혼식에 참석했다. 그런데 이들의 아들인 아킬레우스가 트로이 전쟁에 모습을 보인 것이다.

제우스가 하늘에서 자칫하면 자기의 권좌를 찬탈할 수도 있었을 그 아킬레우스에게 인간이 누릴 수 있는 모든 영광을 주어야겠다고 생각한 것은 어쩌면 당연한 일이다. 제우스와 아킬레우스는 유일성을 소유한 존재이기 때문이다.

최고의 미녀와 최고의 영웅의 사후 결혼

그래서 트로이 전쟁은 헬레네라는 최고의 미녀와 아킬레우스라는 최고의 영웅이 자아내는 예술의 경지로 승화된다. 호메로스의 《일리아스》가 최고의 작품으로 인정받는 것도 이 때문이다.

제우스는 트로이 전쟁이 아킬레우스에게 모든 영광이 돌아가도록 각본을 짰다. 그리고 아킬레우스는 최고의 영웅이 되어 죽었다. 그리고 최고의 미녀와 최고의 영웅은 죽은 뒤에 결혼식을 올려 최고의 부부가 되었다.

영웅시대를 끝내기 위해 벌인 죽음의 파티

트로이 전쟁을 정리하면 이렇다. 비록 짧지만 영웅이 세상에 등장했다. 이들은 필연성이 지배하는 삶에서 벗어나려고 했다. 이들은 모험과 속임수, 괴물 퇴치 등 이전에 신들이 했던 행위를 모방했다. 그러나 필연성의 그물은 이들의 삶을 압박했다. 영웅이 평범

Column

하게 죽을 수 없었던 것도 그런 까닭이다. 그래서 트로이 벌판에 모여 그들 스스로 죽음의 파티를 연 것으로 이해할 수 있다.

제우스 역시 덩치가 크고 적잖은 삶의 무게를 지닌 영웅들 때문에 무거워진 대지를 가볍게 만들고 싶었을 것이다. 그래서 헬레네라는 여인을 미끼로 그들을 트로이 벌판으로 불러들인 것이다. 영웅의 시대는 오래가지 않았지만 이들로 인해 인간은 필연성의 그물에서 벗어날 수 있는 방법을 알게 되었다.

제7장

•

풀리지
않는
저주의
끈

첫날밤에 살해당한 49명의 신랑

다나이스들

다나오스는 동생의 위협을 딸들의 결혼 첫날밤에
그 아들들을 죽임으로써 복수했다.

고향을 떠나 아르고스에 도착한 다나오스와 딸들

제우스에게 납치되어 이집트에 정착한 이오의 후손 가운데 다나오스와 아이
기프토스 형제가 있었다. 아이기프토스는 아라비아를 다스렸고 다나오스는
리비아를 다스렸다.

그런데 아이기프토스가 이집트를 정복하고 다나오스의 리비아를 위협하기
시작했다. 재미있는 것은 아이기프토스에게는 50명의 아들이 있었고 다나오
스에게는 50명의 딸이 있었다.

아이기프토스는 50명의 아들을 다나오스의 50명의 딸과 결혼시키자고 제
안했다. 다나오스는 이를 자기의 왕국을 삼키려는 도전으로 받아들이고 아테
나 여신의 충고대로 배를 만들어 딸들을 태우고 도망쳤다. 그들이 도착한 곳
은 이오의 고향인 아르고스였다.

다나오스는 자기가 이오의 후손임을 내세워 당시의 왕 겔라노르에게 왕권

〈다나이데스〉 다나
오스의 딸들은 죽어
서 밑 빠진 항아리에
물을 붓는 벌을 받는
다. 존 윌리엄 워터하
우스 작품.

을 내놓으라고 요구했는데 때마침 이리 한 마리가 아르고스의 황소 떼를 습격
하는 일이 일어났다. 이는 외래자가 왕이 되어야 한다는 신의 징조라고 받아
들여 결국 다나오스가 왕위에 올랐다.

  그런데 아르고스 지방은 물이 부족한 땅이었다. 다나오스는 딸들에게 물을
찾을 것을 명령했다. 50명의 자매들 가운데 아미모네는 물을 구하러 다니다가
사슴이 있는 것을 보고 창을 던졌다. 그런데 그 창이 잠을 자고 있던 사티로
스를 깨웠다.

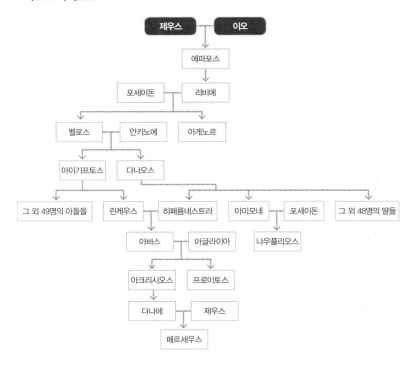

사티로스는 아미모네를 보고 욕정이 일어나 겁탈하기 위해 달려들었지만 마침 나타난 포세이돈이 사티로스를 쫓아냈다. 그런데 포세이돈이 아미모네에게 잠자리를 같이할 것을 요구했다. 험한 산을 넘으니 깊은 물이 기다리는 꼴이었다. 그 대신 포세이돈은 레르네에 있는 샘물에 대해 알려주었다.

칼을 품고 신방으로 들어간 50명의 신부

그때 아이기프토스의 아들들이 다나오스의 딸들과 결혼하기 위해 나타났다. 다나오스는 자기가 먼 길을 유랑해 아르고스로 쫓겨온 사실을 잊지 않았다. 그래서 결혼에 동의하면서도 한편으로는 딸들에게 칼을 주고 신랑들을 죽이라고 말했다.

50쌍의 결혼식이 거행되고 첫날밤이 되자 신부들은 품속에 설렘과 사랑이 아닌 칼을 지니고 신방에 들어갔다. 아이기프토스의 아들들은 첫날밤에 모두 살해되고 말았다. 초야를 치르고 잠에 곯아떨어진 아이기프토스의 아들들은 영문도 모른 채 바로 하데스로 내려갔다. 다만 장녀인 히페름네스트라만이 자기의 상대인 린케우스에게 첫날밤의 비극에 대해 알리고 도망치라고 말했다.

왜 히페름네스트라는 린케우스를 살려두었을까? 신화에 따르면 린케우스가 히페름네스트라의 처녀성을 보호해주었기 때문이라고 한다. 하지만 보이지 않는 곳에 다른 이유가 존재한다. 이 살육의 비극을 수습할 사람을 남기기 위해서였다. 그 사람은 린케우스가 아니고 그의 후손 가운데에서 나오게 된다.

지금도 밑 빠진 독에 물을 붓고 있는 다나오스의 딸들

49명의 딸들은 신랑의 머리를 아버지에게 보여주고 나서 레르네에 묻고 몸뚱이는 시내에서 장례를 치렀다. 제우스의 명령을 받은 아테나와 헤르메스가 나타나 그들의 죄를 용서해주었다. 그렇지만 그 딸들은 죽어서 벌을 받았는데 그것은 시시포스와 비슷하다. 그 벌은 밑 빠진 항아리에 물을 부어 채우는 일이었다. 다나오스의 딸들은 지금도 밑 빠진 항아리에 물을 붓고 있다. 이는 척박하고 건조한 아르고스에 물을 붓는 일을 상징하기도 한다. 그것도 나일 강으로 상징되는 물이 풍부한 이집트 지방에서 온 처녀들이 말이다.

다나오스는 아르고스의 젊은이들에게 결혼 지참금을 받지 않고 딸을 주겠다고 말하고 경기를 열어 승자들이 마음에 드는 딸을 고르도록 했다. 그렇게 하지 않고서는 첫날밤에 신랑을 죽인 여자를 누가 아내로 맞이하겠는가.

| 신 화 메 모 |

히페름네스트라는 린케우스를 죽이지 않은 죄로 곧바로 체포되었다. 아버지 다나오스는 큰딸을 재판에 회부했는데 아르고스 법정은 무죄를 선고했다. 이 선고로 다나오스도 딸과 화해를 하고 린케우스를 사위로 받아들였으며 왕국을 물려주었다.

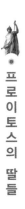

저주를 받아 미친 여인들

프로이토스가 다스리던 북쪽 아르고스의 여자들이 미치자,
왕은 예언자 멜람푸스에게 그 해결을 맡겼다.

49개의 머리가 내뿜는 원한의 시작

무슨 일이든 마찬가지이지만 앞의 참혹한 비극은 오랫동안 영향을 끼쳤다. 평범히 보아 넘기기에는 너무나 처참한 일이었던 것이다. 49개의 피투성이 머리가 나뒹굴고 머리를 잃은 시체가 널브러져 있는 장면을 생각해보면 아찔하다. 이 아찔한 광경은 이미지가 되어 후세에 영향을 끼치게 된다.

첫날밤 살아남은 유일한 신랑인 린케우스는 다나오스의 뒤를 이어 아르고스의 왕이 되었다. 그는 히페름네스트라 사이에서 외아들 아바스를 낳았다. 그리고 아바스는 아글라이아와 결혼해서 쌍둥이 아크리시오스와 프로이토스를 낳았다.

아크리시오스와 프로이토스는 어머니 배 속에 있을 때부터 싸우기 시작해 어른이 되자 왕권을 놓고 다투었다. 이 싸움에서 방패라는 것이 발명되었을 정도로 이들의 싸움은 치열했다. 결국 아크리시오스가 승리를 거두었고 프로

▼ 예언가 멜람푸스

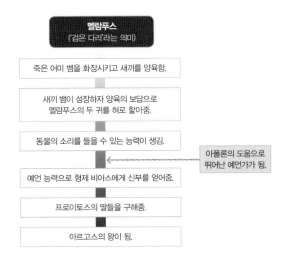

```
┌─────────────────────────┐
│        멜람푸스          │
│  ('검은 다리'라는 의미)  │
└─────────────────────────┘
┌─────────────────────────┐
│ 죽은 어미 뱀을 화장시키고 새끼를 양육함. │
└─────────────────────────┘
┌─────────────────────────┐
│ 새끼 뱀이 성장하자 양육의 보답으로      │
│ 멜람푸스의 두 귀를 혀로 핥아줌.         │
└─────────────────────────┘
┌─────────────────────────┐
│ 동물의 소리를 들을 수 있는 능력이 생김. │  ←  ┌──────────────┐
└─────────────────────────┘              │ 아폴론의 도움으로 │
┌─────────────────────────┐              │ 뛰어난 예언가가 됨. │
│ 예언 능력으로 형제 비아스에게 신부를 얻어줌. │  └──────────────┘
└─────────────────────────┘
┌─────────────────────────┐
│ 프로이토스의 딸들을 구해줌. │
└─────────────────────────┘
┌─────────────────────────┐
│ 아르고스의 왕이 됨.       │
└─────────────────────────┘
```

이토스는 아르고스에서 추방되었다.

프로이토스는 리키아로 가서 이오바테스 왕에게 도움을 청했다. 왕은 자기 딸인 스테네보이아를 그에게 주고 군사도 주었다. 다시 싸움이 시작되었다. 그러나 쉽사리 결판이 나지 않았고 결국 아르고스 왕국을 둘로 나눠 아크리시오스는 남쪽을 프로이토스는 북쪽을 다스리기로 결정했다.

여자들이 미치다

그런데 프로이토스의 왕국에 큰 재앙이 덮쳤다. 프로이토스의 딸들이 미친 것이다. 그 이유는 전달자에 따라 다르다. 하나는 디오니소스의 축제를 받아들이지 않았기 때문이고, 다른 하나는 헤라의 목상을 가볍게 여겨 헤라의 분노를 샀기 때문이다. 둘 다 신의 분노에 따른 것이다.

어쨌든 프로이토스의 딸들은 미쳐서 아르고스 전역을 돌아다녔고 심지어는 아르카디아와 펠레폰네소스를 지나 아무것도 자라지 않는 황야를 뛰어다녔다. 프로이토스는 딸들의 병을 고치기 위해 예언자 멜람푸스를 불렀다. 멜람푸스는 왕국의 3분의 1을 치료비로 줄 것을 요구했다. 프로이토스는 대가가 지나치게 비싸다고 생각했다.

그러나 프로이토스의 딸뿐만 아니라 다른 여자들까지 미치기 시작했다. 여자들은 집을 버리고 자기 아이를 죽였으며 황야를 떠돌기 시작했다. 더 이상 버틸 수 없는 상황이 되었다. 그래서 프로이토스는 멜람푸스에게 왕국의 3분의 1을 주고 일을 맡기려고 했다. 그러나 이번에는 멜람푸스가 3분의 2를 요구했다. 3분의 1을 자기 형제인 비아스에게 주겠다는 것이었다.

왕국의 일부를 주고 미친 여자들을 치료하다

프로이토스는 더 늦으면 멜람푸스가 왕국 전체를 요구할 수도 있다는 것을 깨닫고 그의 제안에 동의했다. 멜람푸스는 젊은이 가운데 건장한 남자를 데리고 고함을 지르며 과격한 신들린 춤을 추면서 여자들을 산에서 몰아냈다. 그제야 여자들은 모두 제정신을 차렸다. 프로이토스는 두 딸을 멜람푸스와 비아스에게 주었다.

그런데 프로이토스의 아내 스테네보이아는 죄를 용서받기 위해 페가소스를 타고 찾아온 벨레로폰에게 반해서 사랑을 고백했지만 거절당하고 벨레로폰을 모함했다가 훗날 죽임을 당했다. 프로이토스의 딸들이 미치고 아내가 죽임을 당하는 것은 49개의 머리가 내뿜는 원한이 쉽게 가라앉지 않았기 때문이다. 이 원한을 해결하는 것은 역시 아르고스 집안에서 태어난 헤라클레스이다.

| 신 화 메 모 |

멜람푸스는 어미를 잃은 새끼 뱀을 잘 거두어주었는데 그 보답으로 동물의 말을 알아들을 수 있는 능력이 생겼다. 이 능력을 이용해 동생 비아스가 아름다운 공주 페로와 결혼할 수 있게 해주었다.

케팔로스

사랑을
확인하려다
아내를 죽인 남자

케팔로스의 아내에 대한 시험은
결국 두 사람의 사랑을 깨뜨리게 했다.

아내의 질투로 성병에 걸린 바람둥이 왕

파시파에는 미노스가 바다의 신 포세이돈과의 약속을 지키지 않았기 때문에 포세이돈이 보낸 황소에게 정욕을 느껴 황소 괴물 미노타우로스를 낳는 치욕을 당했다. 그러나 미노스 때문에 얻게 된 파시파에의 마음고생은 여기서 그치지 않았다.

미노스는 제우스의 아들답게 바람을 피우는 것에도 열심이었다. 견디다 못한 아내 파시파에는 미노스에게 약물을 먹였다. 파시파에는 마법에 능한 메데이아, 키르케와 친척이었다.

미노스가 약물을 먹은 다음부터 그와 잠자리를 같이한 여자는 모두 지독한 병에 걸렸다. 이를 치료할 수 있는 것은 프로크리스뿐이었다. 미노스는 어머니 에우로페가 제우스에게 받은 선물 가운데 언제나 과녁을 맞추는 창과 사냥감을 놓치지 않는 사냥개를 프로크리스에게 주고 치료를 받았다.

사랑을 확인하려다 깨뜨려버린 두 연인

프로크리스는 케팔로스라는 남자와 결혼하고 영원한 사랑을 약속했다. 사냥을 좋아하는 케팔로스가 새벽 일찍 산으로 달려갔는데, 새벽의 여신 에오스가 케팔로스를 보고 반해서 그를 납치했다. 그 뒷이야기는 두 가지 설이 있다. 하나는 케팔로스가 8년 동안 에오스와 함께 살았다는 이야기이다. 다른 하나는 프로크리스가 결혼을 후회할 것이라는 말을 에오스에게서 들은 케팔로스가 아내를 시험했다는 이야기이다.

케팔로스는 에오스의 도움을 받아 다른 남자로 변장하고 프로크리스를 찾아가 큰돈을 내놓으며 자기 첩이 되어달라고 부탁했다. 집요한 설득 끝에 프로크리스가 부탁을 들어주자, 케팔로스는 본모습을 드러내며 그녀를 비난했다. 이에 충격받은 프로크리스는 집을 뛰쳐나갔다. 케팔로스는 잘못을 깨닫고 아내에게 돌아와달라고 애원했다. 프로크리스는 자기를 속인 케팔로스에게 복수하기로 하고, 파시파에가 준 약물을 먹고서 지독한 성병에 걸린 미노스를 치료해주어 그의 애인이 되었다. 하지만 파시파에가 심하게 질투하자 프로크리스는 미노스에게 선물받은 창과 사냥개를 가지고 남편에게 돌아갔다.

이 사냥개는 테베의 어떤 사냥개도 잡지 못했던 암여우를 잡는 데 쓰였다. 그런데 여기서 모순이 생겼다. 어떤 사냥감도 놓치지 않는 사냥개와 어떤 사냥개도 잡지 못하는 암여우의 대결이 벌어진 것이다. 제우스는 사냥개와 암여우를 대리석으로 만들어 모순을 해결했다. 그리고 창은 비극을 낳았다. 언제나 사냥에만 열심인 케팔로스에게 불만을 품고 있던 프로크리스는 남편에게 여자가 생겼다는 오해를 했다. 그래서 남편 뒤를 미행했는데, 부스럭거리는 소리에 사냥감인 줄 안 케팔로스가 창을 던졌다. 프로크리스가 창에 맞으면서 이들이 약속한 영원한 사랑은 끝나고 말았다.

| 신 화 메 모 |

아테네 법정은 케팔로스에게 아내를 죽인 죄로 추방형을 선고했다. 그는 사냥개를 빌려주고 얻은 케팔로니아 섬으로 가서 왕이 되었다. 케팔로니아는 케팔로스의 이름에서 유래했다.

복수에 대한
또 다른
복수

다이달로스

자기가 설계한 미궁에 갇힌 다이달로스는
밀랍으로 날개를 만들어 하늘을 통해 탈출한다.

조개껍데기에 실을 꿸 수 있는 사람을 찾아라

미노스는 테세우스가 황소 괴물을 죽이고 미궁에서 빠져나오자 미궁을 설계
한 다이달로스를 그의 아들 이카로스와 함께 미궁에 가두었다. 그러나 다이달
로스는 큰 날개를 만들어 미궁에서 빠져나갔다. 다른 설명에 따르면 미노스의
아내 파시파에가 다이달로스의 탈출을 도왔다고 전한다.

그러나 아들 이카로스는 아버지의 말을 듣지 않고 너무 높이 날다가 바다
에 떨어져 죽었다. 다이달로스는 아들의 장례를 치른 다음 시칠리아로 가서
코칼로스 왕의 궁전에 숨었다.

한편 다이달로스가 탈출하자 분노에 사로잡힌 미노스는 사방으로 사람을
보내 다이달로스를 찾았다. 또한 모든 왕국에 사자를 보내 다이달로스를 받
아들이지 말라고 전했다. 만약 다이달로스를 숨겨주면 전쟁을 불사하겠다고
엄포를 놓았다. 당시 그리스에서는 크레타가 최강이었다.

〈이카로스와 다이달로스〉
다이달로스는 비행에 앞서
너무 높거나 낮게 날지 말라
고 이카로스에게 충고한다.
아버지의 걱정스러운 마음
과 달리 아들의 시선은 자
신이 날아오를 하늘에만 향
해 있다. 프레데릭 레이튼
작품.

그러나 다이달로스의 행방은 묘연했다. 미노스는 이번에는 속임수를 쓰기
로 했다. 그래서 모든 왕국에 '소용돌이 모양의 조개껍데기에 실을 꿰려면 어
떻게 해야 하는가'라는 문제를 내고 풀게 했다.

아무도 문제를 풀지 못했지만 코칼로스 왕만이 조개껍데기에 실을 꿰어서
보냈다. 미노스는 그곳에 다이달로스가 있음을 직감했다. 다이달로스 말고는
그 문제를 풀 수 있는 사람이 없다고 생각했던 것이다. 실제로 다이달로스가
이 문제를 풀었는데 개미의 허리에 실을 감아 조개껍데기 구멍에 넣어서 실을
꿰었다고 한다.

384

죽은 아들의 복수를 한 아버지

미노스는 코칼로스 왕에게 다이달로스를 넘기라고 요구했지만 거절당했다. 다이달로스가 코칼로스를 위해 요새를 짓고 있었기 때문이다. 미노스는 곧장 군대를 이끌고 코칼로스 왕의 궁전을 포위했다.

당장 발등에 불이 떨어진 코칼로스 왕은 미노스에게 다이달로스를 건네주겠다고 하며 왕궁으로 초대했다. 그리고 목욕할 것을 권했다. 당시 관습에 따라 코칼로스 왕의 세 딸이 미노스의 목욕 시중을 들기로 했다. 그러나 목욕은 다이달로스가 파놓은 함정이었다. 건물의 구조를 잘 알고 있는 다이달로스는 목욕탕을 향해 뜨거운 납물을 부어 미노스를 죽였다.

다이달로스는 수많은 업적을 남겼다. 사실 그리스의 발명품 대부분이 다이달로스의 작품일 정도로 많다. 목수들이 쓰는 톱을 비롯한 연장, 배의 돛, 심지어는 이집트의 피라미드까지 다이달로스의 작품이라고 말해질 정도였다. 또한 많은 목상을 만들었는데 그 가운데에는 손을 움직이거나 걸어 다닐 수 있는 것도 있었다고 한다. 그리스의 철학자 소크라테스는 자기가 다이달로스의 후손이라고 말했다.

| 신 화 메 모 |

그리스의 면적은 섬들을 합쳐서 13만 제곱킬로미터에 불과하다. 남한의 면적이 10만 제곱킬로미터라는 것을 감안하면 그다지 큰 것이 아니다. 미국의 플로리다 주보다도 작다. 그러나 작은 크기에 비해 세계 문화에 끼친 영향은 그 어떤 대국보다 크다.

하르모니아

목걸이에
얽힌
저주

하르모니아가 결혼식에 썼던 목걸이와 옷은
많은 사람의 피를 불렀다.

많은 사람의 피를 부른 저주의 결혼 선물

하르모니아는 테베를 건설한 카드모스와 결혼식을 올렸다. 인간의 결혼식에
신들이 참석한 것은 두 번으로, 하나는 카드모스와 하르모니아의 결혼식이고
다른 하나는 펠레우스와 테티스의 결혼식이었다. 그러나 인간과 신이 직접 관
계를 맺는 것은 언제나 비극으로 끝이 났다.

하르모니아는 미의 여신 아프로디테와 전쟁의 신 아레스 사이에서 태어났
다. 그리고 카드모스는 제우스가 납치한 에우로페의 오빠였다. 이들의 결혼식
에 신들은 모두 선물을 가져왔다. 헤르메스는 카드모스에게 리라를 선물했고
데메테르는 곡물을 선물로 주었다.

그런데 신들의 선물 가운데 훗날 재앙을 부른 것이 있었다. 바로 헤파이스
토스가 만든 목걸이와 신부의 의상이었다. 목걸이와 의상은 대를 이어가며 많
은 사람의 피를 부르는 저주의 선물이 되었다.

목걸이가 탐이 나 남편을 전쟁터로 내몬 아내

첫 번째 희생자는 암피아라오스였다. 폴리네이케스가 테베의 왕좌를 손에 넣기 위해 전쟁을 일으키고 암피아라오스에게 함께 전쟁에 참가할 것을 요청했다. 그러나 예언 능력이 있는 그는 전쟁에서 패할 것을 알았기 때문에 거절했다. 그러나 폴리네이케스는 하르모니아의 목걸이로 암피아라오스의 아내 에리필레를 매수했다.

하르모니아의 목걸이가 탐이 난 에리필레가 남편에게 전쟁터에 나갈 것을 강요했기 때문에 암피아라오스는 자기가 테베에서 죽을 것을 알았지만 전쟁에 참가할 수밖에 없었다. 그 대신 아들들을 불러 자기의 적을 없애고 어머니를 죽이라고 시켰다. 그러나 10년이 지나도록 아들들은 아버지와의 약속을 지키지 않았다.

에리필레는 두 번째 매수를 당했다. 암피아라오스의 아들 에피고노이가 아버지의 적을 공격하기 위해 테베와 다시 전쟁을 벌였을 때 폴리네이케스의 아들에게 하르모니아의 결혼 의상을 받고 아들들을 전쟁터로 내몰았다. 에리필레는 재물에 눈이 어두워 남편을 죽이더니 아들들도 죽이려고 했다.

끝나지 않은 죽음의 저주

아들 알크마이온은 전쟁터에 나가기 전에 신탁을 했다. 그러자 아버지의 적을 무찌르고 어머니를 죽이라고 대답했다. 그래서 테베에서 싸움에 승리한 뒤 어머니를 죽였다. 그러나 복수의 여신들이 어머니를 죽였다는 이유로 그를 미치게 만든 다음 따라다녔다.

알크마이온은 프소피스로 가서 죄를 용서받고 왕의 딸인 아르시노에와 결혼했다. 알크마이온은 하르모니아의 목걸이와 결혼 의상을 결혼 선물로 주었다. 그러나 광기는 낫지 않았다. 그래서 신탁에 따라 아켈로스 강 하구의 충적지로 주거지를 옮겼다. 그곳에서 강의 신의 딸인 칼리로에와 결혼해서 아이를 둘 낳았다. 그런데 칼리로에는 하르모니아의 목걸이와 결혼 의상을 원했다.

하는 수 없이 알크마이온은 프소피스로 가서 자기의 광기를 치료하려면 결혼 선물이 필요하다고 거짓말을 해서 하르모니아의 목걸이와 결혼 의상을 얻었다. 그런데 부하 하나가 진실을 폭로하는 바람에 이를 알고 화가 난 프소피스의 왕이 알크마이온을 죽였다.

그러자 아르시노에가 남편을 죽인 것에 항의했고, 그녀의 형제들은 그녀를 상자에 넣어 노예로 팔아버렸다. 그러나 이들은 알크마이온의 형제에게 모두 살해되었다. 한편 칼리로에는 원수를 갚기 위해 제우스에게 부탁해서 아이들이 빨리 성인이 되도록 한 다음 프소피스의 왕과 왕비를 죽이고 하르모니아의 결혼 선물을 되찾았다. 그러나 그녀는 이 저주 서린 결혼 선물을 아폴론에게 바쳤다.

| 신 화 메 모 |

그리스 신화에서 전쟁의 신으로 나오는 아레스는 별로 인기가 없었다. 제우스와 헤라 사이에서 태어난 적자임에도 불구하고 아프로디테와 바람을 피운 것 말고는 특별한 이야기도 없다. 아레스와 아프로디테 사이에서 하르모니아를 비롯해서 '낭패'라는 뜻의 포보스와 '공포'라는 뜻의 데이모스가 태어났다.

펠롭스 가문

한집안에 드리워진 저주의 끈

펠롭스의 아버지 탄탈로스가 시작한 아이를 삶는 일은
되풀이되었고 저주 역시 되풀이되었다.

이복 막내동생을 죽인 펠롭스의 두 아들

신을 시험하기 위해 아들을 삶아서 그 고기를 내놓았던 탄탈로스는 타르타로스에 갇혔고, 죽었다가 다시 살아난 펠롭스는 어깨에 상아가 박힌 멋진 청년이 되어 히포다메이아와 결혼을 했다. 그러나 결혼 과정에서 히포다메이아의 아버지 오이노마오스와 그의 마부 미르틸로스에 대한 두 번의 속임수가 있었고 그때마다 저주가 되풀이되었다. 그 저주는 펠롭스의 자식 대부터 나타났다.

펠롭스가 히포다메이아가 아닌 님프와 잠자리를 같이해서 낳은 막내아들을 총애하자 히포다메이아는 위기의식을 느꼈다. 그래서 아들인 티에스테스와 아트레우스를 시켜서 막내동생을 죽이게 했다.

펠롭스는 절망적으로 분노했다. 그는 저주를 퍼부으며 아들들과 아내를 외국으로 추방했다. 이제부터 펠롭스 가문에 드리워진 저주의 역사를 살펴보자.

▼ 펠롭스 가계도

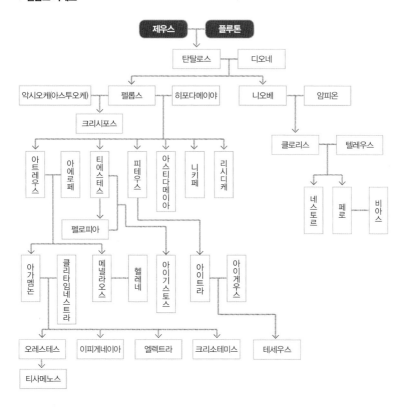

형수와 간통을 저지른 동생

아트레우스와 티에스테스는 신탁에 따라 미케네로 갔다. 당시 미케네의 왕좌가 비어 있었고 펠롭스의 아들이 그 자리를 얻게 될 것이라고 신탁이 예언했기 때문이다. 그런데 미케네에 나타난 펠롭스의 아들은 둘이었다.

아트레우스의 아내는 크레타의 왕이었던 미노스의 아들인 카트레우스의 딸 아에로페였다. 그런데 아에로페가 사랑한 것은 남편이 아니라 티에스테스였다. 아트레우스는 어느 날 양 중에서 가장 아름다운 것을 아르테미스에게 바치겠다고 서약했는데 황금 새끼 양이 그의 앞에 나타났을 때 그 맹세를 지키지 않았다.

아트레우스는 황금 새끼 양을 목 졸라 죽이고 상자에 담아 보관했다. 그런데 아트레우스의 아내 아에로페가 티에스테스와 간통을 저지른 다음 그 상자를 그에게 주었다. 티에스테스는 미케네 사람들에게 미케네의 왕은 황금 새끼 양을 가지고 있는 사람이 되어야 한다고 말했다. 아트레우스는 당연히 그 사람을 자신이라고 생각했기 때문에 티에스테스의 말에 찬성했다. 그때 티에스테스는 황금 새끼 양을 꺼내놓고 미케네의 왕이 되었다. 속임수는 속임수를 낳는다.

이때 제우스가 미케네의 왕좌에 간섭했다. 그는 헤르메스를 아트레우스에게 보내 만약 태양이 반대로 지면 아트레우스가 왕이 된다는 협약을 맺으라고 제안했다. 코웃음을 치며 티에스테스가 이에 찬성했을 때 태양이 동쪽으로 저물었다. 제우스가 황도를 바꾸어놓은 것이다. 그리고 헤르메스가 황금 새끼 양의 소유권에 대해 밝혔다. 아트레우스는 티에스테스를 추방했다.

조카를 죽여 동생에게 먹인 형

이후 아트레우스는 아내의 간통에 대해 알게 되었다. 그는 티에스테스에게 화해를 구하며 그를 왕궁으로 초대했다. 그리고 제우스 제단에서 목숨을 구해달라고 비는 티에스테스의 자식인 아글라오스, 칼릴레온, 오르코메노스를 살해하고 그 몸을 여덟 조각으로 토막 냈다. 그리고 끓는 물에 삶아서 티에스테스에게 접대했다. 탄탈로스의 망령이 되살아난 것이다. 다른 점이라면 상대가 신이 아니라 인간이며 형제라는 점이다.

티에스테스가 배불리 먹고 난 뒤에 아트레우스는 증거물과 함께 그가 먹은 것이 사실은 티에스테스의 아들임을 밝혔다. 그리고 티에스테스는 다시 국외로 추방되었다. 티에스테스는 세상에 존재하는 어떤 방법을 써서라도 아트레우스에게 복수를 하겠다고 다짐했다.

| 신 화 메 모 |

아에로페는 크레타의 왕 카트레우스의 딸이었다. 그러나 카트레우스가 자식에게 죽을 운명이라는 신탁이 있었기 때문에 아에로페는 노예로 팔렸는데 노예와 관계를 맺어 바다에 던져졌다. 그 뒤 아트레우스에게 팔려 와 결혼을 했지만 티에스테스와 간통을 해서 펠롭스 가문의 파탄에 큰 역할을 했다.

근친상간을 통한 복수

**티에스테스는 아트레우스에게 복수하기 위해
자기 딸을 통해 아들을 낳았다.**

아들의 살을 먹고 딸을 겁탈하다

티에스테스는 절망적인 기분으로 미케네를 떠났다. 아무것도 모르고 자기 자식의 살을 먹은 아버지의 마음은 분노를 넘어 슬픔이었다. 한동안 마음을 잡지 못하고 떠돌던 티에스테스는 아트레우스에게 복수를 하려면 어떻게 해야 하는지 신탁을 했다.

신탁은 티에스테스에게 어처구니없게도 딸과 근친상간을 해서 아들을 얻으면 원하는 것을 얻을 수 있다는 예언을 했다. 실로 무서운 신탁이 아닐 수 없었다. 자기 아들의 살을 먹은 사람에게 자기 딸을 강간하라는 말이었다.

티에스테스의 딸 펠로피아는 아트레우스가 자신의 형제들을 살해할 때 멀리 피신해 있었기 때문에 아트레우스의 손길에서 피할 수 있었다. 그녀는 아테나 여신의 무녀였다.

티에스테스는 고민했다. 단번에 아트레우스를 살해해서 원수를 갚을 수도 있었지만 탄탈로스 집안이 어떤 집안인가. 속임수와 배신과 저주가 난무하는 집안이었다. 티에스테스는 신탁에 따르기로 결심했다. 아들의 살까지 먹었는데 못할 것이 없었다.

티에스테스는 자기의 신분을 숨기고 몰래 펠로피아를 찾아갔다. 그리고 어두운 곳에서 칼로 위협해서 자기 딸을 겁탈했다. 티에스테스는 오직 복수만을 생각했다. 자기 딸의 장래나 그로써 야기될 사건과 희생은 안중에 없었다.

아버지의 아이를 임신한 딸

펠로피아는 낯선 남자에게 겁탈을 당했고 그녀의 손에는 그 낯선 남자에게서 뺏은 칼이 남았다. 펠로피아는 자기를 겁탈한 사람을 알아내기 위해 그 칼을 잘 간직했다. 그리고 그녀의 자궁 속에 낯선 남자의 아기가 자라기 시작했다.

한편 미케네에는 아트레우스의 악한 행동 때문에 대기근이 들었다. 아트레우스는 자기 죄를 용서받기 위해 신탁을 했다. 그러자 신탁은 티에스테스를 데리고 와야 기근이 끝날 것이라고 대답했다.

아트레우스는 어쩔 수 없이 티에스테스를 찾으러 가던 도중 우연히 펠로피아를 만나 사랑에 빠졌다. 아트레우스는 펠로피아를 그 나라의 공주로 알았고 왕도 굳이 그녀의 신분을 밝히지 않고 아트레우스와의 혼인을 허락했다. 티에스테스가 펠로피아를 강간한 지 얼마 지나지 않았을 때의 일이었다.

펠로피아는 달이 차서 아이를 낳자 아트레우스에게는 아무 말 없이 그 아이를 목동에게 주고 키우게 했다. 펠로피아는 그 아이가 아트레우스의 아들이 아님을 분명히 알고 있었던 것이다. 그러나 아트레우스는 펠로피아가 잠시 정신이 나갔다고 생각하고 다시 아이를 데려다가 궁전에서 길렀다. 그리고 그 아이가 자기 아들임을 의심하지 않았다. 이 아이의 이름은 아이기스토스였다.

한편 미케네에 기근이 끝나지 않았다. 티에스테스가 미케네에 없었기 때문이다. 그래서 다른 아들인 아가멤논과 메넬라오스를 시켜 티에스테스가 어디에 있는지 알아내기 위해 신탁을 하러 보냈다. 마침 그 자리에 티에스테스도 신탁을 하기 위해 왔다가 아가멤논 형제에게 사로잡히고 말았다.

아트레우스는 티에스테스를 감옥에 가두었다. 그리고 어떻게 할지를 고민하다가 아이기스토스를 불러 펠로피아가 시집올 때 가져왔던 칼을 주면서 감옥으로 내려가 티에스테스를 죽이라고 명령했다. 아트레우스는 아들에게 좋은 경험이 될 것이라고 생각했다.

| 신 화 메 모 |

그리스 사람들이 예술에서 가장 중요하게 생각했던 것은 질서와 균형이었다. 또한 그리스인들은 예술의 본래 목적이 대상 속에서 가장 중요한 것을 꺼내 눈에 보이는 형태로 만들어 영구히 보존하는 것이라고 믿었다. 신화 역시 그랬다.

아
트
레
우
스

아들의
손에 죽은
남자

저주는 원래 상대를 향한 것이지만
자기를 겨누는 비수가 되는 성질이 있다.

아이기스토스의 출생에 얽힌 비밀이 밝혀지다

아이기스토스는 아버지의 명령에 따라 감옥으로 갔다. 그리고 칼을 꺼내 티에
스테스를 죽이려고 했다. 그 순간 티에스테스는 칼이 자기 것임을 알았다. 그
리고 소리쳐 아이기스토스의 손을 멈추게 하고 칼의 임자를 물었다. 아이기스
토스는 순순히 어머니의 칼이라고 대답했다.

티에스테스는 아이기스토스에게 꼭 해야 할 말이 있으니 펠로피아를 불러
달라고 간절하게 부탁했다. 이윽고 티에스테스, 펠로피아, 아이기스토스가 한
자리에 모였다. 티에스테스는 무슨 영문인지 모르는 두 사람에게 두 사람 모
두 자기 자식임을 밝혔다. 자기가 펠로피아를 겁탈했다는 사실과 그 증거품인
칼을 펠로피아에게 확인했다. 진실을 알게 된 펠로피아와 아이기스토스의 반
응은 전혀 달랐다. 펠로피아는 티에스테스의 칼로 자기 가슴을 찔러 자결했
다. 티에스테스는 아이기스토스에게 아트레우스를 죽이라고 명령했다. 아이기

스토스는 고개를 끄덕였다.

아이기스토스는 어머니의 피가 묻은 칼을 가져가 아트레우스에게 보여주며 티에스테스를 죽였다고 속였다. 아트레우스는 티에스테스가 죽었다는 말을 듣고 크게 기뻐하며 신에게 감사의 제물을 바칠 제단을 준비했다. 그러나 그는 의식이 거행되는 도중에 옆으로 다가온 아이기스토스의 칼에 찔려 살해되고 말았다. 조카를 죽였던 아트레우스 역시 조카의 손에 죽었다.

아트레우스가 죽자 티에스테스가 왕이 되었다. 이렇게 형제 사이에 일어났던 피비린내 나는 복수는 일단 티에스테스의 승리로 끝이 났다. 그러나 그 승리를 위해 저지른 근친상간과 살인죄는 그대로 남았다.

아가멤논과 메넬라오스는 누구의 아들인가

아트레우스의 아들인 아가멤논과 메넬라오스는 옛날 티에스테스의 딸 펠로피아가 그랬던 것처럼 시키온에 있었기 때문에 화를 피했다. 이들은 훗날 스파르타의 왕인 틴다레오스의 도움을 받아 미케네를 공격해 티에스테스를 왕위에서 몰아내고 외국으로 추방했다. 티에스테스는 외국에서 쓸쓸히 죽었다. 그렇다고 끝이 난 것은 아니다. 아가멤논과 메넬라오스에게는 또 다른 적이 있었다. 사촌이기도 하고 어떤 사람의 주장에 따르면 형제이기도 한 아이기스토스가 살아 있었던 것이다. 아트레우스의 아내 아에로페는 티에스테스와 간통을 저질렀다. 이들 관계로 볼 때 아가멤논과 메넬라오스는 티에스테스의 아들일 가능성이 높다. 그렇다면 아트레우스는 대가 끊어지고 티에스테스의 아들들이 남아 서로 복수의 칼날을 겨누고 있다는 말이 된다. 엄밀하게 말하면 복수의 칼날을 겨눈 것은 어린 나이에 이미 살인을 경험한 아이기스토스 쪽이다.

| 신 화 메 모 |

아트레우스와 티에스테스의 저주에 얽힌 이야기는 아이스킬로스의 3부작인 《오레스테이아》와 세네카의 비극인 《티에스테스》의 주제가 되었다.

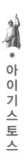

아이기스토스

복수는
계속된다

**아이기스토스는 빼앗겼던 형수와 모의해
아가멤논에게 복수했다.**

홀로 남겨진 클리타임네스트라 앞에 나타난 남자

아이기스토스가 아트레우스를 죽여 티에스테스의 빚을 갚았지만 다시 아가멤
논과 메넬라오스가 티에스테스를 미케네의 왕좌에서 내쫓아 승부는 원점으
로 돌아갔다. 이때 아이기스토스는 어디론가 사라졌다.

아이기스토스가 다시 나타난 것은 그리스 군대가 트로이로 떠난 뒤였다. 그
는 남자들이 떠난 미케네로 찾아와 여자들의 외로움을 달래주었다. 특히 그의
눈은 아가멤논의 아내 클리타임네스트라에게 가 있었다.

스파르타의 공주 클리타임네스트라는 펠롭스 집안과 결혼을 하면서 그 집
안에 뿌려진 저주의 한복판에 서게 된다. 그녀는 처음에 아트레우스의 형제인
티에스테스의 아들 탄탈로스와 결혼했다. 그러나 사촌 간인 아가멤논이 탄탈
로스를 죽이고 클리타임네스트라를 아내로 삼았다. 저주의 끈이 이어진 것이
다. 게다가 클리타임네스트라의 자매 헬레네도 아가멤논의 동생 메넬라오스에

〈아가멤논의 살해〉 아가멤논을 살해하기로 결정하고 칼을 든 채 그의 방으로 들어가는 클리타임네스트라와 그의 연인 아이기스토스의 모습이다. 피에르 나르시스 게랭 작품.

게 시집을 갔으니 자매가 동서가 된 셈이다.

　그리스로 남편들을 보낸 여자들의 외로움은 세월과 함께 깊어갔는데 클리타임네스트라는 외로움에 더해 증오심도 깊어졌다. 그것은 남편 아가멤논이 자기를 속이고 사랑스러운 딸 이피게네이아를 제물로 바쳤기 때문이다.

서로 다른 이유로 아가멤논의 죽음을 원하는 두 연인

그리스에는 처음엔 은밀했지만 점차 시간이 지나면서 남아 있는 자들을 노골적으로 위로하는 무리들이 생겨났다. 아이기스토스가 그런 사람의 하나였다. 그는 미케네의 왕이 되고 싶어했다. 미케네는 아가멤논의 왕국이었고 그 왕비는 클리타임네스트라였다.

아이기스토스는 클리타임네스트라가 지닌 절망과 외로움을 어루만져주었다. 그러자 점차 그녀의 눈동자에 담겨 있는 우울과 고독이 옅어졌다. 그들은 차츰 속내를 털어놓게 되었고 각자가 지닌 생각과 바람에 대해 말하기 시작했다. 조금의 오차도 없이 두 사람이 일치를 본 것은 아가멤논의 죽음이었다. 클리타임네스트라는 아가멤논에게 미련이 없었다. 두 연인은 아가멤논을 살해하기로 결정하고 어떻게 실행할 것인지 눈동자를 반짝이며 의논했다.

불행한 아가멤논은 트로이 전쟁에서 죽지 않고 살아 돌아왔다. 그러나 귀향 연회가 있던 날 밤 목욕탕에서 아내와 낯선 사내에게 죽임을 당했다.

앞에서 아트레우스와 티에스테스의 피비린내 나는 골육상쟁을 살펴보았다. 아가멤논은 아트레우스의 아들이다. 그는 숙부인 티에스테스의 아들인 탄탈로스를 살해하고 그의 아내 클리타임네스트라를 빼앗았다.

아이기스토스는 형제인 탄탈로스의 원수는 물론이고 아버지의 원수를 이렇게 갚았다. 아가멤논을 처참하게 살해하고 형이 빼앗겼던 클리타임네스트라를 되찾은 셈이다. 복수의 사슬은 여전히 단단하게 연결되어 있다. 클리타임네스트라의 운명도 아직 끝나지 않았다. 그것은 아직 저주로 묶여 있는 매듭을 풀지 못했기 때문이다.

| 신 화 메 모 |

아가멤논이 그저 전쟁터에서 싸움만 하다가 돌아와 살해된 것은 아니다. 그는 궁정시인에게 궁전에서 일어나는 일과 클리타임네스트라를 감시하라는 임무를 맡겼다. 그러나 아이기스토스가 이 궁정시인을 아무도 살지 않는 섬으로 보내버렸다.

몇 대째 내려온
저주에 시달리는
남자

오레스테스는 집안의 저주를 풀기 위해
세상을 떠돌아다녀야 했다.

아버지를 죽인 어머니를 죽인 아들

아가멤논과 클리타임네스트라 사이에는 딸 셋과 아들 하나가 있었다. 아이기스토스는 아가멤논을 죽이면서 후환을 없애기 위해 아들인 오레스테스를 죽이려고 했지만 누나 엘렉트라가 재빨리 피신시켰기 때문에 오레스테스는 목숨을 부지했다.

목숨을 구한 오레스테스에게는 자기 집안에 드리워진 저주를 풀어야 하는 역할이 주어졌다. 그러나 저주를 풀려면 자기 손에 피를 묻혀야만 했다. 피로 얼룩진 가닥을 모아 매듭을 짓기 위해서는 자신의 손에 필연적으로 피를 묻히지 않을 수 없기 때문이었다.

성인이 된 오레스테스는 자기가 취해야 할 행동을 신탁에 물었다. 그 결과는 어머니를 죽이라는 근친 살해였다. 아버지를 죽였기 때문에 그 죗값을 받아야 한다는 것이었다.

▼ 펠롭스 가문의 실제 가계도

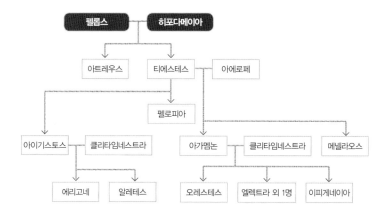

오레스테스는 몰래 변장을 하고 미케네로 돌아와 누나 엘렉트라를 찾아갔다. 오레스테스는 누나 엘렉트라의 도움을 받아 아이기스토스와 어머니 클리타임네스트라를 살해했다. 아이기스토스는 아가멤논을 죽이고 미케네의 왕이되어 7년 동안 클리타임네스트라와 살았다.

법정에서 무죄 선고를 받다

어머니를 죽인 오레스테스의 행위에 대해 의견이 분분했다. 그 가운데에서 복수의 여신들 에리니에스는 오레스테스에게 가장 적대적이었다. 이들은 살인, 특히 근친 살해를 절대로 용서하지 않았다. 따라서 어머니의 피를 손에 묻힌 오레스테스는 복수의 여신들로부터 자유로울 수 없었다.

복수의 여신들은 먼저 그를 미치게 만들었다. 이들이 사용하는 방법은 특별한 것이 없었다. 그저 그가 어디를 가든지 따라다니는 것이다. 오레스테스가무엇을 하든 무표정한 얼굴로 그의 맞은편에 앉아, 끊임없이 어머니를 살해한기억을 오레스테스에게 상기시켜 자기혐오에 빠지게 만들었다. 오죽하면 오레스테스가 자기 손가락까지 깨물어 뜯었을까? 에리니에스의 얼굴 위로 떠오르는 선연한 기억이 자신에게 주는 고통을 이기기 위해 자해까지 했다.

오레스테스는 각지를 떠돌아다녔다. 그러다가 아테네 법정에 고발당해 재판장에 섰다. 그를 고발한 것은 아이기스토스와 클리타임네스트라 사이에서 태어난 딸 에리고네였다. 재판 결과 유죄를 선언한 배심원과 무죄를 선언한 배심원의 수가 똑같았다. 결국 재판장인 아테나가 무죄를 선언하면서 오레스테스는 무죄 선고를 받았다.

아테나가 무죄에 표를 던진 것은 어머니보다 아버지가 우선한다는 생각 때문이었다. 다시 말해서 아버지를 죽인 클리타임네스트라의 죄가 어머니를 죽인 오레스테스의 죄보다 무겁다는 것이다.

피로 물든 저주의 매듭이 풀리기 시작하다

오레스테스는 비록 법정에서 무죄를 선고받기는 했지만 어머니를 죽였다는 기억으로부터 자유로워지지 못했다. 그것이 그가 짊어진 운명의 무게이기도 했다. 아폴론은 오레스테스에게 타우리스에 있는 아르테미스 목상을 가져오면 자유를 얻을 수 있다고 충고했다.

그러나 오레스테스는 타우리스에 갔다가 그만 사로잡혀 아르테미스에게 제물로 바쳐질 위기에 놓이고 만다. 이때 제사를 주관하는 사람이 바로 오레스테스의 누나인 이피게네이아였다. 천만다행으로 오레스테스는 이피게네이아와 함께 그리스로 돌아와 미케네와 아르고스의 왕이 되었다.

막 새벽이 시작되려고 할 무렵이 가장 어둡다고 한다. 마찬가지로 이제 저주의 끈이 풀리려고 하는 순간이 다가오면서 그들의 곁을 감돌고 있는 피비린내는 더욱 강해졌다. 오레스테스는 아이기스토스와 클리타임네스트라 사이에서 태어난 아들인 알레테스도 살해했다.

스파르타의 왕이며 헬레네의 아버지였던 틴다레오스가 죽자 오레스테스는 스파르타까지 그의 지배하에 두었다. 어찌 되었든 그는 아트레우스 가문의 적자였던 것이다. 오랫동안 외롭고 힘든 삶이었지만 오레스테스에게는 뚜렷한 역할이 있었고 그는 그것을 해냈다. 결국 그는 뱀에게 물려 삶에 마침표를 찍었다. 뱀은 봄이 오면 긴 겨울잠에서 깨어나 허물을 벗는다.

| 신 화 메 모 |

에리고네가 오레스테스를 고발할 수 있었던 것은 목숨을 부지했기 때문이다. 오레스테스는 처음에 저주의 싹을 없애기 위해 알레테스와 함께 에리고네도 죽이려고 했다. 그러나 아르테미스의 개입으로 에리고네는 살았고 오레스테스와의 사이에서 태어난 펜틸로스를 통해 저주의 매듭을 자를 수 있었다.

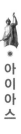

카산드라를 강간하고 아테나의 저주를 받은 남자

카산드라는 아이아스의 비열한 행동을 피하기 위해
아테나 여신의 신상을 붙들었다.

지혜의 여신 아테나와 관련된 두 사람의 아이아스

트로이 전쟁 때 그리스 군대에는 아이아스라는 이름을 가진 두 명의 장수가 있었다. 그런데 두 사람의 성격은 정반대였다. 두 사람 모두 헬레네에게 구혼했기 때문에 헬레네가 트로이로 납치되자 서약에 따라 전쟁에 참가했다.

여기서 살펴볼 사람은 훌륭한 인격을 지닌 살라미스의 왕자 아이아스가 아니라 로크리스의 왕자 아이아스이다. 두 사람 모두 지혜의 여신 아테나와 관계가 있는데 살라미스의 아이아스가 오디세우스에 대해 질투심을 가지자 아테나가 그를 잠시 미치게 만들었다. 그는 이를 부끄러워하며 자살했는데 그 자리에서 아이리스 꽃이 피어났다.

로크리스의 아이아스는 아테나 여신을 지독하게 싫어했다. 그 이유는 이렇다. 그리스 군대는 아킬레우스의 친구로 그를 대신해서 싸움터에 나갔다가 헥토르에게 죽은 파트로클로스를 기리기 위해 경기를 했다. 아이아스는 도보 경

〈트로이로 들어가는 목마〉 목마를 성안으로 끌어들이는 트로이 사람들의 모습이다. 조반니 도메니코 티에폴로 작품.

기에 나갔는데 거의 이길 뻔한 경기에서 마지막에 아테나의 농간으로 쇠똥을 밟는 바람에 미끄러져 오디세우스에게 졌다. 그 뒤부터 아이아스는 아테나 여신을 저주했다.

아테나 신상 옆에서 카산드라를 겁탈하다

잘 아는 것처럼 그리스 군대는 목마를 만들어 트로이를 속이고 트로이 성안으로 쳐들어가는 데 성공했다. 이때 그리스 군대는 약탈을 자행했는데 아이아스가 노린 것은 트로이의 공주 카산드라였다. 그가 한 일은 그에게뿐만 아니라 그리스 사람들에게 커다란 재앙을 안겨주었다.

아이아스는 아테나 신상 옆에 숨어 있는 카산드라를 보았다. 그는 다짜고짜 달려들어 카산드라를 겁탈했는데 그때 아테나 신상이 쓰러졌다. 카산드라가 몸을 피하기 위해 신상을 꼭 붙들었던 것이다.

이 모습을 보고 다른 그리스 사람들은 아이아스를 죽여야 한다고 했지만 끝내 죽이지 못했다. 아테나는 그리스 사람들이 아이아스를 죽여주기를 기대했는데 그렇게 되지 않자 직접 그를 응징하기로 결심했다.

죽은 뒤에도 용서받지 못하다

아테나 여신은 제우스에게 부탁해서 바다에 폭풍우를 일으켜 그리스 함대를 난파시켰다. 아테나는 직접 아이아스가 탄 배를 침몰시켰지만 정작 그는 헤엄을 쳐서 살아남았다. 그리고 신들의 노여움을 이겨내고 살아남았다고 떠들어댔다. 그러나 바위산을 오르는 도중 포세이돈이 던진 벼락에 맞아 바다로 떨어져 죽었다.

그가 죽은 뒤에도 아테나는 아이아스를 용서하지 않았다. 그가 태어난 나라인 로크리스에 전염병을 퍼뜨렸다. 로크리스 사람들은 어떻게 해야 할지 신탁을 했다. 그러자 트로이에 있는 아테나 신전에 1년에 처녀 두 명씩을 보내 봉사해야 한다고 대답했다. 로크리스 사람들은 하는 수 없이 해마다 두 명의 처녀를 보냈는데 트로이 사람들에게 들키면 안 되었기 때문에 몰래 그 일을 했다고 한다. 전하는 말에 따르면 처녀를 두 명씩 보내는 일은 그 이후 1000년이나 지속되었다고 한다.

─── │ 신 화 메 모 │ ───────────────────────

아테나의 아이아스에 대한 강렬한 분노는 아테나가 처녀 신이라는 것에서 찾아야 할 것이다. 당시의 상황을 묘사한 조각을 보면 카산드라는 아테나 여신과 하나가 되려는 듯이 여신의 신상을 붙들고 있는데 그 절박함을 아테나가 느꼈기 때문이 아닐까.

그리스 신화에 나오는
인간에 대한 신들의 형벌

신들이 내리는 벌은 끝이 없다

거듭 말하지만 그리스 신화에서 인간과 신의 차이는 영원히 사느냐 죽느냐에 있다. 물론 신은 벼락이나 변신 등의 능력을 지니고 있기는 하지만 궁극적으로 보면 무한성과 유한성이 밑바닥에 작용하고 있음을 알 수 있다.

신들이 가장 크게 경계하고 분노했던 것은 인간이 신의 영역을 침범했을 때의 일이다. 그것은 지금도 다르지 않아서 높은 자리에 있는 사람은 자기의 권위에 도전하는 사람을 싫어한다. 신들 역시 다르지 않았다. 그런데 신들이 인간에게 내린 형벌을 보면 무척 흥미로운 사실이 하나 눈에 띈다. 바로 형벌에 자기들의 속성인 무한성을 부여한 것이다.

지금도 형벌은 계속되고 있다

신들을 시험하려고 했던 탄탈로스는 지하 감옥인 타르타로스에 갇혀 있는데 턱 아래에는 물이 있고 머리 꼭대기에는 포도송이가 달려 있다. 그러나 그는 영원한 갈증과 굶주림에 시달린다. 물을 마시기 위해 고개를 숙이면 물도 따라 아래로 내려가고 포도송이를 먹으려고 고개를 들면 포도송이가 위로 올라간다. 그런데 이 일이 영원히 계속된다는 것이다.

또 신을 속였던 시시포스는 바위 하나를 언덕 위로 밀어 올리는 형벌을 받는데 바위는 언덕 위로 올라가자마자 곧바로 아래로 굴러떨어진다. 이 일 역시 영원히 계속된다. 그러나 시시포스는 그 일을 그만둘 수 없다. 바로 형벌이기 때문이다.

인간에게 불을 가져다준 죄로 벌을 받은 프로메테우스도 다르지 않다. 독수리에게 간을 쪼아 먹히는 벌을 받은 프로메테우스는 아침이 되면 매번 간이 새로 돋아난다. 여기도 무한성이 작용한다.

첫날밤 49명의 신랑을 살해한 죄로 벌을 받은 다나이스들도 말 그대로 밑 빠진 독에 물 붓는 벌을 받았다. 밑이 없으니 아무리 물을 부어도 독이 찰 까닭이 없으므로 이 일도 끝이 없다. 헤라에게 음욕을 품었던 익시온은 지하 감옥인 타르타로스에서 네 바퀴가 달린 불이 붙은 수레를 영원히 끄는 벌을 받았다.

위에서 보았듯이 이들이 받은 벌은 모두 끝이 나지 않는다. 프로메테우스만이 제우스와 거래를 해서 간을 쪼아 먹히는 형벌에서 벗어났을 뿐이다.

하룻밤에 읽는 그리스 신화

1판 1쇄 발행 2001년 11월 12일
1판 24쇄 발행 2011년 6월 15일
2판 1쇄 발행 2013년 10월 4일
2판 4쇄 발행 2015년 5월 13일

지은이 이경덕

발행인 양원석
본부장 송명주
교정교열 한지연
북디자인 디자인아이엠
해외저작권 황지현, 지소연
제작 문태일, 김수진
영업마케팅 김경만, 곽희은, 윤기봉, 우지연, 김민수, 장현기, 이영인, 송기현, 정미진, 이선미

펴낸 곳 ㈜알에이치코리아
주소 서울시 금천구 가산디지털2로 53, 20층 (가산동, 한라시그마밸리)
편집문의 02-6443-8850   **구입문의** 02-6443-8838
홈페이지 http://rhk.co.kr
등록 2004년 1월 15일 제2-3726호

ⓒ이경덕 · 2001, 2013
Printed in Seoul, Korea

ISBN 978-89-255-5108-1 (04160)